U0628522

国家“双一流”建设学科
辽宁大学应用经济学系列丛书

青年学者系列

总主编◎林木西

协同演化视角下制造业与生产性服务业互动发展实证研究

An Empirical Study on the Interactive Development of Manufacturing Industry and Productive Services from the Perspective of Co-Evolution

张欣钰　李　阳　著

中国财经出版传媒集团
经济科学出版社
Economic Science Press

图书在版编目（CIP）数据

协同演化视角下制造业与生产性服务业互动发展实证研究/张欣钰，李阳著. —北京：经济科学出版社，2019.12
（辽宁大学应用经济学系列丛书. 青年学者系列）
ISBN 978－7－5218－0816－2

Ⅰ.①协… Ⅱ.①张…②李… Ⅲ.①制造工业－关系－生产服务－服务业－产业发展－研究－中国 Ⅳ.①F426.4②F726.9

中国版本图书馆 CIP 数据核字（2019）第 289169 号

责任编辑：陈赫男
责任校对：王肖楠
责任印制：李 鹏 范 艳

协同演化视角下制造业与生产性服务业互动发展实证研究

张欣钰 李 阳 著
经济科学出版社出版、发行 新华书店经销
社址：北京市海淀区阜成路甲 28 号 邮编：100142
总编部电话：010－88191217 发行部电话：010－88191522
网址：www.esp.com.cn
电子邮件：esp@esp.com.cn
天猫网店：经济科学出版社旗舰店
网址：http：//jjkxcbs.tmall.com
北京季蜂印刷有限公司印装
710×1000 16 开 19.75 印张 284000 字
2020 年 5 月第 1 版 2020 年 5 月第 1 次印刷
ISBN 978－7－5218－0816－2 定价：68.00 元

总　序

本丛书为国家“双一流”建设学科辽宁大学“应用经济学”系列丛书，也是我主编的第三套系列丛书。前两套系列丛书出版后，总体看效果还可以：第一套是《国民经济学系列丛书》（2005 年至今已出版 13 部），2011 年被列入“十二五”国家重点出版物出版规划项目；第二套是《东北老工业基地全面振兴系列丛书》（共 10 部），在列入“十二五”国家重点出版物出版规划项目的同时，还被确定为 2011 年“十二五”规划 400 种精品项目（社科与人文科学 155 种），围绕这两套系列丛书取得了一系列成果，获得了一些奖项。

主编系列丛书从某种意义上说是“打造概念”。比如第一套系列丛书也是全国第一套国民经济学系列丛书，主要为辽宁大学国民经济学国家重点学科“树立形象”；第二套则是在辽宁大学连续主持国家社会科学基金“八五”至“十一五”重大（点）项目，围绕东北（辽宁）老工业基地调整改造和全面振兴进行系统研究和滚动研究的基础上持续进行探索的结果，为促进我校区域经济学学科建设、服务地方经济社会发展做出贡献。在这一过程中，既出成果也带队伍、建平台、组团队，使得我校应用经济学学科建设不断跃上新台阶。

主编这套系列丛书旨在使辽宁大学应用经济学学科建设有一个更大的发展。辽宁大学应用经济学学科的历史说长不长，说短不短。早在 1958 年建校伊始，便设立了经济系、财政系、计统系等 9 个系，其中经济系由原东北财经学院的工业经济、农业经济、贸易经济三系合成，财税系和计统系即原东北财经学院的财信系、计统系。1959 年院系调整，将经济系留在沈阳的辽宁大学，将财政系、计统系迁到大连组建辽宁财经学院（即现东北财经大学前身），将工业经济、农业经济、贸易经济三个专业的学生培养到毕业为止。由此形成了辽宁大学重点发展理论经济学（主要是政治经济学）、辽宁财经学院重点发展应用经济学的大体格局。实际上，后来辽宁大学也发展了应用经济学，东北财经大学也发展了理论经济学，发展得都不错。1978 年，辽宁大学恢复招收工业经济本科生，1980 年受人民银行总行委托、经教育部批准开始招收国际金融本科生，1984 年辽宁大学在全国第一批成立了经济管理学院，增设计划统计、会计、保险、投资经济、国际贸易等本科专业。到 20 世纪 90 年代中期，辽宁大学已有西方经济学、世界经济、国民经济计划与管理、国际金融、工业经济等 5 个二级学科博士点，当时在全国同类院校似不多见。1998 年，建立国家重点教学基地"辽宁大学国家经济学基础人才培养基地"。2000 年，获批建设第二批教育部人文社会科学重点研究基地"辽宁大学比较经济体制研究中心"（2010 年经教育部社会科学司批准更名为"转型国家经济政治研究中心"）；同年，在理论经济学一级学科博士点评审中名列全国第一。2003 年，在应用经济学一级学科博士点评审中并列全国第一。2010 年，新增金融、应用统计、税务、国际商务、保险等全国首批应用经济学类专业学位硕士点；2011 年，获全国第一批统计学一级学科博士点，从而实现经济学、统计学一级学科博士点"大满贯"。

在二级学科重点学科建设方面，1984 年，外国经济思想史（即后来的西方经济学）和政治经济学被评为省级重点学科；1995 年，西方经济学被评为省级重点学科，国民经济管理被确定为省级重点扶持学科；1997 年，西方经济学、国际经济学、国民经济管理被评为省级重点学科和重点扶持学科；2002 年、2007 年国民经济学、世界经济连续两届被评为国家重点学科；2007 年，金融学被评为国家重点学科。

在应用经济学一级学科重点学科建设方面，2017 年 9 月被教育部、财政部、国家发展和改革委员会确定为国家"双一流"建设学科，成为东北地区唯一一个经济学科国家"双一流"建设学科。这是我校继

1997年成为“211”工程重点建设高校20年之后学科建设的又一次重大跨越，也是辽宁大学经济学科三代人共同努力的结果。此前，2008年被评为第一批一级学科省级重点学科，2009年被确定为辽宁省“提升高等学校核心竞争力特色学科建设工程”高水平重点学科，2014年被确定为辽宁省一流特色学科第一层次学科，2016年被辽宁省人民政府确定为省一流学科。

在“211”工程建设方面，在“九五”立项的重点学科建设项目是“国民经济学与城市发展”和“世界经济与金融”，“十五”立项的重点学科建设项目是“辽宁城市经济”，“211”工程三期立项的重点学科建设项目是“东北老工业基地全面振兴”和“金融可持续协调发展理论与政策”，基本上是围绕国家重点学科和省级重点学科而展开的。

经过多年的积淀与发展，辽宁大学应用经济学、理论经济学、统计学“三箭齐发”，国民经济学、世界经济、金融学国家重点学科“率先突破”，由“万人计划”领军人才、长江学者特聘教授领衔，中青年学术骨干梯次跟进，形成了一大批高水平的学术成果，培养出一批又一批优秀人才，多次获得国家级教学和科研奖励，在服务东北老工业基地全面振兴等方面做出了积极贡献。

编写这套《辽宁大学应用经济学系列丛书》主要有三个目的：

一是促进应用经济学一流学科全面发展。以往辽宁大学应用经济学主要依托国民经济学和金融学国家重点学科和省级重点学科进行建设，取得了重要进展。这个“特色发展”的总体思路无疑是正确的。进入“十三五”时期，根据“双一流”建设需要，本学科确定了“区域经济学、产业经济学与东北振兴”“世界经济、国际贸易学与东北亚合作”“国民经济学与地方政府创新”“金融学、财政学与区域发展”和“政治经济学与理论创新”等五个学科方向。其目标是到2020年，努力将本学科建设成为立足于东北经济社会发展、为东北振兴和东北亚区域合作做出应有贡献的一流学科。因此，本套丛书旨在为实现这一目标提供更大的平台支持。

二是加快培养中青年骨干教师茁壮成长。目前，本学科已形成包括长江学者特聘教授、国家高层次人才特殊支持计划领军人才、全国先进工作者、“万人计划”教学名师、“万人计划”哲学社会科学领军人才、国务院学位委员会学科评议组成员、全国专业学位研究生教育指导委员会委员、文化名家暨“四个一批”人才、国家“百千万”人才工程入选者、国家级教学名师、教育部新世纪优秀人才、教育部高等学校教学指导委员会副主任委员和委员、国家社会科学基金重大项目首席专家等在内的学科团队。本丛书设学术、青年学者、教材、智库四个子系列，重点出版中青年教师的学术著作，带动他们尽快脱颖而出，力争早日担纲学科建设。

三是在新时代东北全面振兴、全方位振兴中做出更大贡献。面对新形势、新任务、新考验，我们力争提供更多具有原创性的科研成果、具有较大影响的教学改革成果、具有更高决策咨询价值的智库成果。丛书的部分成果为中国智库索引来源智库“辽宁大学东北振兴研究中心”和“辽宁省东北地区面向东北亚区域开放协同创新中心”及省级重点新型智库研究成果，部分成果为国家社会科学基金项目、国家自然科学基金项目、教育部人文社会科学研究项目和其他省部级重点科研项目阶段研究成果，部分成果为财政部“十三五”规划教材，这些为东北振兴提供了有力的理论支撑和智力支持。

这套系列丛书的出版，得到了辽宁大学党委书记周浩波、校长潘一山和中国财经出版传媒集团副总经理吕萍的大力支持。在丛书出版之际，谨向所有关心支持辽宁大学应用经济学建设与发展的各界朋友，向辛勤付出的学科团队成员表示衷心感谢！

林木西

2019年7月

前　言

制造业是推动中国实体经济增长的重要动力来源，其发展水平在一定程度上能够集中体现出国家整体的综合实力。现阶段，制造业发展仍面临产品附加值低、创新能力薄弱、高端人才匮乏等诸多现实问题，而生产性服务业能够有效降低制造业交易成本、提升生产效率、强化生产价值链的核心环节，是制造业转型升级的有效依托。与此同时，生产性服务业作为从制造业内部生产部门独立发展起来中间性投入产业，制造业的快速发展也为其提供了巨大的市场空间，是生产性服务业能够繁荣发展的前提和基础。因此，从产业协同演化发展的视角出发探寻制造业与生产性服务业间互动演化过程中的规律和特征，能够为揭示两产业间复杂演化过程提供独特的视角，有利于深入分析制造业与生产性服务业协调发展过程中所存在的机制问题。

制造业与生产性服务业互动日渐深化，引起国内外学者的极大关注。有关制造业和生产性服务业之间的互动发展关系，国内外学者从不同视角对两者间的关系进行了大量的探讨和分析，但有关制造业与生产性服务业间互动关系的实证研究仍具有一定的局限性。其局限性主要体现在以下三个方面：第一，研究方法方面，早期多以回归统计分析、投入产出法为主，后期则引入多样化的研究方法，如社会网络分析、技术差距法、数据包络分析法（data evelopment analysis，DEA）等。第二，数据来源方面，采用投入产出分析方法的研究数据来源于投入产出表，而投入产出表编制周期长且会存在一定的滞后性，不能及时地反映产业间的动态变化与演进特征。采用计量分析方法的研究多数采用产业增加值或总产值单一统计数据进行回归分析，缺乏大量的数据作为支撑，未能实质性地揭示产业间的互动关系与发展规律。第三，研究结果方面，现有的研究成果中缺乏对中国生产性服务业不同行业与制造业各子行业间协同演化程度的测算，仅有的定量研究也只是停留在对两产业互动程度的测算与比较方面，缺乏对两产业互动程度研究结果的进一步分析与探究。

本书基于前人的研究基础，以产业协同演化研究为主线，着重从以下四个层面做了开拓性的研究：

第一，研究在兼顾共生作用和环境影响作用的基础上构建逻辑斯蒂(Logistic) 模型，探究制造业与生产性服务业协同演化发展趋势，旨在揭示制造业与生产性服务业协同演化的内在作用机理。研究结果表明，制造业与生产性服务业间总体呈现出由寄生模式向互惠共生模式转变态势，两产业正处于共生演化发展的成长时期，共生作用关系并不稳定。通过对共生作用系数 α_{21}、α_{12} 的赋值仿真模拟，发现对称型互惠共生模式是推进制造业与生产性服务业有效协同发展的最优模式。

第二，利用灰色系统模型 GM(1, N) 测度制造业与生产性服务业间的协同演化发展程度，从客观的角度把握两产业间协同发展水平的变化态势。研究结果表明，制造业与生产性服务业间总体协同演化程度呈现出逐年上升的发展趋势，当前正处于良好协同发展阶段，但制造业与生产性服务业间各子行业的协同程度却存在极大的差异性。其中部分行业已渗透双方产业内部，展现出较强的产业协同性。而部分行业在两产业融合和升级过程中仍未能发挥有效作用，致使产业间协同性较低，有待于进一步提升和发展。

第三，突破既定的线性单向思维，探究制造业与生产性服务业间协同发展对制造业生产效率影响的非线性门槛效应是否源于制造业产业规模、发展水平和创新能力的异质性。研究结果表明，2006 ~ 2015 年制造业与生产性服务业间良好的协同效应对制造业效率的提升具有积极的促进作用。其中，随着制造业产业规模的逐步扩大，产业间协同效应对制造业效率的促进作用呈现出弱—强—弱的“S”形趋势。而当制造产业发展水平较低时，其产业间协同效应对制造业效率的促进作用较弱，制造产业发展水平一旦跨过门槛值时，其促进作用具有显著性跃升。对于创新能力处于不同阶段的制造产业，其产业间的协同效应对制造业效率作用强度呈现由弱到强的非线性特征。

第四，探究制造业与生产性服务业协同演化过程中的影响因素，找寻能够促进两产业良好协同发展的关键驱动因素。研究结果表明，生产性服务业发展水平变量对两产业协同演化发展的正向影响作用最强，其次为生产性服务业效率变量。制造业科技创新和制造业产业规模变量虽均能通过显著性检验，但对制造业与生产性服务业协同演化发展所起到的正向影响作用相对较弱。而环境规制潜变量则未通过显著性检验，说明严格的环境规制措施并不会负向影响制造业与生产性服务业协同演化发展进程。

目　录

第一章

导　论

第一节　研究背景

制造业是中国经济转型提档过程中重要的支撑性产业，其发展水平的高低能够直接影响国家工业化水平以及在国际上的综合竞争实力。2010 年中国制造业总产出规模超过美国，成为世界头号制造大国。但其高投入和高消耗的生产方式削弱了制造业的核心竞争力，导致制造产品的技术含量和附加值不高，整体处于全球价值链分工的中低端。与此同时，随着中国制造业生产专业分工的逐步细化，制造企业逐渐将价值链中的非核心部分外包给更专业化的服务类企业，促使生产性服务业向专业化、定制化的细分市场拓展。而生产性服务业的蓬勃发展正顺应时代所需为制造业突破现阶段的发展困境提供了良好的外部条件，能在提高制造产品知识含量与附加值的基础上，反哺于制造业，进一步降低制造产业价值链中的相关成本，是促进制造业实现全产业链精细化的有效依托。

由此可见，制造业与生产性服务业间的互动发展关系及未来产业间的演进趋势一直是当前研究的热点问题。杨玲（2017）指出随着制造业与生产性服务业间相互融合程度的不断深化，两产业间的良好互动更是被视为驱动制造业经济增长新的动力引擎。制造业与生产性服务业的关系并非只呈现出一种简单的分工关系，两产业在演化发展过程中更多地呈现出你中有我、我中有你的相互作用、相互依赖、相互支撑的双向互动关系，从产业协同演化的视角出发探寻制造业与生产性服务业间互动演化过程中的规律和特征，能够更加准确地阐释制造业与生产性服务业互动演进的本质。

第二节 研究意义

在理论层面，本书以协同演化理论为基础，结合共生演化理论从一个崭新视角探析制造业与生产性服务业协同演化机理，并对不同演化阶段的内在作用机制进行了深入探讨，完善了制造业与生产性服务业协同演化分析的理论基础。将灰色系统理论应用于制造业与生产性服务业协同演化发展评价，提供了一种新的研究制造业与生产性服务业各子产业发展的有序度及子产业与整体间形成的协同演化程度的评价方法，丰富了制造业与生产性服务业互动发展水平测度方法。引用门槛回归模型探究制造业各子行业在不同产业规模、发展水平和创新能力的情况下，生产性服务业与制造业间的协同发展对制造业生产效率影响的差异性作用，对两产业间协同演化研究结果做进一步的分析与探究。基于结构方程模型（structural equation model，SEM）建立适用于制造业与生产性服务业协同演化发展影响因素分析模型，为更好地分析两产业间协同发展演化规律以及影响因素，提供了一种新的研究方法。同时也为研究制造业与生产性服务业协同演化发展提供了一种新的研究理念和分析思路，具有重要的理论意义。

在实践层面，本书从共生角度厘清制造业与生产性服务业协同演化发展机理，正确理解和把握两产业协同演化发展过程中的稳态特征，在兼顾共生作用和环境影响作用的基础上，深入探寻制造业与生产性服务业协同发展过程中所存在的机制问题，从而更加准确地阐释产业间共生演化变化关系。结合近 10 年间的统计数据，对制造业与生产性服务业整体及其各子行业协同演化水平进行实证测度，能够更加准确地了解两产业间整体协同发展程度的高低以及各子行业间协同发展的差异水平，有助于从动态的角度总结中国制造业与生产性服务业间协同发展演进规律。检验制造业与生产性服务业协同发展对制造业生产效率影响的非线性门槛效应是否源于制造业产业规模、发展水平和创新能力的异质性。通过对制造业与生产性服务业协同演化发展影响因素的分析，能够揭示变量因素的影响强度和影响方向，进一步探究促进产业间协同演化发展的关键驱动力，为今后中国合理地制定制造业与生产性服务业协同演化发展政策提供参考依据。

鉴于此，本书对制造业与生产性服务业协同演化发展现状及作用机理进行研究，通过理论分析和实证研究，提出具有针对性及操作价值的相关政策建议，同时也对促进制造业与生产性服务业间产业融合升级具有重要的理论和实际意义。

第三节 研究内容

本书整体主要由三大部分组成，第一部分为全书的总括部分，主要由第一章导论和第二章相关理论及文献综述两个章节所组成。第一章导论主要是对研究背景和研究意义的阐释，介绍本书的研究思路、内容以及主要创新点，并提出了所要研究的实际问题。第二章是相关理论及文献综述，该部分是对协同演化理论的梳理，为下文的分析提供理论支持，同时解读制造业与生产性服务业间互动发展的研究现状，旨在明确实证研究的分析视角。

第二部分是本书的重要核心部分，由第三章到第九章这七个章节所构成。

第三章制造业与服务业协同发展的研究热点及前沿探析，采用 CITESPACE 方法对“制造业和服务业协同发展”相关文献进行全面的研究。

第四章中国制造业与生产性服务业发展现状分析，此部分研究中结合中国制造业和生产性服务业的产业规模、生产效率和发展潜力等特征，构建能够切实反映制造业与生产性服务业协同发展演进特征的评价值指标体系，并分别测度制造业与生产性服务业综合发展程度。

第五章制造业与生产性服务业协同演化的因果研究，该部分采用单位根检验、协整检验、格兰杰因果检验和方差分解等方法，逐层递进探析制造业与生产性服务业间的双向互动关系。

第六章是制造业与生产性服务业协同演化机理研究，该部分基于共生理论探究制造业与生产性服务业间协同演化作用模式，并将两产业协同演化过程划分为三个递进阶段，针对每个阶段所呈现出的不同产业互动特征、发展主导因素及演化稳定性等做详细解析。借鉴生物学中描述不同种群共生现象的 Logistic 模型，构建制造业与生产性服务业协同演化模型，并利用 matlab 软件对模型进行求解，从而探讨两产业在不同演化阶段的协同演化作用机制和路径特征。

第七章是制造业与生产性服务业协同演化水平测度研究，该部分在分析国内外产业协同演化发展测度方法后，结合制造业与生产性服务业自身属性，构建两产业协同演化发展水平评价指标体系。选择灰色系统模型 GM（1，N）测算制造业与生产性服务业相对自身的协调程度以及两产业间整体协同发展演变趋势，并对各细分子行业间内部协同演化差异性进行实证研究。

第八章是制造业与生产性服务业协同演化对制造效率影响的差异性研究，该部分在第四章实证结果的基础上采用门槛回归模型进一步检验制造业各子行业在不同产业规模、发展水平以及创新能力的情况下，生产性服务业与制造业间的协同演化发展对制造业生产效率影响的异质性。

第九章是制造业与生产性服务业协同演化影响因素分析，该部分同样是在第四章实证结果的基础上，采用偏最小二乘法—结构方程模型（partial least square method-structural equation modeling，PLS - SEM）构建制造业与生产性服务业在协同演化影响因素分析模型，实证分析各影响变量对两产业间协同演化过程的影响关系，进一步分析其影响作用原因，旨在为应对之策提供理论借鉴。

第三部分是本书的第十章和第十一章。第十章促进制造业与生产性服务业协同发展的对策建议，基于第三章至第九章的实证研究结果，提出相关切实可行的政策参考意见。第十一章结论与展望，该部分是对全书研究工作的凝练总结，同时进一步阐述本书研究的不足及未来研究的突破方向。

第四节 研究方法与创新点

一、研究方法

鉴于所研究问题的复杂性、系统性，需要广泛借鉴各门学科的相关知识。本书以产业协同性研究为主线，运用价值链理论、分工理论、协同演化理论、灰色系统理论、共生演化理论，分析制造业与生产性服务业互动演化内在机理。力求做到定性分析与定量分析相结合、静态研究与动态研究相结合、理论推导与实证检验相结合。

（一）文献研究法

通过对国内外相关文献的总结与评述，揭示制造业与生产性服务业间的历史渊源，从而厘清中国制造业与生产性服务协同演化发展的现状与特点，为制造业与生产性服务业间协同演化机理研究、协同演化发展水平测度、协同演化作用分析及协同演化影响因素探究提供定性的研究基础。

（二）动态比较分析法

本书结合制造业与生产性服务业的产业内涵和发展属性，从动态的视角探究2006~2015年制造业与生产性服务业间的协同演化机制和协同演化发展水平的变化规律，以及这些变化对制造业生产效率的差异化影响，并从时间序列上反映出两产业体系的内在联系和演进趋势。

（三）对比分析法

实证分析中对比分析制造业与生产性服务业整体及各细分行业间的协同发展水平，实现了整体性研究和局部性研究的结合。意在深入解析制造业与生产性服务业协同演化发展过程的特点、归类及趋势，基于不同的层面探寻两产业间协同演化发展的内在本质，通过比较分析使研究结论更具全面性。

（四）多元统计分析法

为进一步挖掘隐没在制造业与生产性服务业协同数据中的内在特征，研究采用层次聚类法进行辅助分析，对不同类型的制造业与生产性服务业进行分组比较研究，有利于总结不同产业类型在协同演化发展过程中所表现出的共性与差异性特征。

（五）实证分析与规范分析法

实证分析是超越一切价值判断，探究经济变量之间的内在逻辑与客观规律。而规范分析是对经济行为结果加以优劣好坏评判的研究方法。本书在整个研究过程中将实证研究与规范研究相结合，对造业与生产性服务业协同演化进程和协同演化发展判定标准作以规范性阶段划分，采用Matlab、Stata、Max6.3、Smartplus3.0、SPSS等软件对制造业与生产性服务业协同演化路径、协同演化发展水平、协同演化作用及协同演化影响因素等方面进行了实证分析。

二、创新点

本书在总结和分析现有研究成果的基础上，对制造业与生产性服务业的协同演化发展进行了全面、系统、深入的研究，并在以下几个方面进行了拓展性的研究：

第一，探索性地以产业共生为切入视角，从理论与实证两个方面对制造业与生产性服务业协同演化发展机理作以深入探讨。

拓展 Logistic 模型的适用范围，在兼顾共生作用和环境影响作用的基础上，构建种群增长率和环境容量系数可变的产业共生演化模型，实证考察制造业与生产性服务业协同演化的动态变化过程，为揭示两产业间复杂演化过程提供了独特的视角。结合各类制造产业特征，总结其与生产性服务业演化过程中所呈现的共性和差异性变化。通过仿真模拟预判未来制造业与生产性服务业在不同共生模式作用下的演化发展轨迹，为实现产业间良性互动提供可资借鉴的协同发展模式。

第二，创新性地运用灰色系统理论构建制造业与生产性服务业有序度协同演化模型，对两产业间的协同发展水平进行系统性的测度与剖析。

引用灰色系统模型 GM(1, N) 测算制造业与生产性服务业间的协同演化发展程度，为总结两产业间协同发展的动态演进规律提供了一种具有全面协同效果的度量准则和评价方法，拓展了制造业与生产性服务业互动发展评价的定量研究方法。与此同时，以关键过程和状态协同度大小作为协同发展阶段的判定标准，明确了不同时间段内制造业与生产性服务业协同演化发展所处的阶段和类型特征。

第三，尝试性地检验产业协同性对制造业生产效率的影响作用，深入探究制造业与生产性服务业协同演化的作用意义。

研究突破既定的线性单向思维，考虑到制造业各子行业间的差异性特征，探索性地运用门槛回归模型分析制造业与生产性服务业间协同发展对制造业效率影响的非线性阈值效应，能够揭示产业协同发展对制造业效率影响的条件特征和阶段性特征，同时也拓宽了研究视角。

第四，首次采用结构方程模型分析制造业与生产性服务业间协同演化过程中的影响因素，旨在挖掘能够促进两产业良好协同演化发展的关键驱动因素。

研究采用 PLS - SEM 模型对制造业与生产性服务业间协同演化发展

过程中影响因素加以详细解析。在考虑到产业协同演化因素复杂性和相互关联性特点的同时能够兼顾到多个影响变量间的交互关系，综合性地分析各变量直接和间接的影响效用，并以此为据提出促进制造业与生产性服务业良好协同发展的合理政策建议。

第二章

协同演化相关理论及文献综述

从产业演变的角度看，制造业与生产性服务业间并非是简单“需求”和“供给”的因果关系，事实上制造业和生产性服务业间的互动关系并非一成不变，一直以来都是随大环境变化呈现出动态的演进趋势，无论是制造业还是生产性服务业在其发展的过程中都离不开彼此间的互动协同作用，两产业间关系越来越密切。因此，从产业协同角度作为分析的切入视角，探寻两产业互动演化过程中的规律和特征，能够更加合理地阐释制造业与生产性服务业互动演进的本质。鉴于此，本章在概述协同演化理论的基础上，进一步分析制造业与生产性服务业间互动发展特征，为后面各章的进一步分析奠定了理论基础。

第一节　协同演化及相关理论研究

一、协同演化理论起源

演化是自然界中广泛存在的一种生物现象，达尔文和华莱士（Darwin & Wallace）最早提出了以自然选择为基础的演化理论，达尔文（1859）在《物种起源》中提到了协同演化（co-evolution）的概念，但其进化思想更侧重于“竞争”和“适者生存”，用以研究物种与其所处环境之间的相互作用对演化进程的影响。经济领域的演化分析方法和相关理论具有悠久的学术历史，在其不断发展和完善过程中逐渐形成了一整套极富解释力的研究纲领与基本的分析框架，使得演化经济学在学术界获得越来越多的认同与重视。协同演化理论作为现代演化经济学的前沿，在综合达尔文主义框架下，融合了复杂系统理论、自组织理论以及协同演化学等理论基础，其独特的思维逻辑和分析框架为演化理论注入了新的活力和方向，为经济系统的演化分析拓展了新的空间。

在较长一段时间以来，两类经济学家构成了经济学理论研究两大主要的传统研究方向：一类主要是研究在假定既定的技术、资源、偏好和制度固定不变条件下，在效用最大化或收益最大化原则的指引下，理性的经济人如何通过对稀缺性资源的合理使用，实现最优配置，这类经济学家通常主要借助采用数理建模、计量求解和预测等方法和相关的技术手段进行研究，以此达到经济分析的目标。另一类则认为，技术、资源、偏好和制度等因素都是在不断发生变化的，而且经济系统整体的变化是一种非均衡的变迁过程，对其研究的重点应主要关注资源创造而非资源配置，对相关问题采取比较分析、制度分析、历史分析和解释等是这类经济学家们通常采用的方法。前一研究方向的典型代表就是新古典经济学，而后一种则趋向演化经济学。

（一）传统演化理论

演化经济学随着研究的不断深入和发展，形成了传统演化理论、现代演化理论，以及协同演化理论的理论研究脉络，涌现出了一大批代表性理论成果。传统演化理论存在悠久的经济演化分析传统，即运用动态和演化的方法看待经济和制度的变迁，秉承这样的研究理念，基于不同的视角和侧重点，形成了众多演化经济学的思想流派，从以亚当·斯密（Adam Smith）为代表的古典学派对自发秩序和经济增长的动力机制的考察，到德国历史学派和马克思经济学对人类社会历史动态演化的探讨，再到以凡勃伦（Veblen）为代表的旧制度学派对人类社会制度演化的系统研究以及熊彼特（Schum Peter）对创新理论的系统性、开创性的构建等，都蕴含了丰富的演化思想和分析方法，形成了悠久的经济演化分析传统。但随着19世纪70年代经济学界发生了“边际分析革命”，经济研究主题与研究方法发生了明显的转向，经济增长问题渐趋退隐，资源配置问题成为经济研究的主题，研究方法通常是静态分析或比较静态分析。制度被视为既定的因素或是外生变量不予讨论，数学方法日趋渗透，经济学日趋形式化，经济理论演变成一系列精雕细刻的模型。

诸多专家学者们对经济学发展中的这一问题给出了各自的看法和解释，梅尔（Meier）认为经济思潮的主流出现了一种明显的转变，即由古典经济学家把经济进步视为累积力量形成的动态模式的看法，转变为了新古典经济学家对既定资源的静态配置的特别关注。霍奇逊（Hodgson）在2000年的研究中则认为自马歇尔（Marshall）的《经济学原理》出版后的一百年间，经济学作为一门学科已呈现急剧的狭窄化和形式化，尤其20世纪最后30年，这门学科已经遭受数学形式主义者的蹂躏，他们不去把握和解释真实的经济结构和经济过程，而是潜心于建立方程。在与新古典经济学的论战中，经济的演化分析沦为边缘和异端，经济的均衡分析、静态分析占据主流，在这个过程中主流的新古典经济学倡导经济学的科学化，主张数学赋予这一学科严肃性和精确性，从任何一本权威的主流经济学杂志都可以轻而易举地发现这一特征。主流经济学家探究模型特征的偏好，要远远甚于现实特征，其隐含的研究程序大致如下：由于这个世界凌乱而复杂，首先有必要基于所谓“合理”假设为之建立一个简化的模型，然后对此模型进行讨论，即便这个模型已不再能准确描述这个世界。但科学的形式化外衣，使新古典经济学有了更多的拥趸，可是这并不是经济的演化分析方法丧失主流地位的全部原因。更为重要的原因是，虽然演化经济学拥有悠久的学术传统，但其尚未建立一个统一的学术研究范式，演化经济学长期处于混乱和无序的状态中，许多被贴上演化标签的经济理论，在认识论、方法论和解释逻辑上都存巨大的差异。

譬如在古典学派对市场秩序生成的探讨中，继承了福格森、休谟和曼德维尔等（Ferguson，Hume & Mandeville et al.）苏格兰道德哲学家对笛卡尔（Descartes）唯理主义的批判，从经验主义视角阐述人类理性的局限性，认为市场秩序是由自主个体在互动中生成的，是一个自发的、非人格化的演化过程。后来哈耶克（Hayek）在1960年将其阐述为进化理性主义。而德国历史学派则强调社会发展演化的整体性和系统性，认为一国的发展处于不断的发展和演变过程中，具有不可逆性，主张从一国历史材料中归纳和总结出一国经济发展的规律。马克思经济学的基本方法论是辩证唯物主义和历史唯物主义，强调社会演化的行为主体是阶级，阶级矛盾和阶级斗争是推动社会制度演化变迁的主要驱动力，而以凡勃伦为代表的旧制度经济学派则首次将达尔文主义的演化思想运用到社会经济系统的演化分析中，认为推动人类社会制度演化的动力是人口、知识和技能的改变。这些演化经济思想和学说在认识论、方法论和解释逻辑上的巨大的差异，使得演化经济学的发展凌乱且无序，其影响日趋式微。

（二）现代演化理论

随着阿尔契安（Alchian）在1950年的一篇著名论文的发表，重新唤起了学术界对经济进行演化分析的热情，特别是20世纪70年代以来新古典经济学在面对国际重大经济事件时的解释苍白无力（20世纪70年代至21世纪初，西方经济世界经历了两个重大事件，使得新古典经济学开始陷入持久危机：一是石油危机所导致的资本主义经济体系普遍遭受“滞胀”困扰，主流经济学所提供的理论政策开始失灵；二是进入20世纪80年代之后，资本主义世界经历了由信息技术革命带来的持续增长，互联网、电子商务等以创新为核心的技术要素成为经济增长的最主要驱动力，这也是传统经济理论所无法预测和解释的，这两大事件引发了对新古典经济学的诸多质疑、修正和重构），受到了众多学者的强烈批判。20世纪最后30年，这门学科已经遭受数学形式主义者的蹂躏，他们不去把握和解释真实的经济结构和经济过程，而是潜心于建立方程，然而其结果可能意味着经济学在严谨之中变得与现实无关，在精确之中形成错误。形式主义成了逃避现实的手段，而不是帮助理解现实的工具，人们普遍认为，基于简单模型的均衡框架，例如无摩擦世界中的代表者模型和双边谈判模型，可以为微观、宏观、金融和制度经济学提供一个逻辑自洽的分析框架。

当非线性和社会互动造成的内生不稳定和不确定性涌现时，市场自稳定和制度趋同的均衡信念土崩瓦解，经济学和计量经济学中的均衡幻象，用在数学建模方面简单漂亮，但用于政策决策却后患无穷，再加上经济学多元论国际思潮的兴起以及 2000 年在欧洲爆发的后欧洲经济（post-autisitc economics）经济学改革国际运动的强力推动，现代演化经济理论受到越来越多的学者关注。时至 20 世纪 80 年代后期，演化经济学的研究已被美国和欧洲的制度学派、奥地利学派和熊彼特学派的发展所拓宽和加速了，在这个过程中，演化经济学的发展趋势呈现出如下几个清晰的特征：其一，秉承经济演化分析的学者在长期的争论中，形成了颇具影响力的四大流派，即奥地利学派、老制度学派、新熊彼特学派和法国调节学派，并开始寻找创造性综合的途径，演化经济学家开始将精力放在自我批判和自我检讨，而不是对新古典经济学进行批判。其二，演化经济学家们的研究重点开始从对传统的选择机制的关注转移到新奇和变异如何为这种机制提供动力，出现了许多经济演化分析的成果以及对这些成果富有成效的应用，特别是在技术变迁领域形成了独具特色的研究纲领。弗里曼（Freeman）和泽特（Soete）分别在 1995 年和 1997 年对经济政策，特别是技术政策、公司战略和国家创新系统领域发挥了重要的影响。其三，物理学、生物学和非线性混沌科学、复杂性科学等自然科学的迅猛发展，为演化经济理论的发展提供了契机，也为打破新古典经济学的均衡分析传统奠定了方法论基础。

经过演化经济学在自组织理论和达尔文主义之间的争论初步形成了较为普遍接受的综合达尔文主义或普遍达尔文主义框架。为调和演化经济学学派之间的争议，以及面对来自自组织理论对达尔文主义的挑战，霍奇逊（Hodgson）和克努森（Knudsen）在 2010 年所发表的论文强调自组织是演化过程重要的组成部分，但并不能替代自然选择，一切复杂、开放的演化系统都涉及达尔文主义所描述的三个机制，即“变异机制”“选择机制”和“遗传或保留机制”，但这些演化机制是一个抽象的原则，并不描述具体的演化过程，而具体的演化过程的描述必须结合其他辅助理论来实现，例如复杂系统理论、自组织理论、非线性混沌理论等。

根据贾根良（2004）对众多演化经济学研究文献的总结，列举现代演化经济学在综合达尔文义框架下达成的共识：

第一，在研究纲领方面，演化经济学认为新奇创生的内生化是其纲领的硬核。新古典经济学认为，生产要素的投入以及如何通过既定机制下实现其最优配置是经济均衡变动的原因。演化经济学认为，既定资源的优化配置只是经济变化的必要条件，而充分条件来自新奇的创生，即新偏好的形成、技术和制度的创新，以及新资源的创造，新奇的创生是经济持续变化的原因。在这一点上，新古典经济学与演化经济学有本质的不同。

第二，在研究范式方面，演化经济学家对新古典范式进行了大量的批评，主要表现在三个方面：其一，演化经济学用满意假说替代最优化（最大化）假设。由于不可能充分预见到新奇的创生，也不可能预先知晓努力的特定结果，行为者就无法采用最优的行为，更现实的情况应该是通过试错而达到满意的过程。在这个过程中，挫折破坏了经济行为者目前的抱负水平，从而使之产生了对新的、未知的选择进行搜寻的动机，在尚未成功时，随着搜寻时间的延长，经济行为者的抱负水平将下降，最终将趋向于目前可行的选择，搜寻的动机消失了。反之，如果搜寻被证明是成功的，抱负水平将提高。其二，演化经济学用个体群思考替代非演化经济学的类型学思考。类型学思考是把所有变异都看作对理想类型的偏离，看作由于暂时的干涉力量所导致的畸变，正是这种类型学的推理产生了新古典范式的给定偏好和个体同质性（代表性行为者）的假定，排除了多样性行为的可能，因而无法容纳个体的创造性和新奇行为。相反，在个体群思考中，多样性并不是把基础性的实在隐藏起来的干涉并发症，而是基础性实在本身，它是演化赖以发生的基础。因而演化经济学把个人选择置于多样化行为的群体中，强调了主观偏好的特异性和行为的异质性对新奇创生和创新过程的重要性。其三，历史重要和时间不可逆。演化意味着新质要素随时间的推移而创生，因此强调历史的重要性，就是突出了时间对社会经济系统最基本的建设性作用，个人或组织等行为者目前的行为将对未来决策过程或系统的未来结构及其变化路径产生重大影响。新古典范式的无时间和非历史性是众所周知的，时间不可逆使得事物的演化具有路径依赖性质，路径依赖说明了锁定效应和次优行为可以持久存在，历史对于解释这种无效率是非常重要的。

第三，关于基本分析框架，贾根良总结了坎布尔（Cambuur）关于社会经济演化的完整分析框架是由遗传、变异和选择等三个机制构成：其一，遗传机制。正如生物基因一样，制度、习惯、惯例和组织结构等是历史载体，它通过模仿而传递。其二，变异或新奇创新机制。有目的地创造新奇和多样性是人类社会演化最重要的特征，新奇创生机制所研究的就是新奇为什么和怎样被创造的问题。其三，选择机制。选择机制所研究的是变异或新奇在经济系统中为什么、什么时候和怎样才能被传播。

（三）协同演化理论

如前面所述，演化经济学经过长期的争论，形成了普遍为学者所接受的在综合达尔文主义框架下的研究范式，即各种经济系统如何通过系统间和系统内的变异机制、选择机制和遗传机制实现演化。然而，经济系统的演化过程是复杂的，又是充满不确定性的，因此，为充分认识经济系统的演化过程和演化特征，必须将综合达尔文主义的变异、遗传和选择的演化逻辑运用到系统的各个层级中，并探讨系统不同层级之间演化逻辑的相互作用关系，这就涉及系统间和系统内的协同演化问题。目前系统的协同演化已经成为现代演化经济学关注的一个重要前沿领域之一。

协同演化作为严谨的概念和理论体系最早出现在生物学领域。1945年时维尔纳茨基（Vernadsky）通过对生物与其所在环境的研究发现生物与其所处环境之间具有协同演化的变化关系，这成了协同演化观点的早期形式。埃利希（Ehrlich）在 1964 年对蝴蝶和某些植物之间的关系进行研究后发现，蝴蝶及其所采食的植物之间存在种群演化关系，植物往往会生成某些特定的气味、花粉等信息来吸引或排斥某些特定种类的蝴蝶，因此埃利希得出了在某种程度上种群演化过程会随其相关的种群变化而发生相应变化的结论，即种群间具有协同演化效应。这改变了自达尔文以来过分强调物种生存斗争和自然选择的选择论，丰富了生物学的理论基础，由此在生物学领域中协同演化理论得到了迅速的发展，成为生物学的一个重要分支，也逐渐发展为生态学领域的主流研究思想和分析框架。随着协同演化理论的不断发展与完善，其在地质科学、环境学、社会学以及经济学等众多学科中也得到了广泛的应用和拓展，很多学者都尝试以协同演化的思想来解决本学科的相关研究，形成了诸多相应的协同演化研究方法。

在社会经济学领域中，诺加德（Norgaard）于 1985 年首先将协同演化的概念及理论应用到了相关的研究分析中。他认为新古典经济学中自然与科技进步的被动关系是不正确的，在社会经济系统中，自然和社会是彼此相关、融入和影响，而协同演化的概念能如实地反映价值、技术、知识、环境和组织等子系统彼此之间的长期反馈关系。此后，协同演化理论被国外学者广泛应用到了管理学、经济学等领域中，用于研究企业与社会环境、产业经济现象中不同因素、主题之间相互影响和演化的过程。随后纳尔逊（Nelson）在 1994 年基于协同演化的理论视角，结合经典的经济学理论对以往经典的经济增长模型进行分析和修正，首次将进化论中的两大主体结合在一起对经济增长模式进行探究。福斯特（Forster）和威尔德（Wild）认为协同演化方法属于自然经济中的自组织理论的一部分，探讨了协同演化方法在演化经济学中的一系列应用可能性。霍奇逊和列文塔尔（Levinthal）等采用新兴的协同演化理论对组织生态学、经济学、制度社会学以及战略管理等领域问题进行了探讨，研究了市场行为选择、信息对利润价值的作用以及选择性对新组织发展水平影响的一系列内容。基于双方信息不对称以及共同价值观假设，梅尼斯（Mennis）在2000年时构建了一个简单的委托代理人模型，运用协同演化理论对金融市场和股票市场中的投机、交易等行为进行分析。默尔曼尼（Murmann）在2003年在其研究中给出了协同演化的广泛定义，即仅当演化中双方均能对彼此之间的相关特征、种群外延等产生影响和变化时，他们才是具有协同演化作用的。通过对并行发展和协同演化的严格区分，默尔曼尼比较了英国、德国和美国的合成染料工业的发展过程。

二、协同演化内涵及特点

（一）协同演化理论的内涵

协同演化理论自提出至今，一直处在不断发展完善的过程中，至今诸多专家学者仍在探索之中，尚没有形成一套完整成熟的理论体系，由此不同专家根据自身研究方向与研究侧重的不同分别给出了各自的定义。辛格（Singh）在对物种进化研究时指出，协同演化是物种在与其他物种共生过程中所存在的一种基因性的趋向选择和适应性反馈机制，同时是与其他物种之间发生的一种潜在的相互合作演化作用。弗伦肯（Frenken）在2009年研究了自然环境中共存的多物种间关系，他认为协同存在于两种或更多的物种之间，是一种长时间的、持续性的选择变化过程，物种间在生存过程中主动或被动地选择了更加有利于自身的变化，其变化又会相应地反映到其他物种，物种之间的关系是多种多样的，包括互利共生、偏利共生、竞争、偏害寄生等关系。胡伟（2007）从组织协同演化理论出发，认为组织的变异、选择及保持并不是单独发生的，而是在与周围环境的不断交感中所进行的，因此组织环境具有层次性，可分为组织内部、组织、种群和群落这四个层次，而每一类层次的演化既受到其他层次的影响，同时又反过来影响其他层次。

在经济管理领域，诸多专家学者也从不同的角度给出了协同演化的定义：考夫曼（Kauffman）在1993年时所发表的研究论文认为协同演化是一方改变另一方的适应性选择，进而影响双方的平均适应性；鲍姆（Baum）认为协同演化是组织与环境关系的交流反馈方式；梅克尔（Meckel）则主要强调企业以及其竞争对手在可以获得生存资源方面的相互依存关系，两者均随其他主体的变化而发生变化；列文（Lewin）等于1999年在研究组织行为时指出，协同演化是管理层、外部环境与内外制度之间多维影响的一种互动行为模式，协同可能在以上任何一个层次内发生，有互动与反馈驱动；2006年，马勒巴（Malerba）经研究认为协同演化是研究共存的两个或多个主体之间相互作用、相互适应的变化，强调主体间的协同演化必须具有持续性的互动因果关系；费伯（Faber）在2009年经研究认为协同演化同样适用于政策制定，主体与环境之间的衍生互动同样受协同演化思维制约；佩卡（Pyka）于2012年在分析研究长经济发展周期规律后指出，需求、金融、组织、政策等主体之间的交叉融合存在多维交叉关系，其发展过程中有协同也存在背离；鲁贝拉（Rubera）认为公司绩效驱动中的模式创新、产品组合创新之间互动、融合等创新活动存在交叉作用，其多主体间具有交互影响的协同演化特征。

虽然相关专家学者们给出的协同演化定义不尽相同，包含众多的研究方向和视角，但总体而言协同演化的内涵包括以下几点（刘志高和张薇，2016；刘志高和尹贻梅，2007）：

第一，协同演化理论最早出现于自然生物领域的研究，其研究对象多是长期以来自然选择、协同衍化的生物物种，因此在研究相对较长一段时期内的变化过程时，其研究结论的准确度较高，一般也多将协同演化理论应用于具有较长时间跨度的研究中。

第二，所研究的种群或者主体间应该具有一定的联系，不能应用于两方或多方之间具有明显平行发展特征的主体之中，主体间宜具有互动、因果、正负反馈等特征。

第三，协同演化主体之间的交互作用应具有时效性，反应或反馈时间相对过长，或者缺乏反馈机制以至于存在无反馈反应且不适用。

第四，协同演化主体间应具有较强的“地理接近性”，其系统内个体行为、组织结构以及与周围环境的互动性，包括不同组织空间的协调均会对主体间演化产生影响。

因此并不是具有相互作用的主体之间都具有协同演化关系，而且在经济管理学的相关研究中，具有协同、演化以及协同演化所代表的相关研究成果也并不全都是从演化经济学视角对两者间或多方间进行协同演化分析，协同演化理论要求所研究对象之间应具有以上所述内涵。协同演化理论认为在组织间互动过程中相关主体的变异、选择、进化等状态并不是单独发生的，是在与环境、其他主体互动交感过程中产生的，组织环境主体具有一定的层次性，可分为组织内部、外部，种群、群落等，每层主体的进化受其他层主体的影响，反过来其本身的进化又会影响到其他层的状态。因此协同演化不同于以往孤立地对某一对象展开研究分析，其往往结合两个或多方主体，对其之间的相互关联、互动交叉的一系列行为、选择进行协同分析，对其发展趋势、变化规律、影响因素做全面的系统分析，以求能更精确地反映种群、企业、组织或者政策等不同主体的演化实质。

（二）协同演化理论的特点分析

通过对协同演化理论内涵的不断探索和分析，国内外学者们最终系统地总结了协同演化的基本特征特点，主要包括以下几个方面。

1. 呈现出双向或多向的因果关系

对于协同演化的参与者而言，两方或多方之间必然存在双向的多因果关系，由于演化问题的复杂性，多方间协同的机理、机制可能是模糊的、不明确的。因此多方演化过程中一方有可能受其他一方的直接影响，也有可能是受到多方的间接影响而发生进化，一方的因可能是多方的果，一方的果也可能是多方的因，在多向的因果关系影响下参与者共同演化。此外，在多方因果关系中，在整个空间中严格区分因或者果（或者决定性变量和非决定性变量）意义并不大，与其寻根溯源找到单一变化的决定性因素或者变量，不如以最终结果为主进行分析研究。

2. 具备多层嵌套关系

协同演化研究是一种跨界限跨层次的问题，既包含参与方内部微观的协同变化，也包含其与外部发生的宏观的演化变化。在内部和外部之中还可能包含了多层级的组织结构，内外部层级之间交叉互动广泛存在。因此，在研究多方间协同演化时必须确立起多层级交叉互动的研究机制，才能更加准确地描述该系统的演化特征和结果。

3. 存在复杂的非线性关系

由于多因果、多层嵌套关系的存在，协同演化主体中一个变量的变化往往会经过一系列突变、选择、变异后对另外的演化主体产生或大或小的多维影响，影响结果也往往出乎人们的预料。所以，在协同演化过程中存在大量相互作用的非线性反应，简单的线性反应微乎其微。在对协同演化主体进行研究时应考虑到变量间的多维非线性影响，非线性的特征也增加了协同演化过程中的复杂性和不确定性。

4. 具有正反馈效应

协同演化是一种互动的过程，并不存在单一主体独立的变化、选择，任意主体的变化、发展都会对其他参与方产生不同的影响，而这种影响又会相应地传递回来，作用于自身产生一系列的变化，这种正反馈的效应使参与协同演化的主体吸收内外部的变化，使得原有系统不断更新变动，进而离开原有的稳定状态，向下一稳定或变化的状态进化。正是这一系列的正反馈效应使得参与主体能够持续性的发生状态的变化，进而影响其余主体的进化与选择。

5. 反映出路径依赖特征

主体间协同演化进程的差异能反映出在过去一段时间内或某个时间节点上参与主体的相关组织特性和异质性。协同演化不同主体在面对演化、选择、变异时不能脱离自身进行决定，具有一定路径和历史依赖的特点，主体的系统演化轨迹将较长时间的存在于某一演化轨迹上，经过缓慢的、细微的不断变动，演化路径才会发生一定的变化与改变，这也体现了演化的一种惰性特征。

三、协同演化经济领域的应用

协同演化理论的出现为研究复杂系统的演化过程提供了全新的方法和独特的研究视角，国内外社会经济学家已经开始将协同演化的理论、方法和思想广泛地应用到了社会经济、战略管理等研究领域。现有的文献研究主要集中在如下几个领域。

（一）协同演化层次分析

协同演化的主体具有多层次嵌套的特征，在对其进行协同演化分析时，先明确其层次关系进而对不同层次行为、模式进行剖析才能正确地进一步对正反馈作用及因果关系进行研究，因此层次分析是协同演化研究的基础。无论从组织结构还是整体环境的角度，苏霍姆利诺瓦（Sukhomlynova，2006）、奥赫马托夫斯基（Okhmatovsky，2010）以及迈耶（Mayer，2016）等学者们将协同演化分为微观和宏观两个主要层次；鲍姆和辛格（1996）从组织生态学的角度出发，将协同演化的层次分为组织内、组织间、种群以及群落四个层次；沃尔伯达和列文（Wolberda & Levine，2003）认为协同演化分为三个层次，即企业、产业以及外部大环境，总体而言，协同演化的层次还没有形成统一，多数学者认为微观、宏观两个层次的分析较为妥当。

（二）协同演化动力机制

协同演化具有多向因果关系特征，既能体现出组织对既定环境的影响，也能体现出既定环境对组织的改变，协同演化理论给予了研究组织与环境关系的新视角，融合了以往组织环境理论中的选择说和适应说理论。在以往组织环境理论研究中，关于组织和既定环境关系的研究一般包括组织适应理论和环境选择理论两个观点。适应理论视角认为环境具有不可改变的性质，组织、企业或种群只能尽量地去适应环境而获得发展进化。适应理论包含权变理论、种群生态理论、产业组织理论以及制度理论等。选择理论认为既定环境在一定程度上是可控的，可以通过组织或种群的进化与选择来影响既定环境的状态，通过自身变化来改变外部环境，进而实现组织与环境更加健康的发展。选择理论包括战略选择理论、组织行为理论、组织学习理论以及资源基础理论等。

协同演化理论的主要研究内容是组织与环境的互动交叉过程，互动演化的提出融合了适应理论和选择理论，连接了以往孤立的适应选择过程，沃尔伯达和列文（2003）对以往企业内部和企业之间存在的协同演化机制进行了探讨总结，分析了四种不同的协同演化动力机制下企业内变异模式以及选择行为对企业演化的重要影响，对企业、产业和环境三者之间反馈机制原理进行了研究。

1. 幼稚选择：bVcSR 动力机制

幼稚选择属于达尔文进化论中的一种基本的演化模式（也称为 bVcSR 演化动力机制），在幼稚选择模式下物种的基本自然选择过程包括盲目变异、竞争选择以及保留三种行为。一系列的变异、选择和保留使得物种针对环境的变化产生了一系列适应性的改变。在企业及其既定发展的大环境中存在同样的选择进化动力机制，企业在生存过程中的一系列行为使得企业在既定环境中获得了或好或坏的生存能力，与既定环境实现了协同演化，企业由原来的单一模式经过变异、选择、保留产生了多样性的变化，既定环境中丰富多样的企业类型既是由此得来。幼稚选择演化动力机制下的变异是随机产生的，是不受控制的，其选择过程是针对特定环境中的一系列因素进行的，保留则是保证企业基本特征的行为，幼稚选择机制的演化动力归属于一种先变异再选择的行为，演化过程具有时序性，没有循环性，组织或企业不具有能动性，其演化机制的主要动力来源于环境的选择。

2. 管理选择：dVvSR 动力机制

在管理选择中同样存在变异、选择以及保留行为，但是其变异行为存在一定的引导和诱导，管理选择（也称为 dVvSR 演化动力机制）是由于企业或组织等有目的性、针对性地去进行某些创新或变化，通过结合自身原有的经验或教训，主动能动地来对自身进行变异，追求在既定环境中获得更强的生存能力是其根本的演化动力，企业或组织能在内部选择以及外部选择的双重选择机制作用下实现自身的不断发展和演化。在 dVvSR 演化动力机制中，企业或组织的诱导性变异更多来源于其基层及基层管理人员，多是由下往上地进行演变变异。

3. 层级更新：管理层驱动机制

不同于幼稚选择和管理选择，管理层驱动机制中管理层人员的思想或行为在发挥重要的作用和影响。管理层通过所在组织或企业以追求对既定环境的最大适应，企业或组织在经过管理层引导产生针对性的变异与选择，进而保留最有利的变异，改变企业状态。因此在管理层驱动演化机制下，高层的管理者具有较强的自主能动性，能通过构建一系列战略战术规划来实现企业的发展变革，企业的发展和进化方向都是管理层决策的产物，通过对自身整体的整合与规划，主体自身实现一种自上向下的协同演化。

4. 全面更新：集体理性机制

不同于管理层驱动和管理选择机制，在集体理性机制中，一般将企业或组织的整体运营发展作为内部各层级的共同作用，而不是仅仅由上向下的管理层驱动或者是由下向上的管理选择。组织内部的各个层级通过互动交叉形成一种集体认知模式，在意识形态和发展理念上具有高度的一致性。虽然主体在形成一致性认知过程中的组织成本较高，但是在形成集体意识以及集体认知后总的管理成本以及运营成本都会下降。此外，具有集体认知的企业其稳定性及持续性均会获得加强，稳定性和持续性进而会影响企业自身的演化变异及选择。

（三）协同演化与组织环境、技术制度

组织与环境是处于共同的协同演化中，不仅仅是一方对一方的简单适应，在对组织环境的协同演化分析时应注意：（1）将组织放到广阔的既定环境中，通过运用长时间的时间序列来对两者的演化进行分析。（2）分析时应考虑参与多方间的多因果、正反馈的复杂特征，理清主体内部不同层次之间的演化动力以及交叉互动关系。（3）明确考虑组

织和环境的微观以及宏观的变量变化。

在社会经济学研究中，对技术与制度的关系研究由来已久，亚当·斯密和马克思对分工与劳动效率、生产力和生产关系的研究均开创性地论证了技术与制度的关系。但在随后的相关研究中，单一决定论的研究较多（即制度在经济增长中起决定性作用，制度变迁决定了技术变迁的方向），关于两者间关系的论证较少，协同演化理论的提出使得技术与制度关系的演化论证逐渐成为一大主要研究方向。纳尔逊等在 2003 年时提出并发展了制度与技术的惯例概念，认为惯例化的程序是由与分工有关的诀窍和分工之上的协调决定的，前者就是生产技术或生产力，后者被定义为制度，不仅仅将制度看作对行为的一种约束，而是把制度看作技术生产时的一种有效的合作方式，把制度看作一种社会技术是合理的，能够使其较好的适应经济增长的演化理论。因为在技术进步的过程中，制度和技术是交互影响，协同演化的，技术的演进需要制度的协调和支撑，由于技术进步的不确定性，制度和技术相比在两者的协同演化过程中制度往往扮演主要角色，进而推动技术更好的发展和进步。

默尔曼尼等在 2003 年从历史比较的角度对第一次世界大战前的五个主要工业国家合成染料产业技术与制度的协同演化情况进行了探讨分析。在不同国家演化路径的背景下分析了德国一系列国家、产业、市场制度环境对其合成染料技术发展的推动作用，反过来技术的进步又促使制度进行改革更新，技术与制度形成了良好的协同演化机制。萨维奥蒂（Saviotti）和佩卡在 2015 年对金融领域的制度与技术的协同演化进行了研究，研究表明当金融制度开始引导资源配置使金融资本趋向于新兴产业部门时，两者之间的协同演化关系就确定了。经济的发展和增长会促进金融资本的增长和扩充，两者之间的关系要么是互相促进共同发展，要么是过度资源配置导致经济系统崩溃，金融资本缩减，进入恶性循环。

国内学者对制度与技术的协同演化关系做了一定的研究，许庆瑞（2006）认为企业技术与制度创新存在动态的协同关系，在企业不同的生命周期中，技术与制度的关系会呈现技术主导型、制度主导型、技术与制度共同主导三种不同的协同演化模式。孙晓华（2011）在协同演化论的分析框架下研究了水电行业中技术与制度的协同演化过程，研究表明在协同演进过程中技术的进步往往会优先于制度，在技术先行的情况下，制度需要及时调整来加强和促进技术的进一步发展。吴际（2011）等以组织创新与技术创新为研究对象，深入分析了不同企业生命周期中组织创新和技术创新的主导关系。王喜刚（2016）从资源基础的视角出发，研究了技术创新能力和组织创新能力的系统演化关系，将技术创新能力分解为产品和工艺流程创新两项，对沈阳、大连、长春等一百多家工业制造企业进行了调研分析。解学芳和臧志彭（2014）对目前中国网络文化产业中的技术和制度两种对立统一的因素进行了分析，构建了协同的网络文化产业演化框架。李英（2016）等研究了技术创新、制度创新以及产业演化三者之间的关系，对技术与产业演化、制度与产业演化、技术与制度协同演化以及三者之间的共同演化关系进行了梳理和总结。

总体而言，协同演化理论已经被广泛地应用到社会经济管理领域中，国内学者们的相关研究还相对较少，仍处于对协同演化理论分析探讨的阶段，并没有形成完整的理论框架，相关研究也多是对其基本的内涵、机理进行分析。

第二节 相关概念与范围界定

一、制造业相关概念与范围界定

制造业是指对各种制造资源（例如物料、能源、设备、工具、资金、技术、信息和人力等）按照市场的要求，通过一系列的制造流程，经过物理或化学的形态转变后，转化为可供人们使用和利用的大型工具、工业品与生活消费产品的行业总称。制造业在国民经济中占有举足轻重的地位，无论是从产出比例来看还是从就业结构来看，制造业都是促进国民经济发展的支柱产业。制造业同时面临国内和国际两大市场中的机遇和挑战，从国内来看制造业是经济增长的主要动力，从国际来看制造业是国际竞争力的集中体现，同时经济发展转型也依赖于制造业的发展转型。一般而言将制造业分为消费品制造业和资本制造业两类，根据国家统计局对制造业的分类认定，中国制造业包括 29 个大类，其中制造业子行业是指经物理变化或化学变化后成为新产品的行业，不论是动力机械制造，还是手工制作，也不论产品是批发销售，还是零售，均视为制造。29 个子行业分别为：农副食品加工业；食品制造业；酒、饮料和精制茶制造业；烟草制品业；纺织业；纺织服装、服饰业；皮革、毛皮、羽毛及其制品和制鞋业；木材加工和木、竹、藤、棕、草制品业；家具制造业；造纸和纸制品业；印刷和记录媒介复制业；文教、工美、体育和娱乐用品制造业；石油加工、炼焦和核燃料加工业；化学原料和化学制品制造业；医药制造业；化学纤维制造业；橡胶和塑料制品业；非金属矿物制品业；黑色金属冶炼和压延加工业；有色金属冶炼和压延加工业；金属制品业；通用设备制造业；专用设备制造业；汽车制造业、铁路、船舶、航空航天和其他运输设备制造业；电气机械和器材制造业；计算机、通信和其他电子设备制造业；仪器仪表制造业；其他制造业；废弃资源综合利用业；金属制品、机械和设备修理业。①

20 世纪 90 年代以来，制造业的发展面临许多新的问题，产品的生命周期越来越短，相关技术研发的难度和资源投入规模越来越大，企业对市场的反应速度也越来越快，制造业所面临的竞争压力前所未有，这也使得制造业企业加速了转型升级的步伐，期望通过转型来加强自身的竞争力。制造业企业开始大量采用接受外部化的生产性服务，与此同时制造业企业还逐渐将相关的产品服务纳入产品当中，提供一系列定制化的制造业产品。此外，由于信息技术以及相关的互联网技术的快速发展，近年来制造业在各个生产流程、产业链上下游关系等诸多方面产生

---

① 《国民经济行业分类与代码》（GB/T 4754—2002）。

了巨大的变化。其与生产性服务业之间的关系也呈现出动态的变化趋势，两产业间的边界越来越模糊，出现了一定程度上的融合，也涌现出了一系列新制造业、基于服务的制造业、服务增强型制造业等概念。国内外的相关学者对两者间的互动关系从不同角度进行了研讨研究，这些研究一般普遍认为生产性服务业对制造业的促进作用得到了强化，两者互动融合发展是目前产业的发展新趋势。

二、生产性服务业相关概念与范围界定

近年来全球服务业发展迅速，发达国家绝大多数步入了服务社会，韦伯（Weber）提出后工业社会产生了特定的服务经济时代这一概念，美国著名哲学家贝尔（Bell）指出随着知识经济时代的到来，服务业在整个经济活动中逐渐取得了主导性的地位。服务业的到来如同工业革命对人类社会产生的影响一样，必将对全人类的发展产生深远的影响，而且在如今经济全球化的时代，这种影响所覆盖的区域更加广阔，产生的效果更加深远。地理学在解决服务业的空间发展规律上有着学科的独特优势，因而在服务地理学及其相关领域开展了一系列的研究，服务业的内涵在经济学界备受争议，一般认为服务业是指生产服务业产品或提供服务的经济部门或企业的集合，服务业的作用和特征是密切联系的。从经济学的视角来分析，格罗鲁斯（Gronroos）提出典型的服务重要意义在于其使用价值，而不是交换价值，还有学者强调了服务能够满足需求性。从中可以发现服务业的特点是生产者对其他某一经济单位的商品或个人的增加价值，而不是对本人或商品增加价值。

一般而言，在企业产品生产以及提供服务的各个环节中，被作为中间投入产品的各种相关的技术、金融等服务被称为生产性服务，生产性服务贯穿整个产品的全部环节，包括前期的调研设计、中期的生产加工以及后期的使用、维护、保养等。目前，随着制造业社会分工以及专业趋势的不断发展，生产性服务在制造业产品各个环节中的参与程度不断提高，生产性服务业和制造业之间的关系也不仅仅局限于一种供需的关

系，两者之间逐步发展成为一种高度相关和互动交叉的复合关系，呈现出一种交互融合的新发展趋势。制造业需要高水平的生产性服务业来保障自身的快速发展，反之生产性服务业也离不开快速发展的制造业所带来的巨大需求，两者之间协同发展，共同提高自身水平和能力，促进产业结构优化。

生产性服务业是由市场化的渠道进行供给的生产性服务，其主要用于在生产其他有形产品或提供无形服务时所必须投入的一类服务，具有专业化程度高、知识集聚程度密集的特点。生产性服务业是归属于服务业的子行业，对以往的生产性服务也相关概念界定的研究，往往从两大视角给出生产性服务业的内涵和相关特征。一类从产业属性的视角定义生产性服务业：马丘普（Machlup）于1962年最早提出产出知识的行业才可能是生产性服务业；诺耶尔（Noyer）等在1984年的研究中强调生产性服务业并非最终的产出，而是一种中间的投入服务；拜耳斯（Bayers）等学者在1996年进一步提出生产性服务业是一种提供科学性、专业性以及技术性服务的行业。另外一个视角是从投入产出的角度进行判断：朱利夫（Juleff）在1996年对生产性服务业的对象进行了界定，指出其服务对象应当是制造行业；科菲（Coffey）则在2000年时对生产性服务业的作用做了强调，明确其是承担产业中间衔接的关键，是中间性投入的产业。

国外对生产性服务业的研究主要从三个方面进行了分析：（1）探究生产性服务业在城市系统背景下的增长研究。吉尔默（Gilmer）在1990年时比较了美国四十四个都市区的服务业区位熵值，指出美国内陆区域的生产性服务提供商来自大都市区。拜尔斯在1996年指出生产性服务业的增长速度与其所在的大都市经济区域有直接的关系，经济增速最快的大都市区其生产性服务业的增长速度也是最快的。此外，哈林托（Harrington）在1989年指出随着生产性服务业的发展，其会由繁荣的大都市区向次级的都市区或者非都市内陆区进行扩张和分散。（2）对生产性服务业的区位因素进行研究。由于弹性生产机制的出现，社会经济活动的分布也产生了相对的变化，进而对生产性服务业的趣味分布产生了影响，相关的影响因素包括劳动力成本、劳动力水平、主要需求的区位分布等，相关因素之间也存在着互相影响的现象，整体的行业技术水平、市场化程度以及远程控制等都会交互作用，包括因素之间的反作用。(3) 生产性服务业对其所在区域的发展贡献的研究。哈林托的研究中指出其相关贡献可分为直接和间接的贡献。汉森（Hansen）对美国生产性服务业的服务密度以及其人口规模质量对所在区域居民收入的影响进行了分析。贝利（Bailly）提出生产性服务业的增长是由生产系统中的结构变动所导致，制造业生产工业产品的系统变动引发了生产性服务业的各种经济作用和不同影响。

中国对于生产性服务业的研究起步较晚，20 世纪 90 年代开始相关专家才逐渐关注生产性服务业在行业发展、产业结构优化调整中起到的作用。国内相关学者对于生产性服务业的研究主要集中七个方面：(1) 生产性服务业与产业升级的关系。(2) 综合评价指标方面。(3) 生产性服务业对区域经济发展的研究。(4) 生产性服务业的动力机制研究。(5) 生产性服务业的作用研究。(6) 生产性服务业与就业的关系研究。(7) 生产性服务业网络等方面的研究。

钟韵、闫小培等（2005）认为生产性服务业是间接性的生产活动，并不直接面向个体消费者，其对象是产品生产、相关商务活动和金融服务等，其服务水平和服务能力随着科研技术及行业水平的提高而增强，是制造业各个环节中不可或缺的重要组成部分。李江帆和毕斗斗（2005）同样认为生产性服务业主要参与的是中间性的服务需求，为企业生产组织活动提供中间投入服务，且其满足的不是最终的直接消费者或者相关行业。程大中（2006）从内涵和外延的角度对生产性服务业进行了全面的界定和阐述，其中内涵是指在其市场化的运行过程中，其服务对象并不是最终消费者，而是作为产品的一种中间投入服务。外延是指生产性服务业涵盖了众多的产业集群，包括金融、技术、信息、法律等众多的服务行业，涉及范围较广，细分产业较多。郑吉昌和夏晴（2005）对现代生产性服务业与制造业产业分工深化的关系进行了考察，发现生产性服务业改变以往服务业产品的内容、性质以及在社会经济发展中的作用。申玉铭等（2007）运用投入产出法对中国的生产性服务业产业关联效应进行了分析，指出中国的生产性服务业发展速度有明显加快的趋势，其在社会经济发展中的地位逐步上升。韩德和张建华（2008）对中国各地区的生产性服务业发展影响因素进行了辨识。赵渺希和刘铮（2012）基于生产性服务业的影响对中国城市网络的发展进行了分析，从三个不同的层面分析了中国地区的生产性服务业城市网络体系。徐宏毅等（2016）选用中国生产性服务业中的五个行业的面板数据，验证了生产性服务业中外资行业内的水平溢出和行业间垂直溢出效应。

对于生产性服务业的界定没有统一严格的标准，主要有以下几类分类方法：(1）将服务业划分为生产性服务业、社会服务业、流通服务业和个人服务业，这是最简单的一种服务业分类方法。(2）利用详细的投入产出表进行分析划分，此种方法是根据生产性服务业的内涵，但是这种分类方法对数据的要求较高，需要有翔实的细致的数据。(3）将服务业划分为生产服务业、消费服务业和政府服务业，用总体的经济总量减去政府服务业和消费服务业得出的就是生产服务业的数值。(4）国内外也有研究人员利用投入产出表中服务业中间需求率高于某一数值的行业就划分为生产性服务业，低于这个数值的统统划为消费性服务业，我国学者将此值定为50%，美国学者定义为60%。(5）还出现了四部门分类法。

目前关于生产性服务业的定义和内涵尚未有公认的界定，但由以上观点和阐述可知，生产性服务业具有两大基本的特征，第一，是一种中间性的间接需求行业，是从制造业各个部门中逐步地脱离成型的，随后又重新服务于制造业。第二，往往具有较强的技术性、知识性以及资源集聚性。生产性服务业的中间性间接特征是其区别于其他种类服务业的基本特征，其中间性的衔接需求更多地提供给制造业行业。此外，生产性服务业与生产性服务有本质的区别，从两者的表现形式而言，生产性服务业具有市场化、外部化的独立存在模式，生产性服务则不同，并没有实现外部化以及独立化，这种非独立的形态也恰恰是生产性服务业生成的基础，处于独立形态的生产性服务所对应的产业就是生产性服务业，具有市场化的集合特征。生产性服务业的产出一般具有有形产品和无形服务相结合的特点，体现得更多的是人力资本和知识资本的服务效能。

关于生产性服务业的子行业分类，目前一般认为技术和科技研发、专业技术服务、信息和软件服务、融资租赁以及商务服务、现代交通运输服务、金融保险、法律、人力资源、管理咨询以及会计等相关服务行业是生产性服务业的主体行业。具体归类可总结为：资本服务、会计服务、信息服务、组织经营、技术研发、人类资源以及法律等七大服务业子类别。依据国家统计局对生产性服务业分类范围，包括为生产活动提供的研发设计与其他技术服务、货物运输仓储和邮政快递服务、信息服务、金融服务、节能与环保服务、生产性租赁服务、商务服务、人力资源管理与培训服务、批发经纪代理服务、生产性支持服务均属于生产性服务业。

三、制造业与生产性服务业的关系演进

（一）工业化时期制造业与生产性服务业的关系

20 世纪 80 年代，大部分西方发达国家完成了工业化目标，开始向后工业化时期过渡。工业化的特征是第一产业增加值占国内生产总值（GDP）的比重不断下降，第二产业增加值占 GDP 的比重逐渐达到高峰并且逐步下降，第三产业蓬勃发展成为主导产业。重化工业的发展一方面带来了经济的增长，另一方面使得环境污染很严重。在科技革命的推动下，西方发达国家从资源密集型产业向资本密集型产业转移。同时重视发展高附加值的技术密集型产业，将纺织、服装等劳动密集型的轻纺工业和部分能耗大和污染重的重化工业逐步转移到发展中国家。弗朗索瓦（Francois）在 1990 年时提出专业化导致递增报酬以及垄断竞争市场假设，利用数学模型推导得出：随着市场的扩张，厂商的生产规模会扩

大，促使生产行为被细分为更专业的生产步骤，从而提高生产的专业化程度以及间接劳动相对于直接劳动的比重，使生产性服务业逐渐脱离了制造业成为国民经济中最有活力的新兴行业。

制造业和生产性服务业的分离是经济发展的必然选择。第一，制造业为了降低生产成本会选择外包生产性服务业。切特（Chet，1987）、科菲和贝利在 1990 年认为当企业对生产性服务的需求能够以比自己生产更低的成本从市场上获得时，企业选择从外部购买。科菲和贝利同样认为当企业的生产性服务需求不充分，导致企业生产性服务的生产要素闲置造成浪费，或者当生产性服务需求必须在很短时间内快速得到满足时，企业选择生产性服务业外包，减少了生产要素成本。第二，制造业企业内部的生产性服务业专业化水平不能满足自身需要时，制造业企业选择外包生产性服务业。吉莱斯（Gillespie，1987）、佩里（Perry，1990）认为当企业不具备内部生产性服务功能的技术资源，或者企业拥有的专业化技术不能达到生产性服务功能的要求时，企业选择外部购买生产性服务产品，企业提高了自身的专业化水平。歌德（Goe）在 1991 年的研究中指出产品和服务化的转型使得大多数产品周期缩短，短期顾客货物的生产正在取代大批量生产经营方式，同时研究与发展、设计和广告、产品与服务的市场和分配方面变得更加重要，对生产性服务业专业化要求提高，因而制造业企业选择外购生产性服务业产品。科菲在 2000 年时认为在物质生产部门中，生产性服务业的发展是以劳动分工的深化为标志的。当企业提供的服务范围越来越多样化、科技进步要求的专门技术更加精密和深奥时，生产性服务由于能够提供更加专业化的产品，因而需求量大增，从而变得更加专业。第三，由于企业制度的日益完善，对公司管理的要求进一步提高，制造业企业需要专业的管理公司进行管理，而生产性服务业企业能够提供管理工作。丹尼尔斯（Daniels，1985）认为随着政府对商务活动各方面规制的日益加强，不断增加的复杂的规制环境使企业对会计、审计、法律服务、保险等独立评估的服务需求不断增加，这就需要生产性服务业企业为其提供专业化的管理工作。汉森（1995）运用分工深化与报酬递增的原理分析垂直一体化对生产性服务业快速发展的重要作用，指出垂直一体化大公司管理的复杂性意味着分工更加细致，管理必须日益依赖于专业的企业管理和其他咨询服务企业来保证核心企业的运营效率，专业的企业管理和其他咨询服务正是属于生产性服务业企业的经营范围。

生产性服务业从制造业中逐渐脱离出来后，主要还是为制造业提供服务产品。因此，制造业是生产性服务业的最主要需求者。有数据表明，在20世纪中期，西方发达国家的生产性服务业总产出，绝大部分投入到了工业。生产性服务业生产知识产品和技术产品，这些产品作为中间产品投入到制造业当中。美国经济学家布朗宁（Browning）在1975年的研究中认为生产性服务业是市场化的中间投入服务，主要用于商品和服务的进一步生产的非最终消费，由生产者在生产性服务业市场上购买的服务，是为生产、商务活动而非直接向个体消费者提供。辛格曼（Singman，1975）认为生产性服务业包括金融、保险、法律、工商服务、经纪等具有知识密集和为客户提供专门性服务的行业。诺耶尔和斯坦贝（Stanback）在1984年的研究中指出生产性服务业是中间的投入而非最终的产出。丹尼尔斯在1985年的研究中认为服务业可以分为生产性服务业和消费性服务业，生产性服务业的专业领域是消费性服务业以外的服务领域，并将货物储存与分配、办公清洁和安全服务也包括在内。豪厄尔斯（Howells）和格林（Green）在1986年认为生产性服务业为其他公司提供服务，包括保险、银行、金融和其他商业服务业如广告和市场研究，以及职业和科学服务如会计、法律服务、研究与开发（R&D）等。沃克斯维尔（Walkersville，1989）、科菲（2000）认为生产性服务业不是直接用来消费，也不是直接可以产生效用的，它是一种中间投入而非最终产出，它扮演着一个中间连接的重要角色，用来生产其他的产品和服务。汉森在1990年和1994年的研究中均指出生产性服务业作为货物生产或其他服务的投入而发挥着中间功能，其定义包括上游的活动和下游的活动。马蒂内利（Martinelli，1991）认为生产性服务业包括与资源分配和流通相关的活动（如银行业、金融业、工程、猎头、培训等），产品和流程设计及创新相关的活动（如研发、设计、工程等），与生产组织和管理本身相关的活动（如信息咨询、信息处理、财务、法律服务等），与生产本身相关的活动（如质量控制、维持和后勤等），以及与产品推广和配销相关的活动（如运输、市场营销、广告等）。拜尔斯和林达尔（Lindahl）在 1996 年指出生产性服务业是主要提供专业性、科学性和技术性服务的产业。朱利夫在 1996 年的研究中认为生产性服务业是依靠制造部门并为其提供服务的产业。由此可以看出，生产性服务业是一种中间投入，它是针对生产者而产生的，即生产性服务业主要是为制造业提供服务。

当生产性服务业从制造业中脱离出来，生产知识产品和技术产品提供给制造业，从而提高了制造业的生产效率。迪克西特（Dixit）和斯蒂格利茨（Stiglitzz）在 1977 年的研究中利用新古典经济学的分析框架，研究垄断竞争条件下产品多样化对社会福利的影响，提出新产品的引进能够提高厂商的生产率，而增加中间投入品的种类，使那些既没有技术比较优势也没有资源禀赋优势的国家或地区，内生出一种新的比较优势，从而改变其在分工中的地位，促进制造业发展和经济增长。库森（Marknsen，1989）认为生产性服务业一般都是人力资本、知识资本高度密集型的，产品呈现高度的差别化。要获得生产性服务所需要的各种专业知识通常需要较大的、专业化的初期投资，而一旦投资形成之后，提供服务的边际成本也会相对较小。这就是说生产性服务业可以为制造业提供多样化的产品，并且因为规模效益而减少成本，从而提高了制造业的生产效率。

（二）后工业化时期制造业与生产性服务业的关系

20 世纪 80 年代前后，西方发达国家逐渐进入后工业化时期。美国在 60 年代中期率先向服务型经济转型，英国在 80 年代中期、德国在 80 年代末、日本在 90 年代初相继实现了向服务型经济的转型。后工业化时期第一产业的增加值占 GDP 的比重持续下降，第二产业发展速度减慢，第三产业的增加值占 GDP 的比重不断上升成为国民经济主导产业。这一时期最显著的特征：一是经济虚拟化。虚拟经济超过实体经济成为最主要的产业，即由过去的制造业主导经济转化为服务业主导经济；二是高新技术产业特别是信息技术产业成为经济增长的主要动力；三是高新技术产业与传统产业相结合，形成新的产业。这一时期，经济增长模式从过去的投资驱动转变为技术进步和效率提高驱动的增长模式，出现了制造业服务化趋势。所谓制造业服务化就是指制造业中服务业务比重提高，生产性服务业独立发展壮大起来，成为国民经济中的重要角色。

生产性服务业通过向制造业提供知识产品和技术产品，对制造业提高生产效率具有促进作用。麦格卢普（Macglup）在 1962 年的研究中认为生产性服务业必须是产出知识的产业，而知识无疑是提高制造业效率的必要因素。沃克斯维尔（1989）认为除了资本密集度（劳动装备的资本量）上升能提高生产力以外，生产过程的重组和迂回也是提高生产力的重要因素。因为更加迂回的生产过程不仅需要使用更为专业的劳力与更多的资本，而且生产步骤增加也增加了中间投入的数目。同时，提出生产性服务业在迂回生产中的重要作用，认为生产性服务是把社会中日益专业化的人力资本、知识资本导入商品和服务生产过程的飞轮，它在相当程度上构成了这些资本进入生产过程的通道。他们还认为生产性服务业作用于制造业的途径有：第一，它的无形产出体现为"产业结构的软化"，提高了产品的软实力；第二，它的产出是中间服务而非最终服务，是被服务企业的最重要的生产成本；第三，它能够把大量的人力资本和知识资本引入商品和服务的生产过程中，提高了现代产业发展中的竞争力。里德尔（Riddle，1986）认为生产性服务业是促进其他部门增长的过程产业，是经济的黏合剂，是便于一切经济交易的产业，是刺激商品生产的推动力。汉森（1995）认为在日益增加的信息指向的经济中，生产性服务业部门的增长实际上扩大了劳动分工和生产率。生产性服务业对其他产业的贡献在于，通过促进劳动分工的深化和外部经济性的产生使被服务产业获得报酬递增。科菲（2000）认为在生产系统中，生产性服务业在投资、创新和技术转变等方面扮演了战略性的作用。奥地利学派认为因此，它能够提高商品和服务生产过程中的运营效率、经营规模以及其他投入要素的生产率，并同时增加其产出价值。

富赫斯（Fuchs）于1968年研究了美国1947～1985年的投入产出表，发现在这段时间里各主要服务行业对农业和制造业的中间投入占全部产值的百分比都提高了。生产性服务业生产的服务产品已经成为制造业的重要生产资料，成为制造业再生产必不可少的“软件”。制造业劳动生产率与服务业增加值占GDP的比重之间存在正线性相关，制造业劳动生产率与生产性服务业增加值占GDP的比重之间具有较强的正相关关系。卡拉莫雷奥格鲁（Karaomerlioglu）和卡尔松（Carlsson）在1999年对美国1987～1994年制造业对生产性服务业实证研究得出，美国制造业发展对生产性服务业的使用增加了一倍，约占整个生产性服务产出的48%。哈克（Hark）在1999年时运用1975～1985年的投入产出表对中国、印度尼西亚、日本、马来西亚、菲律宾、韩国、新加坡和泰国八个太平洋地区国家制造业和服务业共生关系的演进过程进行了分析，并通过计算依赖度来测量制造业和各种生产性服务业之间的关系，结果发现在这些国家生产性服务业占制造业的比重都有所增加。戈维尔与梅利西亚尼（Gorier & Meliciani）在2003年时对经济合作与发展组织（Organization for Economic Cooperation and Development，OECD）六个代表性国家的投入产出分析表明，制造业是生产性服务业的主要需求部门，它同时决定着生产性服务业的发展程度及其国际竞争力。

制造业与生产性服务业产生互动关系，并且生产性服务业能够提高制造业的生产效率。雷达（Raddle）在1984年详细考察了20世纪50年代末至80年代美国私人部门经济，发现服务、高科技与信息部门之间相互关系对制造业影响巨大，强调生产性服务业是制造业发展的核心，同时制造业对生产性服务业发展的影响也不容小觑。拜尔斯在2005年的实证研究中证明，在美国技术转移过程中制造业对生产性服务的作用使得信息与通信技术、广告、市场营销等创意产业就业增长。保罗和瓦伦蒂娜（Paolo & Valentina）在2005年的研究中运用技术差距方法，以OECD服务贸易和工业数据为基础，采用国家专业化水平和国际竞争力指标，对OECD的11个成员国的实证研究表明，制造业对生产性服务业的国际竞争力具有重要影响，一国服务经济的发展成效与制造业结构密切相关。制造业和生产性服务业的互动关系还有利于当地经济的发展进步。麦克弗森（Macpherson）在1997年通过对纽约州制造业企业的问卷调查和电话访谈，得出生产性服务业在制造业技术进步和创新过程中发挥着重要作用，并通过与制造业之间的相互协作，共同推动地区经济的发展。

（三）“再工业化”背景下制造业与生产性服务业的关系

在1968年韦伯斯特（Webster）的词典里，“再工业化”是指“刺激经济增长的政策，特别是通过政府的帮助来实现旧工业部门复兴的现代化并鼓励新兴部门的增长”。在后工业化的背景下，则主要有两层含义：对于中国等发展国家来讲，是指通过工业化中期实现工业化。而对美国等发达国家来说，意在通过这一政策进一步刺激经济，尤其是实体经济的发展。需要注意的是“再工业化”并不是简单的发展粗放式工业，而是在生产性服务业与先进的制造业结合的基础上发展新型工业。制造业和生产性服务业不是相互替代，而是相互促进的关系。通过生产性服务业的发展来提高制造业的附加价值，强化制造业的技术优势，保证制造业在研发、设计、技术、工艺、品牌、营销等生产性服务业参与的环节的核心优势。高技术生产性服务业的竞争能力依赖于其服务的制造业企业，而高技术制造业带动了高技术生产性服务业的发展。全球金融危机后，“再工业化”中制造业和生产性服务业的关系主要体现在西方发达国家制定的一系列政策上。

金融危机以来，西方发达国家重新认识了制造业的重要性。制造业又被认定为经济增长的发动机。制造业不但通过自身的发展提高经济增长，而且也带动了生产性服务业的发展来刺激经济活动。制造业增长比其他产业相同规模的增长有更多的技术创新需求，这样就带动了生产性服务业的发展。美国纽约城市大学的罗伯特（Robert）在2010年时指出在工厂、机器和信息技术领域的投资是经济进步的重要推动力量。贝利在2011年的研究中认为美国的贸易是企业开发新产品，而新产品的绝大部分零部件和组装等制造环节却在国外完成。因此，我们应该加强国内制造业部门，增加国内的制造业就业岗位。为此，美国拟定了制造业发展战略规划，加大了对制造业的财政支出，制订了“国家出口计划”，制定了促进制造业对外出口的优惠政策。英国经济学人信息部在2010年发布的《全球化与制造业》中提出制造业在发达国家仍然是财富的创造者，生产率提高的主体，它的重要性不能被低估。英国政府制定了以提升制造业竞争力为目标的国家产业战略。英国前首相布朗（Brown）提出无论过去、现在和未来，制造业都是英国经济发展的关键，所以英国必须振兴制造业的发展。2009年英国在“制造业新战略”中提出了制造业的五大竞争策略。日本也制定了《制造基础白皮书》，提出要提高制造业的竞争力，重点发展信息家电、环境与能源、纳米与新材料、医疗与生物工程等领域，目标是建立尖端技术领域的研究开发以及生产高附加值产品的基地。法国在“法国新产业政策”中提出工业将是国家发展的核心产业，并具体制定了制造业产量的增长目标及措施。

如上所述，西方发达国家提出“再工业化”不是单单重视制造业的发展，而是将生产性服务业和制造业结合起来共同促进经济增长。这些国家为促进生产性服务业的发展，也提出了一系列的政策。美国纽约城市大学的贝克（Beck，2010）指出任何经济体要提高人均生活水平，就必须找到促进生产性服务业投资的手段。而对工厂、机器和信息技术的投资正是可以提高对生产性服务业投资的需求。贝利（2010）认为美国制造业主要出口与创新密切相关的高技术产品，而高技术产品实际上大都为生产性服务业所生产。美国在生命科学、光电子学、核技术和信息通信领域具有较大的出口顺差。中国向美国出口低价值产品，美国向世界出口高附加值的产品。价值差非常大，美国和中国做完全不同的事情，他们不可能是竞争对手。范斯（Fans）在2007年认为不断提高的国际竞争促使发达国家制造业从纯粹依靠成本竞争转向顾客定制、高性能产品等高附加值领域。金融危机以后，美国并没有减少对生产性服务业的投入，实际上还增加了对生产性服务业中的研发投入。2009年《美国复苏和再投资法案》中，国家科学基金会获得30亿美元用于基础科学研究、科技人力资源培训、科研设施建设以及科学仪器；能源部科学办公室获得16亿美元用于能源前沿科学研究、能源国家实验室协作与建设投资；商务部国家标准与技术研究院获得5.8亿美元用于标准研究、先进测量设备以及本院基础设施建设。而这些进行科学技术研究的行业大部分是属于生产性服务业。美国国家经济委员会提出《美国的创新战略：保障经济增长和繁荣》（2011）指出：制造技术创新为未来经济增长和竞争力提升奠定基础。2012年财政年度要增加国家科学基金、国家标准和技术研究院实验室等重要科学部门预算，开发先进制造技术，并启动先进制造技术公会项目，旨在通过公私合作方式增长研发投资，缩短从创新到投放市场的周期。美国制定这些政策是为了通过生产性服务业的发展来提高制造业的生产效率，进而重新振兴经济发展。英国政府根据《高端逐鹿——英国政府科学与创新政策评论》中提出的72项建议，在2008年发布了《创新国家》白皮书，通过进一步支持创新商业和研究、增加知识交流、推进技术人员培养、支援创新城镇和地区、促进公共部门创新，目的是确保英国生产性服务企业从创新需求产生的机遇中受益。2009年提出《英国低碳转型计划》，政府提供专项资金用于制造业企业绿色技术的研究开发，这都是通过支持生产性服务业来促进制造业发展。2007年日本通过了《创新25战略》，提出了“技术革新战略路线图”，强化推进研发体制创新。提出“产业集群计划”推进实用化技术开发，建设企业家培育设施。欧盟也提出了“创新型联盟”计划，通过政府支持企业技术创新提高制造业的生产效率。从中可以看出，在西方发达国家提出的“再工业化”是制造业和生产性服务业共同发展的新型工业化，强调发展实体经济的同时，重新认识制造业和生产性服务业的关系，使制造业和生产性服务业协调发展。

第三节 制造业与生产性服务业互动发展相关研究

从生产性服务业发展的历程来看，在各个国家制造业发展的不同阶段中，其在制造业中所发挥的作用均呈现出逐步变化的趋势，通过对两个产业关系的演变历程的分析和研究，可以确认生产性服务业和制造业间存在相互影响、相互促进的交互影响作用。在前工业化时代，生产性服务主要体现在相关制造业的产品制造过程中，其作用也在从具有衔接作用的管理功能逐步过渡到对全产品流程具有支撑辅助的生产服务方面，能提升制造业的整体运营效率以及提高产品附加值。在后工业化时代中，国民社会经济的发展不再仅仅依赖于大规模的工业化生产，其他的各个经济部门对经济发展的影响也更加显著，参与到社会经济发展的不同层面中，逐渐成了新型技术以及创新产品、创意的提供者和服务者，起到了更强的推动促进作用。进入 21 世纪以来，随着制造业企业服务化特征的显现，生产性服务业也成了制造业产业链上附加值高、技术创新程度高的业务环节，逐渐成了发达国家和部分发展中国家提升社会经济发展水平、发展先进制造业以及支撑制造业产业结构调整的支柱。

制造业与生产性服务业间互动演化发展研究主要分为理论研究和实证研究两个方面。在理论方面，国内外学者分别从不同视角对两者间的关系进行了大量的探讨和分析，主要可以归纳为需求遵从论、供给主导论、产业互动论以及产业融合论四种。

（一）需求遵从论

需求遵从论认为生产性服务业发展壮大的基础和前提是制造业，随着制造业的不断发展，会对生产性的中间服务加大投入，其不断提升的产业规模和要求也会相应地增加生产性服务的需求，进而促进生产性服务业的完善和全面发展，因此生产性服务业作为制造业的补充而存在，会随着制造业和工业化的不断发展而加深内部的分工分化，进而催生出新的生产性服务部门。沃尔兹（Woerz）在 1989 年认为由于制造业是生产性服务业的主要客户，因此相当一部分生产性服务是依托于制造业的发展而发展的。弗朗索瓦在 1990 年的研究中认为“二战”及战后的制造业生产率的提升对生产性服务业提供了大量的需求，使其进入了快速的发展扩张阶段。国内外有很多专家学者认同生产性服务业与制造业的需求遵从关系，麦克弗森在 2008 年的研究中指出在制造业价值创造过程中，随着其对技术与管理要求的日益提升，生产性服务业尤其是知识密集型生产性服务业的业务需求必将进一步扩大，制造业部门的大规模需求仍是生产性服务业发展的核心推动力。弗朗索瓦随后在 2008 年的研究中进一步指出随着生产性服务业的产业细分，除了制造业外，其他的国民经济领域的发展对其的需求也在逐渐扩大。与此同时，生产性服务业也出现了内部行业部门之间的相互促进、自我增强的发展趋势，生产性服务业的发展潜力巨大。

（二）供给主导论

供给主导论认为生产性服务业对制造业具有重要的影响作用，是制造业生产率提高的基础，没有生产性服务业的有效支撑制造业就无法形成强有力的竞争力。雷斯图恰（Restuccia）等学者在 2008 年指出制造业的竞争力取决于生产服务业的发展程度，生产性服务业在两者之中扮演供给主导的地位，而不是需求遵从。陈宪和黄建锋（2004）指出生产性服务业能有效地促进制造业产业分化，降低其整体的运营成本，提升生产效率。汪德华等（2007）和盛丰（2014）指出生产性服务业可以将专业的人力资源和知识资源引入制造业的生产活动中，提升其整体的产业技术水平以及专业化程度，进而提升和改善产品质量、用户体验等环节，进而提升产业附加值，提升整体的行业竞争力。

（三）产业互动论

产业互动论认为生产性服务业与制造业并不仅仅是简单的因果或者单向的拉动或推动关系，两者之间具有相互依赖、相互推动、共同发展的互动关系，随着制造业的发展，其对生产性服务的多样性和需求规模都会不断扩大，从而带动生产性服务业种类、数量的增加以及其服务质量和服务水平的提高，这对生产性服务业的发展具有直接的促动作用。戴翔、金碚（2013）和洛德·法克（Lord Fake，2014）指出随着生产性服务业水平的不断提升，具有信息、知识等要素密集特征的生产性服务的持续投入将有利于降低制造业企业的成本、提高制造业部门的生产效率，以及提升相关产品质量、服务水平，伴随整体社会经济的持续发展，制造业和生产性服务业之间的高度相关关系和互动联合趋势会日益增强。

（四）产业融合论

产业融合论的出现主要是由于信息技术产业的影响，随着近年来信息技术水平的不断提高和完善，生产性服务业和制造业之间的界限由于信息技术的拟合显得不再那么清晰，产业边界变得模糊，制造业与生产性服务业间变得更加相互依赖，不可分割。绍洛韦茨（Szalavetz）在2003年的研究中指出制造业服务化有助于产业生产效率提升和市场营销策略创新，从而进一步提升企业竞争力。埃伯特（Eberts）和兰德尔（Randall）在2010年的研究中指出制造业企业内部制造环节和服务环节的分离能够有效降低企业的整体运行成本，从而提升制造企业的市场竞争力，而服务业通过持续性地对先进制造技术的投入与参与，反哺于自身产业极大地改变了传统生产性服务业的一些特征，促进了服务产业化、规模化，产业生产能力显著提升。与此同时，制造业和生产性服务业通过信息产业进行产业间的互补和延伸，实现了产业间的交互融合（陈伟达等，2007；汪本强和杨学春，2015）。

以上需求遵从论、供给主导论、产业互动论以及产业融合论是四种较为主要的探讨生产性服务业和制造业之间关系的论点。总体而言，需求遵从论强调制造业的中间需求的增加是生产性服务业发展完善的前提和基础，供给主导论认为对生产性服务环节的投入是提升制造业生产效率、支撑其转型升级等的关键，产业互动论更加强调两者之间的互相依赖、互相促进的互补关系，产业融合论认为当前发展形势下不断涌现的新技术、新形势使得生产性服务业和制造业的产业边界前所未有的模糊，二者之间产业融合的趋势更加明显。

第四节 研究评述

事实上，生产性服务业和制造业的关系一直以来都是随大环境变化呈现出不断变化、动态调整的状态，社会分工、规模生产、新型技术等因素对两大产业均产生了多样性的影响，两者间关系并不是一成不变的。在实证研究方面，卡尔松在1999年基于投入产出系数，指出美国制造业在1987～1994年对服务业的依赖大于对其自身的依赖程度，同时对生产性服务业的使用需求量扩增了一倍。盖里耶（Guerrier）和梅利西亚尼（2005）采用技术差距方法，指出一个国家制造产业的强弱程度对本国生产性服务业的国际竞争实力具有重要的影响作用。阿诺德（Arnold）等学者在2006年基于捷克国有企业数据，指出生产性服务业部门的有效改革对下游制造企业生产效率的提升能够产生积极的推动促进作用。尼利（Neely）在2007年分析了制造业产出服务化与制造企业经营绩效之间的关系，指出服务产出较高的制造企业比单纯提供制造产品的企业获利能力更强。刘书瀚等（2010）以投入产出表数据为基础，指出制造业对生产性服务业的中间需求呈现不断升级趋势，但生产性服务业对制造业的促进效应小于制造业对生产性服务业的拉动效应。孙素侠（2012）指出中部六省制造业与生产性服务业间存在共同发展的协同性关系，两产业间呈现相互促进增长的作用，但低层次的制造业对现代型生产性服务业的高端需求不足，而传统型生产性服务业无法满足制造业的中间投入需求。崔（Cui）指出制造业与生产性服务业存在互利共生的发展关系，生产性服务业促进了制造产业集群发展，两产业的快速发展得益于产业集群的协同效应。张晓涛和李芳芳（2013）利用回归模型研究制造业与生产性服务业间的融合互动趋势，指出生产性服务业的发展与完善有助于提升制造服务质量，两产业间互动关系日益紧密并呈现良好的融合趋势。彭本红等（2014）在分析投入产出系数的基础上，结合社会网络分析对数据做了进一步整理，指出江苏省的高端生产性服务行业具备较强的吸收、整合资源能力，低端生产性服务业与制造业联系最为广泛。唐晓华和张欣钰测算制造业不同子行业与生产性服务业的关联程度，指出制造业与生产性服务业的整体关联程度不高，总体呈现 M 型的波动形态，存在阶段性的演进变化趋势。戴翔（2016）基于世界投入产出数据测算中国 1995 ~ 2011 年间制造业出口内涵的服务增加值及其变动情况，指出随着制造业出口规模扩张，出口内涵服务增加值总量随之增大，同时服务增加值占出口额比重逐步提高，表明制造业服务化趋势增强。王文和孙早（2017）利用门槛回归模型检验制造业需求对生产性服务业效率的影响，指出制造业对生产性服务需求的增加虽有利于生产性服务业效率的提高，但其促进作用并非简单的线性效应，当经济发展水平越过门槛值后，制造业需求的增加对生产性服务业效率的促进作用会呈现出明显的跃升。王瑞荣（2018）基于 2008 ~ 2016 年浙、苏、粤、沪、京的面板数据，测算制造业与生产性服务业协同集聚水平，指出浙、苏、沪、粤地区内的两产业协同集聚水平较高，而北京地区两产业协同集聚水平较低。与此同时，制造业与生产性服务业协同集聚对制造业升级具有促进作用。

制造业的发展如果脱离了服务业的支持，很快会遇到瓶颈，在现实中不难发现产业结构调整缓慢和升级相对困难的地区都是脱离中心大城市支撑的传统的农村工业化地区或中小城市地区。然而，服务业特别是生产性服务业，作为制造业的中间投入，不能脱离制造业而孤立发展。近年来，大城市中心地区的服务业集聚成为城市发展的重要现象，中心城市的主城区由于大力发展现代服务业而提出“退二进三”几乎已成了城市发展普遍诉求（陈建军等，2009）。对于生产性服务业与制造业关系的研究，顾乃华（2006）已对其进行了较为全面的综述，总的来说两者是互动发展的。但是如何互动才能实现利益最大化呢？从国际国内发展的一般规律看，三次产业结构的演变，在工业化的初、中、后期分别表现为“一二三（或三一二）”“二三一”“三二一”结构。但如果不对本地区经济发展的阶段性以及区位条件和资源结构状况有一个明确的认识，没有对制造业和服务业之间的关系有一个准确的把握，一味追求“退二进三”跳跃式地向工业化后期的产业结构转变，对于生产性服务业和制造业的发展都将是不利的。党的十七大报告和不少文献中都提出了“协调发展”或“协同发展”概念，但对于协调发展的度量却并无全面统一的标准，各类文献的观点也存在诸多分歧。

生产性服务业的发展存在着一个规律性趋势，即由“内部化”向“外部化”演进。在经济发展水平与市场化程度较低、市场交易成本较高时，生产性服务通常由企业自身来提供，此时的生产性服务业反映了企业内部的专业化分工及内部资源配置效率和产业链状况。随着经济的发展、市场化程度的提升以及市场交易成本的降低，经济系统中就开始涌现出专门提供诸如财会、营销、咨询、物流等服务的独立市场主体。服务需求者可以通过市场来购买所需的各类服务，而无须进行自我服务，这时的生产性服务业则反映了企业与企业之间的专业化分工以及以市场竞争为基础的资源配置效率和产业分工体系（程大中，2008）。许多学者都看到了这一趋势并尝试对其进行解释，这些研究主要集中在交易成本、分工理论和产业集群三方面。

周振华（2003）的研究表明由于信息技术及互联网的发展，电信、广播电视和出版等部门在数字融合的基础上率先实现了产业融合，形成了一种新型的产业形态。由此，他认为生产性服务业与制造业之间的边界越来越模糊，两者出现了一定程度的融合。对于他提出的新型产业形态，在20世纪90年代末期，国外学者的研究中就出现了新制造业、基于服务的制造、服务增强型制造等一系列类似的概念。国内的学者，如崔岩和减新（2007）、夏杰长等（2007）、徐军（2007）、刘继国和李江帆（2007）也都给予了关注。这些研究普遍认为生产性服务能够促进制造业的增长，制造和服务的融合是产业发展的新趋势，但不同学者关注的侧重点并不一致。

“制造业服务化”与“服务型制造”可以说是一个事物的两个方面：前者强调过程，后者强调结果。大多学者都从生产商供给内容的角度对制造业服务化过程进行了定义和阶段划分，认为未来的制造业将越来越趋向于提供带有较少产品的服务。但是这种分法存在一个问题，仅仅提供纯服务的企业已经不能属于制造业范畴了，后继的研究者对其进行了调整。服务化的概念首先是由范德米尔（Vandermerwe）和拉达（Rada）在1988年提出的，他们认为服务化就是制造业企业由仅仅提供产品或附加服务的产品向产品—服务包的转变，并将制造业的服务化过程分为以下三个阶段：（1）仅提供产品。（2）附加服务的产品。（3）产品—服务包。怀特等（White et al.，1999）、雷斯金（2000）提出制造业服务化是制造业企业的角色由产品提供者向服务提供者转变，强调其动态的变化过程；怀特等学者在1999年还在范德米尔和拉达的基础上加入了“基于产品的服务”，延伸了服务化的演变历程，认为制造业企业向顾客提供完全的服务契约才是服务化演进的最终阶段。托菲尔（Toffel）则认为，服务化是一种与传统销售模式相对应的业务模式，在该模式下，企业出售的是物品功能而不仅仅是物品本身，并且保留它所生产物品的所有权，顾客则根据物品的使用情况向制造商付费，同时企业负有免费维修物品的义务。菲什拜因（Fishbein）等学者在2000年提出了物品—服务连续区的概念，它是指处于“直接卖产品”和“提供服务”之间的那些交易模式，反映了制造业企业由单纯出售产品向主要提供的功能或服务转变过程中所经历的阶段。

20世纪90年代以来，产品的生命周期越来越短，技术开发的难度和资金投入的规模不断增加，对企业市场反应的要求也越来越高，由此加剧的竞争导致了企业希望通过转型来加强自身的竞争实力。在生产性服务外部化的同时，还出现了另一个普遍现象：制造业企业将服务纳入产品当中，开始提供服务化产品，对于这种现象的研究不在少数，但只有当制造业企业和服务业企业在空间上的集中和融合，且融合的收益大于融合的成本时，制造业服务化才有可能实现，这就需要社会网络作为基础。任何经济组织或个人都是通过一系列的镶嵌或悬浮于一个由多种关系联结交织成的多重、复杂、交叉重叠的社会网络之中（孙军锋和王慧娟，2006）。以制造业企业来说，上游原材料供应商、服务提供商，以及科研机构、下游经销商、相关政府部门都是与之关联的生产链、供应链上的节点，而这些节点企业和机构也有自己的生产链和供应链以及相关联的其他节点企业等，由此交织起一张网络，虽然每个企业所处的子网络可能各不相同，但是这些子网络都通过一些节点相互连接进而构成整个社会网络，企业就可以通过社会网络中强关系获取有价值的资源，通过弱关系获取新鲜或异质性的信息和知识，进而实现企业的战略目标。在这里，制造业企业与生产性服务业企业之间既存在强关系，也存在弱关系，因而能够通过社会网络获取其实现服务化目标所需要的各种资源。

生产性服务业与制造业互动发展的相关研究体现了经济学、管理学和社会学等多学科交叉的“综合性”特征。但仍旧存在以下几点主要问题：

第一，从研究方法方面看，早期多以回归统计分析、投入产出法为主，后期则引入多样化的研究方法，如社会网络分析、技术差距法、DEA 分析法，其综合分析方法具有一定局限性。

第二，从数据来源方面看，采用投入产出分析方法的研究数据获得来源于投入产出表，其研究虽在一定程度上验证了生产性服务业与制造业间的互动关系，但投入产出表编制周期长且会存在一定的滞后性，不能及时地反映产业间的动态变化与演进特征。而采用计量分析方法的研究多数采用产业增加值或总产值单一统计数据进行回归分析，缺乏大量的数据作为支撑，未能实质性地揭示产业的关系与发展规律。

第三，研究视角方面，多数研究主要集中于两产业间的产业关联、关系、融合等角度，鲜有学者基于产业协同视角对制造业与生产性服务业间的互动演进关系进行系统性的测度与剖析。

第四，从研究结果方面看，首先，现有的研究成果中缺乏对中国生产性服务业不同行业与制造业各子行业间协同演化程度的测算，然而不同产业类型、发展程度的制造业与生产性服务业在其互动演化发展过程中既有共性又有特性，现有研究缺乏对不同产业类型的制造业与生产性服务业互动演化程度和发展模式的提炼与总结。其次，研究多数是从主观角度出发进行阐述，仅有的定量研究也只是停留在对两产业互动程度的测算与比较方面，缺乏对两产业互动程度研究结果的进一步分析与探究。例如，制造业与生产性服务业间有效互动具有怎样的作用和意义？制造业与生产性服务业互动发展过程中会受到哪些因素的影响？

生产性服务业是从企业内部的生产服务部门分离出来且独立发展起来的新兴产业，其产业本身并不向消费者提供直接的、独立的服务效用，而是依附于制造业企业而存在，贯穿于企业生产的上游、中游和下游诸环节之中。因此，制造业与生产性服务业的关系并非只呈现出一种简单的分工关系，两产业在演化发展过程中更多地呈现出你中有我、我中有你的相互作用、相互依赖、相互支撑的共同发展的动态互动关系。从协同演化发展的角度分析制造业与生产性服务业间互动关系，能够为揭示两产业间复杂演化过程提供全新的逻辑和独特的视角。通过系统地研究制造业与生产性服务业间协同演化发展水平与协同演化模式，能够从中揭示两产业间发展的内在互动演化机理，利于推动产业的良性互动与经济发展。与此同时，产业协同研究中制造业与生产性服务业的边界并没有因为技术渗透而模糊或消除，在测度产业间相互影响作用的基础上能够进一步体现各产业独立发展的水平与特征，尤为契合制造业与生产性服务业间互动发展的演化特征。

第三章

制造业与服务业协同发展的研究热点及前沿探析

在科技信息发展开创的大数据时代，文献分析法也由传统范式向新兴范式转变，文献计量分析法应运而生。文献计量分析法起源于 20 世纪初，是随着文献计量学的产生而出现的，研究对象是国内外相关文献的外部特征和内容特征，对外部特征进行归纳性总结，对内部特征进行深度挖掘并包括主题思想、主要内容等。从其产生发展到现在，无论在理论铺垫还是实际应用中均得到进一步的完善和修正。但在新兴技术更迭如此之快的今天，文献计量分析法面临着新的挑战，最主要是在对文献进行分析时，由于相关文献样本数量巨大导致在对其进行实际操作时显得有点吃劲，收集方法的开放化带来工作强度的指数化提升，想要重复某一研究过程也变得不可能。

传统文献分析方法，在对文献进行归纳总结时，一般是基于分析者的主观判断，这必然会影响研究结果的客观性。因此，文献分析相关人员希望借助先进信息技术对相关文献进行可视化、数据挖掘，进而探寻出一种能够带来更高效率的新技术手段，来辅助利用文献计量分析法开展包含科技监测在内的诸多应用研究。在此背景下，科学知识图谱应运而生，其最大的特点是能够在准确、翔实传达知识的基础上以可视化的图像更加直观、形象地展示学科领域结构，描述学科领域发展路径，预测学科领域发展趋势等。本书借助可视化分析软件对“制造业和服务业协同发展”相关研究文献进行全面探究，利用知识谱系呈现相关研究领域的热点及前沿。

第一节　数据来源及研究方法

一、数据来源

本书为全面、系统、深入地进行学术史梳理，运用“知识图谱”大数据分析软件“CITESPACE”对“制造业和服务业协同发展”领域的学术史展开系统分析，并从“制造业关键技术的研究国别与区域”“制造业关键技术研究热点突现度”“制造业关键技术研究合作网络”和“制造业关键技术研究脉络聚类”四个方面进行系统性总结与评价。国内数据来自知网数据库，在制造业和服务业主题词下选择“融合发展”“协调发展”“产业融合”“互动发展”“协调集聚”，在文献分类目录中选取经济与管理科学，在来源类型中选取核心和 CSSCI。国外数据库采用科学网（web of science），关键词为“manufacturing and services”，在学科选择时选取经济、管理。为确保分析结果的全面性及可行性，国内外相关文献搜索时间均以最早出现的相关文献的时间，中文时间跨度为 2005 ~ 2019 年，外文时间跨度为 1963 ~ 2019 年，结果经筛选、除重后，中文有效文献为 491 条，外文有效文献为 2878 条。

二、研究方法

本书运用的文献分析软件为“CITESPACE Ⅴ”，CITESPACE 软件是基于 Java 语言下开发的一种可视化软件，最早在 2004 年 9 月由美国德雷塞尔大学陈超美团队研发，并逐渐成为在可视化知识谱系研究领域最具影响力和研究特色的科学计量分析工具。该软件主要用于对特定研究领域相关文献集合进行关键词共现分析、关键词集聚分析，主要探究领域内关键路径演进趋势及其重要的知识转折点，目的在于用科学的分析方法，摒除个人主观判断，探测分析领域的研究热点和前沿。CITESPACE 软件既能浅显层面对筛选文献集合进行共现分析，又能深入挖掘文献集合内部一些潜在的不易被探究到的关联，进而能够更好地对相关文献进行全面、深入、科学的剖析。具体来说，本书借助 CITESPACE 有助于更好地回答以下问题：在制造业和服务业协同发展相关研究领域，哪些国家或地区在制造业与生产性服务业研究领域有话语权？在不同时期哪些主题在整个研究领域中占据着主流地位？该领域的研究热点和研究前沿是什么？它们又是如何发生演变的？

第二节　国内外制造业与服务业协同发展文献整体分析

文献发表量最能直观反映该研究领域的动态变动态势、该研究领域的发展速度。对文献进行全面基础性的描述，有利于对研究领域有全局的系统认识。中文选取的参考文献中涉及的最早关于制造业和服务业协同发展是 2005 年谭燮良对杭州经济快速协调发展的研究，文中提出杭州经济发展最明显的特点是产业结构持续优化，服务业和制造业协同发展优势带动经济高质量增长。并开始持续增加，到 2014 年达到最高点，之后出现下滑现象，表明制造业和服务业协同发展研究开始进入稳定阶段，出现向相关领域延伸的现象。从发文来源看，发文数量最多的期刊分别是《科技管理研究》《科技进步与对策》《技术经济与管理研究》《工业技术经济》和《商业经济研究》，占比分别为 5.5%、4.0%、3.0%、2.5%和 2.5%。在相关研究领域被引次数排名前 5 的文章分别是：陈宪和黄剑锋于 2004 年发表在《中国软科学》的《分工、互动与融合：服务业与制造业关系演进的实证研究》；高觉民和李晓辉在 2011 年发表在《中国工业经济》的《生产性服务业与制造业的互动机理：

理论与实证》；胡晓鹏和李庆科 2009 年发表在《数量经济技术经济研究》的《生产性服务业与制造业共生关系研究——对苏、浙、沪投入产出表的动态比较》；刘明宇、芮明杰和姚凯在 2010 年发表在《中国工业经济》的《生产性服务价值链嵌入与制造业升级的协同演进关系研究》；唐强荣、徐学军和何自力在 2009 年发表在《南开管理评论》上的《生产性服务业与制造业共生发展模式及实证研究》。

外文中关于制造业和服务业协同发展的文章最早是在 1963 年由达里姆斯（Dhrymes）撰写并发表在《经济与统计评论》的关于制造业和服务业协同发展生产效率行为的比较。从整个发文历程看，从 1994 年关于制造业和服务业协同发展的研究开始逐渐增多，整体呈现平稳的增长趋势，到 2011 年达到小高峰，之后在呈现缓缓下降后到 2016 年相关研究呈现阶段性突现，后呈现平稳的研究态势。从被引期刊来看，基于 CITESPACE 期刊被引分析得出，排名前 5 的期刊分别是《管理科学系列 A 理论》（*management science series a-theory*）、《美国经济评论》（*american economic review*）、《哈佛商业评论》（*harvard business review*）、《战略管理杂志》（*strategic management journal*）、《科学院管理评论》（*academy of management review*）。

第三节　国内外制造业与服务业协同发展空间分布比较

从制造业和服务业协同发展研究的国别与区域分布来看，发达国家，尤其是传统制造业强国在该领域的研究从发文数量看还是领先的。研究成果比较丰富且具有影响力的国家分别是美国、英国、德国，其次分别是意大利、荷兰、加拿大、法国、挪威、澳大利亚、瑞士、韩国、芬兰等，在发文量前十的国家中，发展中国家只有中国挤进，且排名第五。

一、制造业与服务业协同发展研究突现度国别分析

从引领制造业和服务业协同发展的演进过程来看，传统制造业强国是研究热点的主要引领者。中国急需打破原有的“追随性”研究，要在前沿领域的引领上增强话语权。美国从1963~2006年间在制造业和服务业协同发展领域突破性新进展最为显著，突现强度为67.9276，表明其在这一研究领域掌握绝对话语权，持续时间高达44年之久。在1995~2000年间取得突破性新进展最为显著的是英国，突现强度为7.1643。苏格兰则在1996~2000年间取得突破性发展，在这段时期，突现强度为4.6977。斯洛伐克在1998年开始在制造业关键技术领域取得显著突破并持续到2003年，突现强度为6.0058；挪威从2008年开始持续到2010年；爱尔兰从2012年开始持续到2019年；芬兰从2013年开始持续到2019年；威尔士从2013年开始持续到2016年；奥地利从2014年持续到2017年；波兰从2016年持续到2019年。

从研究突现看，爱尔兰、芬兰、波兰研究突现度均持续到2019年。从突现强度看芬兰最强为4.4190，其次是波兰为3.5011，表明研究热点相对于波兰和爱尔兰，芬兰更具有话语掌控权。发展中国家在制造业和服务业协同发展研究领域发文数量占一席之地，但是研究较多是在现有领域进行持续研究，缺少突破性进展，在世界研究领域的话语权亟待提升，具体见表3-1。

表3-1 制造业和服务业协同发展的国家或地区间突显程度

序号	国家或地区	突现强度	起始年	骤减年	1963~2019年
1	美国	67.9276	1963年	2006年	■■■■■■■■■■■■■■■■■■■■■■■■■■■■■ ■■■■■■■■■■■■■■■□□□□□□□□□□□□□
2	英国	7.1643	1995年	2000年	□□□□□□□□□□□□□□□□□□□□□□□□□□□□□ □□□■■■■■■□□□□□□□□□□□□□□□□□□□
3	苏格兰	4.6977	1996年	2000年	□□□□□□□□□□□□□□□□□□□□□□□□□□□□□ □□□□■■■■■□□□□□□□□□□□□□□□□□□

续表

序号	国家或地区	突现强度	起始年	骤减年	1963～2019 年
4	斯洛伐克	6.0058	1998 年	2003 年	□□□□□□□□□□□□□□□□□□□□□□□□□□□□□ □□□□□■■■■■■■□□□□□□□□□□□□□□□□
5	挪威	4.3641	2008 年	2010 年	□□□□□□□□□□□□□□□□□□□□□□□□□□□□□ □□□□□□□□□□□□□□□■■■□□□□□□□□□□
6	爱尔兰	3.2959	2012 年	2019 年	□□□□□□□□□□□□□□□□□□□□□□□□□□□□□ □□□□□□□□□□□□□□□□□□□■■■■■■■■■
7	芬兰	4.4190	2013 年	2019 年	□□□□□□□□□□□□□□□□□□□□□□□□□□□□□ □□□□□□□□□□□□□□□□□□□□■■■■■■■■
8	威尔士	3.6483	2013 年	2016 年	□□□□□□□□□□□□□□□□□□□□□□□□□□□□□ □□□□□□□□□□□□□□□□□□□□■■■■■□□□
9	奥地利	3.6847	2014 年	2017 年	□□□□□□□□□□□□□□□□□□□□□□□□□□□□□ □□□□□□□□□□□□□□□□□□□□□■■■■■□□
10	波兰	3.5011	2016 年	2019 年	□□□□□□□□□□□□□□□□□□□□□□□□□□□□□ □□□□□□□□□□□□□□□□□□□□□□□■■■■■

资料来源：基于 CITESPACE 软件结果绘制。

二、制造业与服务业协同发展研究合作网络

基于国内外相关文献，对制造业和服务业协同发展的相关研究进行国家、研究机构、作者层面的微观、中观和宏观的合作网络分析。对中文相关文献进行可视化分析时，时间片段（time slicing）选 2005～2019 年，年份时间段（years per slice）选取 1，在词汇精练（pruning）对话框中选择最小生成树法（minimum spanning tree）和网络片段剪切（pruning sliced networds），每个时间切片选择前 50 的研究机构或者作者，共得到 68 个节点，节点间共有 28 条连接线，网络密度为 0.0123。对外文相关文献进行可视化分析时，时间片段选 1963～2019 年，其他同中文文献分析相似，共得到 306 个机构节点，节点间共有 225 条连线，网络密度为 0.0048。表 3－2 为国内外协同发展研究合作网络表，限于篇幅，仅列出排名前 10 名的机构。

表 3-2　　国内外协同发展研究合作网络

国内研究合作机构		国外研究合作机构	
编号	研究机构	编号	研究机构
1	上海交通大学经济学院	1	剑桥大学（Univ Cambridge）
2	浙江省委党校软科学研究所	2	曼彻斯特大学（Univ Manchester）
3	江苏师范大学	3	牛津大学（Univ Oxford）
4	浙江大学管理学院	4	林雪平大学（Linkoping Univ）
5	广西大学商学院	5	阿斯顿大学（Aston Univ）
6	深圳大学经济学院	6	马斯特里赫特大学（Maastricht Univ）
7	山东财经大学经济学院	7	华威大学（Univ Warwick）
8	辽宁工业大学经济学院	8	密歇根大学（Univ Michigan）
9	宁波大学商学院	9	诺丁汉大学（Univ Nottingham）
10	江苏大学财经学院	10	帕多瓦大学（Univ Padua）

资料来源：基于 CITESPACE 软件结果绘制。

从合作机构来看，中文研究机构间的合作稀疏，在这一领域研究机构较多的是上海交通大学经济学院、浙江省委党校软科学研究所、江苏师范大学、浙江大学管理学院、广西大学商学院、深圳大学经济学院、山东财经大学经济学院等。外文文献中合作机构较中文多，网络连线有一定的紧密性，对制造业和服务业协同发展研究相对较多的机构有剑桥大学（Univ Cambridge）、曼彻斯特大学（Univ Manchester）、牛津大学（Univ Oxford）、林雪平大学（Linkoping Univ）、阿斯顿大学（Aston Univ）、马斯特里赫特大学（Maastricht Univ）、华威大学（Univ Warwick）、密歇根大学（Univ Michigan）、诺丁汉大学（Univ Nottingham）、帕多瓦大学（Univ Padua）、伯明翰大学（Univ Birmingham）、康奈尔大学（Cornell Univ）、格罗宁根大学（Univ Groningen）、密歇根州立大学（Michigan State Univ）、蒂尔堡大学（Tilburg Univ）、哈佛大学（Harvard Univ）、阿尔托大学（Aalto Univ）、加州大学伯克利分校（Univ Calif Berkeley）、隆德大学（Lund Univ）、莫纳什大学（Monash Univ）、卡迪夫大学（Cardiff Univ）、北卡罗来纳大学（Univ N Carolina）、克兰菲尔德大学（Cranfield Univ）等。

从研究作者层面看，从作者合作知识谱系可以得出无论中文作者还是外文作者合作均较少，从中文文献可知在此领域研究较多的作者有首都师范大学邱灵、沈阳大学经济学院李庆杨、江苏师范大学李猛、湘潭大学商学院王小波、宏观经济研究院产业所王晓红、沈阳大学纪流河等。从外文文献可以得出在该领域有所建树的作者主要有瑞士圣加伦大学（University of St. Gallen）的盖鲍尔·海科（Gebauer Heiko）、芬兰瓦萨大学（Univ Vaasa）的帕里达·维尼特（Parida Vinit）、瑞典林雪平大学的科瓦尔科夫斯基·克里斯丁（Kowalkowski Christian）、意大利香蒲大学（Univ Cattolica Sacro Cuore）的博利亚奇诺·弗朗西斯科（Bogliacino Francesco）、芬兰阿尔托大学的威特尔·拉尔斯（Witell Lars）、奥地利维也纳经济研究所（Vienna Inst Int Econ Studies Wiiw）的福斯特·麦格雷戈（Foster - McGregor），美国马德福市塔夫茨大学（Tufts Univ）的霍克曼·伯纳德（Hoekman Bernard）等。

第四节　国内外制造业与服务业协同发展关键词共现图谱对比分析

共现分析也叫词共现分析，最早是由法国文献计量学家在 20 世纪 70 年代中期提出，主要是在共引分析思想与共现理论的基础上进行有效结合，共词知识谱系分析研究的对象是文献中关键词的共现现象，通俗地讲就是在一篇文献中同时出现两个或两个以上的专业术语。每篇论文，关键词均是作者对所撰写论文进行高度凝练，并非随意提取，而是经过长时间思考的结果，是相当谨慎选择的结果。因此，如果在文章中两个专业词汇在关键词或者主题词中共同存在时，一般认为这两个专业词汇之间在目前的研究现象中存在一定的联系。当共现的次数越多时，它们之间的联系越紧密，进而可以认为这两个词之间在语义上具有一定的内在联系，且共现的次数越多，联系就越密切。

共现词分析的原理是对一组词两两统计它们在同一篇文献中出现的次数，在此基础上共现词进行聚类分析，用以反映共现词间的紧密关系，探究这些词在相关领域所代表的学科间各主题的结构变动，对学科内部间的关系和跨学科间的联系进行系统性、全面性描述，用以揭示在不同研究阶段各关键领域间相互联系及发展动态趋势。共现词分析的对象一般为选取的文献的关键词或者是主题词，它高度涵盖了该篇文章的主旨思量，是对整个文章的高度凝练。对文献进行关键词或主题词共现分析通常分为三步：第一步是从筛选出的文献中集中抽取符合一定阈值的高频率出现的专业性关键词或者主题词，使之形成目标词集；第二步是对目标词集中的高频词汇进行两两统计，计算出现在同一篇文章中的次数，形成分析所需的关键词或目标层共现矩阵；第三步是对生成的关键词共现矩阵进行详细解读。

如表 3 -3 所示，关键词是对文章内容的高度凝练，反应文章的核心内容，是作者对全文的高度概括，本书通过对关键词的共现知识谱系分析探究制造业和服务业协同发展研究领域的动态及发展趋势。中心节点越大越是研究热点问题。

表 3 -3　　国内外关键词共现分析

国内关键词共现		国外关键词共现	
编号	关键词名称	编号	关键词名称
1	互动发展	1	创新（innovation）
2	融合发展	2	管理（management）
3	产业融合	3	生产力（productivity）
4	产业关联	4	战略（strategy）
5	协同集聚	5	系统（system）
6	协同发展	6	技术（technology）
7	互动	7	研发（research and development）

续表

国内关键词共现		国外关键词共现	
编号	关键词名称	编号	关键词名称
8	投入产出	8	竞争优势（competitive advantage）
9	产业集聚	9	组织（organization）
10	互动机制	10	经济增长（economic growth）

资料来源：基于 CITESPACE 软件结果绘制。

国内制造业和服务业协同发展关键词中较为重要的关键词为互动发展、融合发展、产业融合、产业关联、协同集聚、协同发展、互动、投入产出、产业集聚、互动机制、高技术服务业、生产性服务业、知识服务业、制造业服务化、行业差异、发展对策、技术创新、区域创新、产业协同、价值链、产业绩效等。

节点较大的研究相关领域研究热点分别是创新（innovation）、管理（management）、生产力（productivity）、战略（strategy）、系统（system）、技术（technology）、研发（research and development）、竞争优势（competitive advantage）、组织（organization）、经济增长（economic growth）、就业（employment）、供应链管理（supply chain management）、外商直接投资（foreign direct investment）、服务化（servitization）、供应链（supply chain）、公司绩效（firm performance）、质量（quality）、国际贸易（international trade）、网络（network）、信息技术（information technology）、集聚（agglomeration）、人力资源管理（human resource management）、组织绩效（organization performance）、结构变化（structure change）、吸收能力（absorptive capacity）、全球化（globalization）、企业家精神（entrepreneurship）等。从经济效益层面转向企业家精神层面，对制造业和服务业协同发展研究领域从经济学转变为经济学、社会学、政治学等多学科交互层面进行探究，研究领域的拓宽，从理论到实证层面丰富了相关研究领域。

第五节　国内外制造业与服务业协同发展关键词聚类分析

从表3-4中能够看出，基于研究内容视角，国内制造业和服务业协同发展关键词聚类主要围绕产业间的互动和关联，更多地考虑制造业和服务业的细分发展方向的相关研究，如从先进制造业、生产性服务业和知识服务业角度。因此形成的聚类多围绕互动发展、产业关联、先进制造业、生产性服务业、知识服务业等，这些基本都属于概括性内容，在聚类内部研究热点的细分内容主要包括产业融合、格兰杰因果检验（Granger causality test）、相关性曲线、价值链重构、优化升级、产业转型、增值环节、产业协同、科技服务业、信息化、服务外部企业、系统性分析、产业链、企业价值链、平台构建、互动机制、面板数据模型、技术创新、新型工业化、社会网络分析、价值链分解和整合、区域创新、创新驱动效应、空间溢出、规模报酬、耦合发展、经济绩效等。国外关键词集聚主要围绕外商直接投资、企业绩效、生产战略、人力资本、企业家精神等概括性内容，在聚类内部研究热点的细分内容主要包括领土服务化（territorial servitization）、服务贸易（trade in services）、变量收益（variable income）、能源强度（energy intensity）、高新技术板块（the high-tech sector）、国家结构变迁（state structure change）、地理集中度（geographical concentration）、动态外部性（dynamic externalities）、熊彼特模式（Schumpeter mode）、小型开放经济（small open economy）、全球产业链（the global industry chain）、区位格局（regional structure）、边界效应（the boundary effect）、市场厚度（market thickness）、制造业需求（manufacturing requirements）、财政政策（fiscal policy）、服务创新绩效（service innovation performance）、外部协作（external collaboration）、工业化国家（industrialized countries）、农村就业（rural employment）、服务商业模式创新（services，business model innovation)、供应链（supply chain performance)、制造业企业绩效（manufacturing enterprise performance)、制造供应网络（manufacturing supply network)、供应商关系（supplier relationships)、信息披露（information disclosure)、技术适应性（technical adaptability)、时间模式（time model)、服务创新（service innovation)、制造概念基础（manufacturing conceptual basis)、服务逻辑（service logic)、网络能力（network capability)、组织创新（organizational innovation)、市场参与（market participation)、经营策略（business strategy)、精益生产（lean production)、管理服务创新（management service innovation）等。

表 3-4　　国内外关键词聚类

国内关键词聚类				国外关键词聚类			
编号	规模	轮廓值	聚类名称	编号	规模	轮廓值	聚类名称
#0	14	0.777	先进制造业	#0	83	0.549	外商直接投资
#1	13	0.631	生产性服务业	#1	74	0.577	企业绩效
#2	13	0.671	互动发展	#2	36	0.592	生产战略
#3	11	0.741	知识服务业	#3	35	0.712	人力资本
#4	8	0.6	产业关联	#4	34	0.64	企业家精神

资料来源：作者总结整理。

第六节　制造业与服务业协同发展研究热点剖析

突现词也称为爆发词，最早是由 J. 克莱伯格（J. Kleinberg）在 2002 年首次提出，主要是关注在某一段时间里突然出现的专业性词汇，这被称为爆发词。从爆发词出现的时间分布上看，爆发词是指在某一时间段内快速出现的高频率的专业性词汇，且其出现频率的增长速度相对较高，这通常代表相关研究领域在这一时期里被广泛关注和集中研究的方面。因此，突现词或者爆发词一般被认为用来分析相关科学领域的研究热点问题和前沿领域。从分析对象上来看，突发监测与词频分析、基于词网络关系的共词分析等都可归纳为基于词语的科技监测方法。通过对制造业和服务业协同发展研究前沿的剖析，有利于掌握研究相关领域的研究趋势，在 CITESPACE 可视化分析软件中，突现词是指在该领域出现的研究热点。

从表 3－5 制造业和服务业协同发展的前沿突现词中可以看出，在 2005～2007 年间互动发展是该研究领域的研究热点，且更强调服务业在其中的作用；在 2007～2012 年生产者服务业在该研究领域得到突破性发展，研究方向开始围绕制造业和生产者服务业协同发展进行研究；在 2008～2013 年间，互动是该研究领域突破性研究热点，其突现强度为 3.0083；在 2009～2012 年间，投入产出是该研究领域的热点方向，突现强度为 2.9184；在 2009～2010 年间，更强调与知识服务业间的协同发展，突现强度为 2.8218；在 2016～2017 年间，在探究制造业和服务业协同发展问题时更多地依据投入产出表，因此投入产出表是该时期的研究热点；在 2016～2019 年间协同集聚成为该研究领域的突破性研究热点话题，其突现强度为 8.2919；在 2017～2019 年间，装备制造业和产业集聚同时成为突破性研究热点，但是装备制造业突现强度大于产业集聚突现强度，表明相较于产业集聚更多学者关注装备制造业。

表 3－5　制造业和服务业协同发展的前沿突现词（前 10）

关键词	突现强度	起始年	骤减年	2005～2019 年
发展互动	3.8288	2005 年	2007 年	■■■■■■□□□□□□□□□□□□□□□□ □□□□□□□□□□□□□□□□□□□□□
服务业	2.293	2005 年	2007 年	■■■■■■□□□□□□□□□□□□□□□□ □□□□□□□□□□□□□□□□□□□□□
生产者服务业	4.6977	2007 年	2012 年	□□□□■■■■■■■■■■■■□□□□□□ □□□□□□□□□□□□□□□□□□□□□
互动	3.0083	2008 年	2013 年	□□□□□□□■■■■■■■■■■■■□□□ □□□□□□□□□□□□□□□□□□□□□
投入产出	2.9184	2009 年	2012 年	□□□□□□□□□■■■■■■■■□□□□□ □□□□□□□□□□□□□□□□□□□□□

续表

关键词	突现强度	起始年	骤减年	2005～2019 年
知识服务业	2.8218	2009 年	2010 年	□□□□□□□□□■■■■□□□□□□□□□ □□□□□□□□□□□□□□□□□□□□□
投入产出表	2.4462	2016 年	2017 年	□□□□□□□□□□□□□□□□□□□□□□ □□□□□□□□□□■■■■□□□□□□□
协同集聚	8.2919	2016 年	2019 年	□□□□□□□□□□□□□□□□□□□□□□ □□□□□□□□□□■■■■■■■■■■■
装备制造业	3.1431	2017 年	2019 年	□□□□□□□□□□□□□□□□□□□□□□ □□□□□□□□□□□□■■■■■■■■
产业集聚	2.7127	2017 年	2019 年	□□□□□□□□□□□□□□□□□□□□□□ □□□□□□□□□□□□■■■■■■■■

资料来源：基于 CITESPACE 软件结果绘制。

表 3－6 为国外制造业和服务业协同发展的前沿突现词，从表中可以看出协同系统发展在 1992～2006 年间是制造业和服务业协同发展的突破性进展阶段；在 1995～2003 年间主要从两个方面对制造业和服务业协同发展进行开创性研究，一是对美国市场进行分析，二是从区域发展的角度进行剖析，但是从突现强度看，区域发展的突现强度为 4.8826，低于以美国为样本进行研究的突现强度 11.1158，表明在这期间主要从美国市场来探究制造业和服务业协同发展的相关问题；在 1995～2004 年间，从产业组织的角度进行突破性研究；在 1998～2009 年间，从经济全球化角度分析制造业和服务业协同发展问题；在 1998～2005 年间，学者开始探究在经济全球化加剧时期，企业如何更好地从生存视角探究制造业和服务业共生发展问题；在 2000～2010 年间，更多学者开始从生产能力的角度探究两产业协同发展的问题；在 2001～2009 年间，生产网络成为该领域新的研究突破点；在 2002～2009 年间，企业生产的灵活性成为制造业和服务业协同发展的新研究领域；顾客满意度在两产业协同发展过程中起着越来越重要的作用，因此在 2003～2010 年间成为新的研究热点，突现强度为 6.2139；随着科技进步，企业资源的竞争更多地强调人才竞争，在满足顾客需求的同时，更加强调

人力资源管理在产业协同发展中的重要性，这一研究热点从2004年持续到2011年，突现强度为6.5765；到2007年在制造业和服务业协同发展过程中开始强调资源基础这一新的观念以及运营管理这一理念，研究热点一直持续到2013年，长达7年之久，其突现强度均超过9，其中资源基础观念突现强度为9.6723，运营管理的突现强度为9.9503；近几年的突现词多为经济增长、产业结构变动、投资、全球价值链等，在全球产业链重构的经济背景下，制造业和服务业如何协同发展向价值链高端迈进是现阶段经济学研究的热点问题。

表3-6　　国外制造业和服务业协同发展的前沿突现词（前16）

序号	关键词	突现强度	起始年	骤减年	2005～2019年
1	系统性	5.9488	1992年	2006年	□□□□□□□□□□□□□□□□□□□□□□□□□□□□□ □□□□■■■■■■■■■■■■■■■■■■■□□□□□□
2	美国	11.1158	1995年	2003年	□□□□□□□□□□□□□□□□□□□□□□□□□□□□□ □□□□□□□■■■■■■■■■■■■□□□□□□□□□□
3	区域发展	4.8826	1995年	2003年	□□□□□□□□□□□□□□□□□□□□□□□□□□□□□ □□□□□□□■■■■■■■■■■■■□□□□□□□□□□
4	组织	7.8122	1995年	2004年	□□□□□□□□□□□□□□□□□□□□□□□□□□□□□ □□□□□□□■■■■■■■■■■■■■□□□□□□□□□
5	全球化	4.097	1998年	2009年	□□□□□□□□□□□□□□□□□□□□□□□□□□□□□ □□□□□□□□□■■■■■■■■■■■■■■□□□□□□
6	生存	5.8408	1998年	2005年	□□□□□□□□□□□□□□□□□□□□□□□□□□□□□ □□□□□□□□□■■■■■■■■■■■■□□□□□□□□
7	生产能力	8.5304	2000年	2010年	□□□□□□□□□□□□□□□□□□□□□□□□□□□□□ □□□□□□□□□□□■■■■■■■■■■■■■□□□□□
8	工作	5.3684	2000年	2009年	□□□□□□□□□□□□□□□□□□□□□□□□□□□□□ □□□□□□□□□□□□■■■■■■■■■■■□□□□□□
9	生产网络	4.78	2001年	2009年	□□□□□□□□□□□□□□□□□□□□□□□□□□□□□ □□□□□□□□□□□□□■■■■■■■■■■□□□□□□
10	参与	4.8096	2001年	2011年	□□□□□□□□□□□□□□□□□□□□□□□□□□□□□ □□□□□□□□□□□□□■■■■■■■■■■■■□□□□
11	灵活性	4.2871	2002年	2009年	□□□□□□□□□□□□□□□□□□□□□□□□□□□□□ □□□□□□□□□□□□□□■■■■■■■■■□□□□□□

续表

序号	关键词	突现强度	起始年	骤减年	2005～2019 年
12	成功	7. 4238	2003 年	2011 年	□□□□□□□□□□□□□□□□□□□□□□□□□□□□□ □□□□□□□□□□□□□□□■■■■■■■■■■□□□□
13	满意度	6. 2139	2003 年	2010 年	□□□□□□□□□□□□□□□□□□□□□□□□□□□□□ □□□□□□□□□□□□□□□■■■■■■■■■□□□□□
14	人力资源管理	6. 5765	2004 年	2011 年	□□□□□□□□□□□□□□□□□□□□□□□□□□□□□ □□□□□□□□□□□□□□□□■■■■■■■■■□□□□
15	资源基础	9. 6723	2007 年	2013 年	□□□□□□□□□□□□□□□□□□□□□□□□□□□□□ □□□□□□□□□□□□□□□□□□■■■■■■■■■□□
16	运营管理	9. 9503	2007 年	2013 年	□□□□□□□□□□□□□□□□□□□□□□□□□□□□□ □□□□□□□□□□□□□□□□□□■■■■■■■■■□□

资料来源：基于 CITESPACE 软件结果绘制。

通过对“制造业和服务业协同发展”相关研究学术史的梳理分析可以发现：一是在该研究领域发文量排名靠前的国家主要是发达国家，如美国、英国、德国、意大利、荷兰、加拿大、法国、挪威、澳大利亚、瑞士、韩国、芬兰，发展中国家只有中国发文量位居前列。二是在该领域取得突破的国家并非传统意义上的制造业强国，在研究初期美国掌握相关领域绝对话语权 44 年，一匹匹黑马打破了这一现象，如斯洛伐克、挪威、波兰等在不同时期在制造业和服务业协同发展相关领域取得了突破性进展。三是发展中国家特别是中国急需在相关领域引领研究的创新性突破。从研究热点和前沿看，中国尽管作为发文量最大的国家，但是基本都是在已有的领域进行持续性研究，缺少突破性进展，因此，中国亟待在制造业和服务业协同发展领域的研究中实现新突破和提升话语权。四是在国内制造业和服务业协同发展研究领域中“技术创新”和“产业绩效”发展趋势是该领域研究的主流热点问题。

通过对制造业和服务业协同发展研究热点的分析可以发现：排名前列的热点关键词显示均属于创新类，研究所选择的具体类型集中在产业创新、技术创新、工艺创新等；五个热点关键词聚类标签分别是“先进制造业”“生产性服务业”“互动发展”“知识服务业”“产业关联”，基本涵盖了制造业和服务业协同发展的最新研究的热点领域。国外制造业和服务业协同发展研究领域中“技术创新”和“企业家精神”成为最新的研究热点。从关键词聚类看，排在前五的聚类分别是“外商直接投资”“企业绩效”“生产战略”“人力资本”“企业家精神”等，更加注重微观层面的企业发展战略角度，和国内相关研究对比国外研究涉及面较广，具有一定的宽度和深度；而从突现词看，“产业集聚”是国内最晚出现的突发性关键词，“价值链”是国外出现时间最晚的突发性关键词。五是制造业和服务业协同发展热点研究的政策指向性较明显，突发性热点词的兴衰往往伴随着某一项新政策的提出与落实。由于制造业和服务业协同发展研究属于关系到政治、经济、居民福利多个层面，备受重视，现阶段制造业和服务业协同发展研究已经在一定程度上出现了由于信息技术突破所导致的学术研究后继动力不足、研究新突破点不足等问题。因此，制造业和服务业协同发展的相关学术研究应当适度合作，不断扩充理论和实践的创新发展，为我国制造业和服务业协同发展研发实践进行指导和服务。

综上，虽然国内外学者对制造业与服务业协同发展相关研究方兴未艾，如火如荼，但是国内相关研究多聚焦于“创新协同”，从“企业家精神”层面的研究却鲜少有学者关注。此外，即使有一些研究关注于企业微观层面，也多是从制约企业发展的角度进行实证分析，即从技术层面进行的分析，而从企业愿景、使命等战略层面的研究却更少。缺少对该领域研究的系统思维和整体思考，因此，制造业和服务业协同发展的系统研究框架亟待建立。

第四章

中国制造业与生产性服务业发展现状分析

第一节 制造业发展演进态势分析

本章在第二章和第三章分析的基础上，结合中国制造业和生产性服务业的产业规模、生产效率和发展潜力等特征，构建能够系统测度中国制造业和生产性服务业发展程度的评价指标体系，进一步剖析中国制造业和生产性服务业间的时空分异性演进特征，以资为省级或市级城市的制造业和生产性服务业的发展研究提供可资借鉴的评价指标体系方案。

一、制造业发展评价指标体系构建

（一）制造业指标体系构建

在构建制造业发展水平评价指标体系时，应结合制造产业内涵与产业自身属性这两方面因素对指标内容的核心要素进行凝练与总结，从而能够准确、合理、系统地反映出制造业发展的综合特征。鉴于此，研究在借鉴綦良群（2015）和李廉水（2014）所构建的制造业互动评价指标体系的基础上，分别从产业规模、经济效益、成长潜力、社会贡献这四个方面构建制造业的发展水平指标体系①。

1. 产业规模

制造业产业“规模”指标可以体现出产业的总体产出规模以及整体经营规模，能够切实衡量出产业在一定时间范围内全部资产的规模总量，反映出该产业为实现自身发展而投入的生产资料水平和体量优势。本书分别从企业单位数、固定资产投资额和产值这三个指标进行度量②。

2. 产业经济效益

经济效益高低程度主要是与资源分配以及资源利用相关的经济效率所决定的，产业“经济效益”指标能够衡量各产业利用资源的既定产出效益，客观反映某一产业盈利能力以及产业经济质量。鉴于此，本书分别从就业人员平均劳动报酬和劳动生产率这两项指标进行度量。

3. 产业成长潜力

产业“成长潜力”指标能够从产业发展软实力方面着手进行整体性综合评价，是对产业未来发展能力及增量水平的有效测度和预测评估，本书分别从产值增产率和投资占全社会投资比重这两项指标进行度量③。

4. 产业社会贡献

社会贡献指标是指有效或有用成果数量与资源消耗及占用量之比，即所得量与所费量之比，而产业“社会贡献”指标是在此基础上客观地反映出产业吸纳就业能力和对国家税收的贡献程度。本书分别从产业就业人数、产业利税总额和产值利税率这三个方面进行度量。

在制造业发展水平评价指标的采集方面，研究遵循科学性、系统性、可测度性的原则依据各一级指标内涵并参考数据的可获得性进行逐一确定。其制造业具体评价指标构成见表4-1。

---

① 对于制造业指标体系的构建，因为本书主要阐述制造业和生产性服务业间协同演化发展问题，并非侧重于制造业产业竞争力分析，所以并未将节能、环保等可持续发展类的指标纳入指标体系当中。

② 鉴于数据的可获得性，制造业产值以制造业工业销售产值作为衡量指标。

③ 制造业产值增长率是以当年制造业销售产值÷上一年制造业销售产值-1。

表 4-1　　制造业综合发展水平评价指标体系

产业类型	一级指标		二级指标		指标解释	单位
制造业	A	产业规模	A_1	企业单位数	制造业企业数量总和	个
			A_2	固定资产投资额	制造业固定资产投资量总和	亿元
			A_3	工业销售产值	制造业工业销售产值总和	亿元
	B	经济效益	B_1	就业人员平均劳动报酬	制造业整体工资总额/制造业就业人员数量总和	元
			B_2	劳动生产率	制造业工业销售产值总量/制造业就业人员人数	元/人
	C	成长潜力	C_1	工业销售产值增长率	(当年制造业销售产值/上一年制造业销售产值-1)×100%	%
			C_2	投资占全社会投资比重	(制造业固定资产投资量/全国固定资产投资量)×100%	%
	D	社会贡献	D_1	就业人数	制造业就业人员数量总和	万人
			D_2	利税总额	制造业税收收入总和	亿元
			D_3	产值利税率	(制造业税收收入/制造业工业销售产值)×100%	%

(二) 数据来源

对于制造业的行业范围界定本文依据《行业分类国家标准》对制造业的分类进行界定，将二位数代码在 C13~C37、C39~C41 区间的行业明确界定为制造业。考虑到行业数据的一致性，研究将部分年鉴中 C29 橡胶制品业和 C30 塑料制品业数据合并在一起，将铁路、船舶、航空航天和其他运输设备制造业与汽车制造业合并为 C37 交通运输设备制造。其所选择的制造行业范围已经非常广泛，能够为测度制造业整体发展水平提供广泛的数据支持。研究中所选取的 2006~2015 年制造业行业发展数据，分别来源于 2007~2016 年的《中国统计年鉴》《中国工业统计年鉴》《中国税务年鉴》《中国金融年鉴》《中国劳动统计年鉴》

《中国人口和就业统计年鉴》《中国制造业发展研究报告》以及各省市统计年鉴数据的整理①。

（三）制造业发展水平评价模型构建

研究采用多指标综合法对制造业综合发展水平程度进行量化计算，该方法能够在系统性、层次性和可操作性的评价基础上保有全面的数据信息量，更为有效直观地测算出评价结果。具体操作步骤如下。

1. 指标规范化处理

设 u_{hj}^{t} 为制造业第 j 个指标 t 年的数值，为进一步消除不同指标间量纲影响，研究采用功效系数法对指标进行规范化处理。设 m_{ij}^{t} 和 m_{h}^{t} 分别为制造业系统的第 j 项指标在 t 年中最大值与最小值，$\dot{u}_{hj}^{t}$ 表示标准化后第 t 年人力资本第 j 项指标的数值。具体计算过程详见公式（4－1）：

$$u_{hj}^{t}=\begin{cases}(\dot{u}_{hj}^{t}-m_{hj}^{t})/(M_{hj}^{t}-m_{hj}^{t}) & t=1,2,\cdots,k;\ j=1,2,\cdots,n\ \text{具有正功效}\\ (M_{hj}^{t}-\dot{u}_{hj}^{t})/(M_{hj}^{t}-m_{hj}^{t}) & t=1,2,\cdots,k;\ j=1,2,\cdots,n\ \text{具有负功效}\end{cases} \tag{4-1}$$

2. 指数测算

设 ω_{hj} 表示制造业指标体系中第 j 项指标权重，取值范围均在 0～1 之间，研究采用线性加权和法进行测算，其中 u_{h}^{t} 分别表示制造业系统在第 t 年的总体综合发展水平。具体计算过程详见公式（4－2）：

$$u_{h}^{t}=\sum_{j=1}^{n}\omega_{hj}\cdot u_{hj}^{t},\ \sum_{j=1}^{n}\omega_{hj}=1,\ t=1,2,\cdots,10;\ j=1,2,\cdots,10 \tag{4-2}$$

3. 权重测算

为避免主观人为因素影响，研究采用能够基于客观环境测度指标权重的熵值赋权法来计算权重系数，该方法基于数据信息论原理，能够根

---

① 生产性服务业分行业分地区产业增加值中除交通运输业、仓储和邮政业、批发零售业、金融业外，信息传输、计算机服务和软件业、租赁和商业服务业、科学研究、技术服务业的产业增加值均按“各地区第三产业分行业增加值”中的“其他”进行换算所得。

据数据自身所含信息量的大小及贡献价值情况来确定各指标权重。如果数据信息量越大，测算结果不确定性越小，熵值越小；而数据信息量越小，则不确定性越大，熵值也越大。具体权重系数测算步骤如下，见公式（4－3）至公式（4－6）。

设 X 为 j 个指标 t 年的数据样本矩阵，$X=(X_{ij}^{t})_{k\times m}$，$X_{ij}^{t}$为制造业第 i 准则层 j 项指标第 t 年的数值（i＝1，2，…，s；j＝1，2，…，n；t＝1，2，…，k），其中 s 表示准则层数，n 表示各准则层中指标个数，k 表示年数。

（1）指标比重变换系数：

$$f_{ij}^{t} = x_{ij}^{t} \Big/ \sum_{t=1}^{k} x_{ij}^{t} \tag{4-3}$$

（2）第 j 项指标熵值：

$$p_j = -\frac{1}{\ln(k)} \sum_{t=1}^{k} f_{ij}^{t} \ln f_{ij}^{t}，其中\ p_j \in [0,\ 1)，其中\ p_j \in [0,\ 1) \tag{4-4}$$

（3）计算第 j 项指标信息价值：

$$h_j = 1 - p_j \tag{4-5}$$

（4）计算 j 项指标权重：

$$w_{ij} = h_j \Big/ \sum_{j=1}^{n} h_j \tag{4-6}$$

本书采用熵值法分别从行业和区域层面求得的制造业各产业和省市的各项指标的权重系数，具体所测得的权重系数结果见表 4－2 至表 4－4。

表 4－2　2006～2015 年制造业各产业权重值

行业分类	A_1	A_2	A_3	B_1	B_2	C_1	C_2	D_1	D_2	D_3
C13	0.0897	0.1013	0.1148	0.1061	0.1019	0.0875	0.0947	0.1461	0.0835	0.0745
C14	0.0869	0.0950	0.1047	0.1188	0.0913	0.0860	0.1139	0.1429	0.0975	0.0629
C15	0.0845	0.0940	0.1052	0.1066	0.0883	0.1046	0.1166	0.1231	0.0949	0.0822

续表

行业分类	A_1	A_2	A_3	B_1	B_2	C_1	C_2	D_1	D_2	D_3
C16	0.0953	0.1037	0.1126	0.1129	0.1060	0.0743	0.1068	0.0961	0.1090	0.0833
C17	0.1553	0.0825	0.0969	0.1145	0.1017	0.0789	0.1130	0.1074	0.0750	0.0748
C18	0.1063	0.0971	0.1049	0.1079	0.0978	0.1144	0.1197	0.0906	0.0862	0.0752
C19	0.1022	0.1014	0.0991	0.0965	0.0870	0.0993	0.1101	0.1360	0.1035	0.0649
C20	0.0733	0.0980	0.1094	0.1152	0.1084	0.0759	0.1193	0.1243	0.0808	0.0954
C21	0.0815	0.0901	0.0988	0.1092	0.0929	0.1137	0.1523	0.1206	0.0833	0.0576
C22	0.1383	0.0937	0.0990	0.1019	0.0840	0.1289	0.0967	0.1054	0.0768	0.0754
C23	0.0822	0.0946	0.1020	0.1032	0.0887	0.0609	0.1244	0.1646	0.0877	0.0916
C24	0.0973	0.1105	0.1286	0.0894	0.1054	0.0709	0.0728	0.1406	0.1160	0.0684
C25	0.1060	0.0883	0.0912	0.0966	0.0928	0.0950	0.0892	0.1283	0.1015	0.1111
C26	0.0759	0.0917	0.1098	0.0965	0.0947	0.0871	0.1253	0.1484	0.0786	0.0922
C27	0.0834	0.1032	0.1107	0.1098	0.0930	0.0597	0.1181	0.1687	0.0941	0.0594
C28	0.0902	0.1167	0.1090	0.1074	0.0844	0.0975	0.1116	0.1285	0.0712	0.0835
C29 +30	0.0880	0.1010	0.1082	0.0887	0.0854	0.1182	0.1219	0.1391	0.0902	0.0593
C31	0.0741	0.1063	0.1142	0.1100	0.1021	0.0887	0.0865	0.1216	0.1025	0.0938
C32	0.1156	0.0891	0.0954	0.0903	0.0792	0.0850	0.1119	0.1224	0.0844	0.1268
C33	0.0765	0.1004	0.1004	0.0995	0.0763	0.0984	0.1162	0.1106	0.0857	0.1360
C34	0.0908	0.1049	0.1096	0.1175	0.0899	0.1025	0.0889	0.1386	0.0866	0.0708
C35	0.0853	0.0961	0.1041	0.1049	0.0963	0.0959	0.1173	0.1342	0.1112	0.0546
C36 + C37	0.1057	0.1019	0.1100	0.1085	0.1068	0.0961	0.0897	0.1095	0.1039	0.0680
C39	0.0671	0.0839	0.0965	0.1336	0.0820	0.1043	0.1188	0.1249	0.1009	0.0880
C40	0.0895	0.1152	0.1097	0.1108	0.0825	0.1133	0.0819	0.1426	0.0786	0.0758
C41	0.0995	0.1021	0.0998	0.0986	0.0913	0.1050	0.1164	0.1429	0.0812	0.0632
C42	0.1383	0.0907	0.0893	0.1018	0.0975	0.0675	0.1390	0.1035	0.0759	0.0964

资料来源：作者计算。

表4-3　　2006~2015年制造业全国及各省份权重值

区域	A_1	A_2	A_3	B_1	B_2	C_1	C_2	D_1	D_2	D_3
中国	0.0960	0.0983	0.0990	0.1046	0.1019	0.1042	0.1200	0.0805	0.1052	0.0903
北京	0.1151	0.0973	0.1014	0.0915	0.1187	0.1237	0.0764	0.0888	0.0970	0.0900
天津	0.0862	0.0962	0.1104	0.1043	0.1043	0.0926	0.1050	0.1275	0.1095	0.0639
河北	0.0870	0.1124	0.1027	0.1101	0.0955	0.0845	0.1147	0.1077	0.0973	0.0880
山西	0.0816	0.1008	0.1056	0.1022	0.0966	0.0810	0.0892	0.1290	0.1152	0.0987
内蒙古	0.0877	0.0997	0.1074	0.0985	0.0982	0.1009	0.0961	0.1045	0.0994	0.1076
辽宁	0.0778	0.0988	0.1049	0.1055	0.1127	0.0905	0.0799	0.1375	0.1036	0.0889
吉林	0.1030	0.0960	0.0974	0.0899	0.0931	0.0892	0.0860	0.1389	0.1035	0.1030
黑龙江	0.1004	0.1066	0.1103	0.1013	0.0925	0.0687	0.1001	0.1451	0.0953	0.0797
上海	0.0943	0.0992	0.1071	0.1013	0.1144	0.0980	0.0873	0.1308	0.1031	0.0645
江苏	0.0625	0.0865	0.1021	0.1129	0.1002	0.0855	0.0777	0.1433	0.1114	0.1179
浙江	0.0754	0.0904	0.1058	0.0992	0.1115	0.0796	0.0976	0.1206	0.1355	0.0844
安徽	0.0952	0.0930	0.1065	0.1084	0.0657	0.0838	0.1343	0.1285	0.0832	0.1015
福建	0.0930	0.0929	0.1000	0.1036	0.0826	0.1404	0.0822	0.1527	0.0928	0.0598
江西	0.0967	0.1026	0.1058	0.1016	0.0927	0.0984	0.0965	0.1004	0.1166	0.0888
山东	0.1031	0.0987	0.1032	0.1014	0.0923	0.0870	0.1026	0.1382	0.0886	0.0848
河南	0.0983	0.0947	0.1026	0.1051	0.0904	0.0852	0.0940	0.1354	0.1041	0.0902
湖北	0.0937	0.0959	0.1024	0.0981	0.0895	0.0970	0.1171	0.1391	0.0969	0.0704
湖南	0.1066	0.0967	0.1058	0.1089	0.1147	0.0838	0.0763	0.1164	0.1097	0.0811
广东	0.0985	0.0937	0.1112	0.0929	0.1101	0.0847	0.0667	0.1337	0.1105	0.0980
广西	0.1018	0.0946	0.1089	0.1098	0.0855	0.0749	0.0778	0.1227	0.1047	0.1194
海南	0.1001	0.0842	0.1054	0.0987	0.1015	0.0620	0.0709	0.1505	0.1173	0.1094
重庆	0.1027	0.0939	0.1054	0.0920	0.0938	0.0718	0.1029	0.1201	0.1123	0.1051
四川	0.0840	0.0885	0.0856	0.0890	0.1049	0.0956	0.0846	0.1529	0.1248	0.0902
贵州	0.0962	0.0935	0.1124	0.1089	0.0955	0.1121	0.0703	0.1260	0.1159	0.0690
云南	0.0976	0.1029	0.0969	0.0909	0.1094	0.1022	0.0913	0.1328	0.0952	0.0808
西藏	0.0953	0.1065	0.1033	0.0964	0.0920	0.0765	0.0697	0.1338	0.1114	0.1150
陕西	0.0797	0.0866	0.1075	0.0868	0.0950	0.0731	0.1155	0.1714	0.1175	0.0669

续表

区域	A_1	A_2	A_3	B_1	B_2	C_1	C_2	D_1	D_2	D_3
甘肃	0.0927	0.0794	0.1083	0.0998	0.0990	0.0960	0.1057	0.1291	0.1030	0.0871
青海	0.0951	0.1273	0.1043	0.1158	0.0808	0.1197	0.0853	0.1042	0.0903	0.0772
宁夏	0.1052	0.0982	0.1085	0.0904	0.0754	0.0869	0.0754	0.1359	0.1057	0.1182
新疆	0.1174	0.0937	0.1012	0.0886	0.0784	0.1146	0.1265	0.1053	0.0994	0.0748

资料来源：作者计算。

表4-4　　2006~2015年制造业八大经济区权重值

区域	A_1	A_2	A_3	B_1	B_2	C_1	C_2	D_1	D_2	D_3
东北经济区	0.094	0.101	0.105	0.096	0.116	0.084	0.129	0.099	0.100	0.076
北部沿海经济区	0.089	0.095	0.103	0.099	0.102	0.063	0.115	0.153	0.101	0.081
东部沿海经济区	0.078	0.091	0.105	0.102	0.101	0.099	0.087	0.140	0.113	0.085
南部沿海经济区	0.098	0.101	0.108	0.106	0.094	0.123	0.082	0.122	0.105	0.061
黄河中游经济区	0.094	0.096	0.107	0.107	0.107	0.068	0.119	0.134	0.092	0.075
长江中游经济区	0.105	0.092	0.105	0.098	0.103	0.066	0.090	0.129	0.110	0.102
大西南经济区	0.110	0.104	0.106	0.098	0.097	0.069	0.095	0.144	0.094	0.083
大西北经济区	0.110	0.119	0.110	0.113	0.091	0.079	0.062	0.135	0.096	0.085

资料来源：作者计算。

二、中国制造业整体发展状况分析

从表4-5中可以看出2006~2015年间中国制造业总体发展水平一直保持着稳定的增长态势，从初始阶段2006年的0.3385上升至2015年的0.6944，但制造业各准则层内的主体指标涨幅率却存在一定的差异性。其中，制造业规模指数值总体优于其余三大指数值，对制造业总体发展水平提升的助力性最大，说明在2006~2015年中国制造业仍具有一定的体量规模性优势。制造业经济效益指数值虽在2006~2012年高于制造业总体水平，但在2013年后的增幅率却低于制造业总体水平的增幅率，致使制造业经济效益指数值低于总体指数水平，因此制造业在快速培育增量发展的同时还要优化现有存量，制造业应逐步从规模速度型向质量效率型转化，平稳度过存量产能消化期。而制造业成长潜力和社会贡献指数虽整体呈现增长态势，但每个阶段的增长幅度均小于制造业发展的总体水平，对制造业综合发展具有一定的阻滞效应，说明制造产业未来发展的潜力和贡献效应仍有待于提升。

表 4 -5　　2006 ~2015 年制造业总体发展水平

评价指标	2006 年	2007 年	2008 年	2009 年	2010 年	2011 年	2012 年	2013 年	2014 年	2015 年
总体发展水平	0.3385	0.3752	0.4147	0.4217	0.5013	0.5745	0.6015	0.6337	0.6671	0.6944
产业规模	0.4106	0.4318	0.4799	0.4921	0.5610	0.6146	0.6362	0.6798	0.7097	0.7397
经济效益	0.3525	0.3841	0.4325	0.4560	0.5102	0.5993	0.6055	0.6266	0.6520	0.6858
成长潜力	0.3260	0.3702	0.4030	0.4226	0.4562	0.5311	0.5675	0.6035	0.6488	0.6784
社会贡献	0.2436	0.3082	0.3631	0.3930	0.4651	0.5466	0.5800	0.6160	0.6589	0.6800

资料来源：作者计算。

为了探究表 4 -5 中隐匿在数据中的内在规律，本书采用罗森布拉特和帕森（Rosenblatt & Parsen）提出的核密度估计方法（Kernel），用连续平滑的密度曲线代替叠聚集的条形图，来分析中国制造业发展水平的动态分布形态，用 Matlab7.0 软件估计制造业各指数发展水平分布的 Kernel 密度曲线①，如图 4 -1 所示。

---

① 核密度函数基本原理。设序列在点处的概率密度 f(x) 估计式为：

$$f(x) = \frac{1}{Nh}\sum_{i=1}^{n} K\left(\frac{X_i - x}{h}\right)$$

其中，N 为观测值的个数，h 为窗宽或平滑参数，K(·) 为核函数，是一种加权函数或平滑函数例如高斯（正态）核、伊番科尼可夫（Epanechnikov）核、三角（triangular）核、四次（quartic）核等。选取最佳窗宽的选择必须在核估计的偏差和方差间进行权衡，使均方误差最小，而此时对应的最佳窗宽为 $h = cN^{-\frac{1}{5}}$（c 为常数）。研究采用高斯正态分布的核密度函数，窗宽设定为 $h = 0.9SeN^{-\frac{1}{5}}$（即 c = 0.9Se，Se 是随机变量观测值的标准差）。

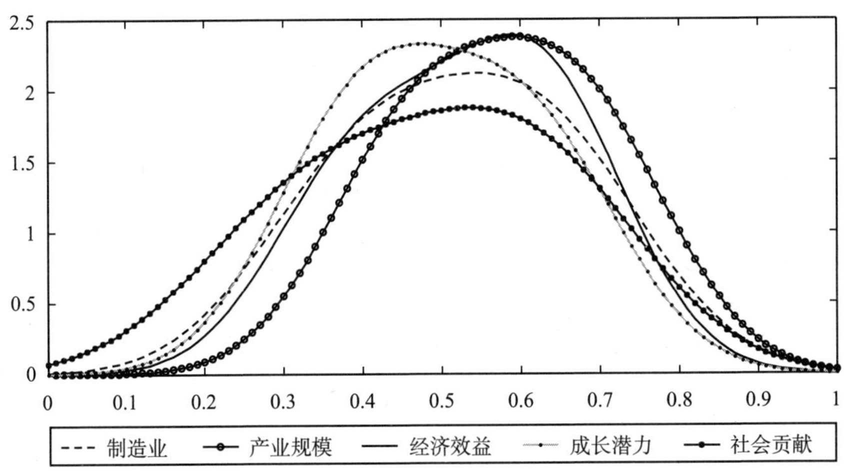

图 4－1　中国制造业发展程度 Kernel 图

资料来源：基于 Matlab 软件制作。

从图 4－1 中能够看出制造业四项主体评价指数均呈现出单峰状态，其中制造业产业规模发展水平优于其余三项指标，其峰值的隶属度概率集中在 0.55～0.7 间的较高优度概率范围内。而制造业经济效益发展水平指数虽低于产业规模水平指数，但其峰值隶属范围更加集中，覆盖在 0.55～0.65 间的中等优度概率范围内。而制造业成长潜力发展水平指数与制造业整体发展指数相比较弱，其峰值处在 0.4～0.55 之间，呈中等偏低的优度概率范围内，这表明中国制造业虽形成庞大的产业规模、具备门类齐全的产业体系以及配套健全的供应链网络，但随着新型工业化深度发展、内需潜力持续释放，中国制造业仍需要不断激发产业成长的潜在动力，为制造业能够在全球产业链重构的经济格局中抢占先机做好准备。制造业社会贡献水平指数的概率峰值最宽且最为平缓，且所覆盖的评价隶属优度的概率值覆盖在 0.35～0.65 范围内，分布最为广泛。综合制造业发展等级的 Kernel 核密度分布演进图像，能够进一步反映出制造业在各个层面的综合发展程度，更加直观地体现制造业发展的薄弱环节。

三、中国制造业分行业发展状况分析

制造业系统内产业部门较多，从表4－6可以看出2006～2015年制造业各细分子行业间的发展水平存在着一定的差异性。在2006～2015年间有20个制造业产业发展水平高于0.5，其中C13农副食品加工业，C31非金属矿物制品业，C35通用设备制造业，C36专用设备制造业，C37交通运输设备制造业和C41仪器仪表、文化办公用机械制造业这6项制造产业在此10年间的发展均值水平近似高于0.55，处于较好的发展态势。而C14食品制造业，C19皮革、毛皮、羽毛（绒）及其制品业，C23印刷和记录媒介复制业，C24文教、工美、体育和娱乐用品制造业，C27医药制造业，C29－30橡胶与塑料制品业和C33有色金属冶炼及压延加工业这7项制造产业在2006～2015年的发展均值水平低于0.5。其中，医药制造业作为一项高附加值和高经济效益于一体的制造产业，医药制造业综合发展态势较弱并非源于其规模与经济效益，主要受制于产业发展潜力指数，我国医药制造业的行业集中度偏低，且存在内资企业市场认可度低的问题，加之产业研发费用大和自主创新能力低的制约，致使医药制造业发展潜在实力较低。因此，政府应更加重视医药制造业发展的综合整体规划，在加大扶持产业发展力度的基础上，提高相应的制造配套服务工作，积极培育大型医药知名企业集团，提高医药制造产业自主技术研发动能，加大对医药制造产业研发投入，加快和推进医药智能制造和医药工业4.0的技术，将有助于解决药品在生产质量、缺陷和安全等方面存在的问题。

表4－6　　2006～2015年制造业分行业发展水平

行业分类	2006年	2007年	2008年	2009年	2010年	2011年	2012年	2013年	2014年	2015年	均值
C13	0.2634	0.3452	0.4824	0.4640	0.5301	0.5851	0.6651	0.7292	0.6898	0.7422	0.5497
C14	0.2550	0.3003	0.3578	0.4176	0.4573	0.4978	0.5553	0.6624	0.6291	0.7618	0.4894
C15	0.3190	0.3512	0.3750	0.4308	0.4778	0.5464	0.5798	0.6498	0.6091	0.6866	0.5026

续表

行业分类	2006 年	2007 年	2008 年	2009 年	2010 年	2011 年	2012 年	2013 年	2014 年	2015 年	均值
C16	0.2591	0.3392	0.3042	0.3860	0.5262	0.5947	0.6142	0.6298	0.6225	0.7303	0.5006
C17	0.4655	0.5126	0.5296	0.5183	0.6055	0.4911	0.4170	0.5025	0.4466	0.5480	0.5037
C18	0.3376	0.3953	0.4990	0.4695	0.5028	0.3896	0.6649	0.6272	0.5957	0.6602	0.5142
C19	0.2706	0.3184	0.3239	0.3249	0.4437	0.3370	0.6782	0.6820	0.6509	0.7175	0.4747
C20	0.3298	0.4294	0.4859	0.4384	0.4838	0.4863	0.5370	0.6396	0.6353	0.6826	0.5148
C21	0.3894	0.4429	0.4973	0.3909	0.4999	0.4489	0.5286	0.6146	0.6038	0.6839	0.5100
C22	0.3788	0.4456	0.5221	0.4874	0.6721	0.5157	0.5164	0.5514	0.5023	0.5469	0.5139
C23	0.3008	0.3193	0.4166	0.4157	0.4378	0.3262	0.4243	0.6581	0.6210	0.6868	0.4607
C24	0.1549	0.1614	0.2225	0.2150	0.2222	0.2030	0.7283	0.7570	0.7707	0.8598	0.4295
C25	0.2570	0.3130	0.3942	0.4664	0.6431	0.6083	0.6237	0.6251	0.6174	0.7353	0.5284
C26	0.3561	0.4070	0.4412	0.3927	0.5100	0.5539	0.5530	0.6514	0.6239	0.6582	0.5147
C27	0.1948	0.2205	0.2917	0.3499	0.3939	0.4201	0.5205	0.6493	0.6671	0.8048	0.4513
C28	0.2727	0.4017	0.3588	0.3253	0.4894	0.6501	0.6040	0.6262	0.6290	0.7138	0.5071
C29 +30	0.3291	0.3908	0.4221	0.4252	0.5433	0.5196	0.4976	0.5543	0.5122	0.5704	0.4765
C31	0.3491	0.3895	0.4537	0.4533	0.5446	0.6340	0.5938	0.7450	0.7002	0.7085	0.5572
C32	0.4035	0.5178	0.5552	0.4101	0.4778	0.4802	0.5001	0.6378	0.5523	0.4662	0.5001
C33	0.4345	0.5125	0.4790	0.3182	0.4368	0.4895	0.5671	0.5321	0.5193	0.5391	0.4828
C34	0.2609	0.3392	0.4914	0.4159	0.5244	0.4705	0.6917	0.6861	0.7460	0.7201	0.5346
C35	0.3003	0.3918	0.5439	0.5444	0.6939	0.6756	0.5412	0.7042	0.6767	0.6823	0.5754
C36	0.2992	0.3531	0.5375	0.5037	0.6160	0.6109	0.5663	0.7315	0.6866	0.7368	0.5642
C37	0.2515	0.3079	0.3527	0.4431	0.5665	0.5131	0.6267	0.6448	0.6361	0.7024	0.5045
C39	0.3126	0.3648	0.4769	0.4840	0.6078	0.5538	0.5709	0.6641	0.6450	0.6826	0.5363
C40	0.3702	0.3653	0.4384	0.4292	0.6230	0.4595	0.5188	0.5966	0.5892	0.6848	0.5075
C41	0.3849	0.4185	0.5735	0.5576	0.6612	0.6112	0.4443	0.5850	0.5576	0.7060	0.5500

注：C13 农副食品加工业，C14 食品制造业，C15 饮料制造业，C16 烟草加工业，C17 纺织业，C18 纺织服装、鞋、帽制造业，C19 皮革、毛皮、羽毛（绒）及其制品业，C20 木材加工制品业，C21 家具制造业，C22 造纸和纸制品业，C23 印刷和记录媒介复制业，C24 文教、工美、体育和娱乐用品制造业，C25 石油加工、炼焦及核燃料加工，C26 化学原料及化学制品制造业，C28 化学纤维制造业，C27 医药制造业，C29 -30 橡胶与塑料制品业，C31 非金属矿物制品业，C32 黑色金属冶炼及压延加工业，C33 有色金属冶炼及压延加工业，C34 金属制品业，C35 通用设备制造业，C36 专用设备制造业，C37 交通运输设备制造业，C39 电气机械和器材制造业，C40 计算机、通信和其他电子设备制造业，C41 仪器仪表、文化办公用机械制造业。

资料来源：作者计算。

为深入分析不同类型制造业差异化的发展模式，本书综合罗胤晨（2014）和曹毅（2009）等人对制造业类型的分类，将制造业分为劳动密集型、资本密集型、技术密集型这三大类①。从表4-7和图4-2中可以看出2006~2015年间劳动密集型制造业和技术密集型制造业发展势头良好，年均增长率在9.5%左右，而资本密集型制造业年均涨幅率最低，处在7.5%左右。这表明随着国内工业化和信息化的融合的逐步加深，体量型资本投入逐步放缓，制造产业逐渐由劳动密集型向技术密集型升级，在生产环节向技术要生产力，为未来多元化的制造工业产业转型奠定坚实的基础。

表4-7　2006~2015年各大类制造业发展水平

产业类型	2006年	2007年	2008年	2009年	2010年	2011年	2012年	2013年	2014年	2015年	年均增长率
制造业	0.3385	0.3752	0.4147	0.4217	0.5013	0.5745	0.6015	0.6337	0.6671	0.6944	8.31%
劳动密集型	0.3066	0.3717	0.4155	0.4261	0.4713	0.5290	0.5883	0.6439	0.6885	0.6984	9.58%
资本密集型	0.3559	0.4184	0.4255	0.4329	0.5276	0.5843	0.6407	0.6370	0.6653	0.6814	7.48%
技术密集型	0.3094	0.3495	0.4319	0.4580	0.5191	0.5099	0.5496	0.6386	0.6433	0.7002	9.50%

资料来源：作者计算。

① 劳动密集型产业划分为：C13农副食品加工业，C14食品制造业，C17纺织业，C18纺织服装、鞋、帽制造业，C19皮革、毛皮、羽毛（绒）及其制品业，C20木材加工制品业，C21家具制造业，C22造纸和纸制品业，C23印刷和记录媒介复制业，C24文教、工美、体育和娱乐用品制造业，C29-30橡胶与塑料制品业，C31非金属矿物制品业，C42工艺品及其他制造业；资本密集型产业划分为：C16烟草加工业，C15饮料制造业，C25石油加工、炼焦及核燃料加工业，C26化学原料及化学制品制造业，C28化学纤维制造业，C32黑色金属冶炼及压延加工业，C33有色金属冶炼及压延加工业；技术密集型产业划分为：C27医药制造业，C34金属制品业，C35通用设备制造业，C36专用设备制造业，C37交通运输设备制造业，C39电气机械和器材制造业，C40计算机、通信和其他电子设备制造业，C41仪器仪表、文化办公用机械制造业。

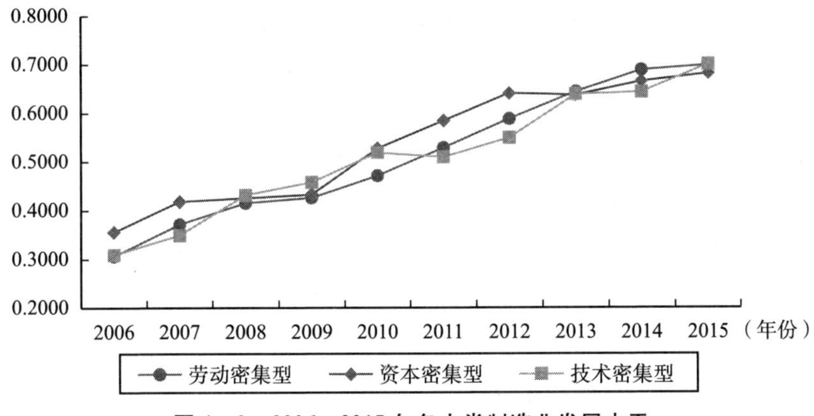

图 4－2　2006～2015 年各大类制造业发展水平

四、中国制造业分区域发展状况分析

从表 4－8 可以看出 2006～2015 年我国 31 个省份制造业整体的发展水平逐步增强，但由于不同区域制造产业基础的差异及发展进程的快慢，使得各省份制造业发展城程度存在着明显的区域差异性。从省域制造业发展水平均值的分区域排序中可以看出，在 2006～2015 年间北京、天津、河北、上海、江苏、浙江、福建、山东、河南、湖北、湖南、广东、重庆、四川和陕西这 15 个省份的制造业综合发展水平均值高于 0.5，处于可接受良好发展态势，而制造业综合发展水平均值位列后 10 位的分别是山西、内蒙古、江西、广西、海南、云南、西藏、青海、宁夏和新疆，除海南和内蒙古外其余区域制造业综合发展水平偏低的省份均隶属于西部地区。由此可见，西部地区虽“集聚式”承接了东部产业转移，但多为劳动密集型的制造西部地区内在的发展能力特别是高技术制造产业的发展与东部和中部地区仍存在着很大的差距，怎样利用西部的资源优势培育特色优势制造产业至关重要。

表 4－8　　2006～2015 年制造业各省份发展水平

省份	2006 年	2007 年	2008 年	2009 年	2010 年	2011 年	2012 年	2013 年	2014 年	2015 年	均值
北京	0. 3750	0. 4100	0. 4280	0. 4630	0. 4950	0. 5410	0. 5890	0. 6370	0. 6830	0. 7310	0. 5352
天津	0. 3440	0. 3860	0. 4090	0. 4470	0. 4700	0. 5270	0. 5750	0. 6920	0. 6720	0. 7180	0. 5240
河北	0. 3430	0. 3740	0. 3950	0. 4240	0. 4610	0. 5150	0. 5620	0. 6070	0. 6470	0. 6970	0. 5025
山西	0. 3290	0. 3700	0. 4030	0. 4110	0. 4480	0. 4840	0. 5180	0. 5510	0. 5860	0. 6350	0. 4735
内蒙古	0. 3260	0. 3650	0. 3970	0. 4100	0. 4470	0. 4810	0. 5070	0. 5450	0. 5960	0. 6400	0. 4714
辽宁	0. 3710	0. 4220	0. 4170	0. 4490	0. 4670	0. 5080	0. 5230	0. 5550	0. 5830	0. 6040	0. 4899
吉林	0. 3410	0. 3730	0. 3930	0. 4210	0. 4620	0. 5030	0. 5360	0. 5790	0. 6360	0. 6540	0. 4898
黑龙江	0. 3610	0. 4040	0. 4080	0. 4350	0. 4580	0. 4880	0. 5180	0. 5420	0. 5920	0. 6280	0. 4834
上海	0. 3730	0. 4310	0. 4520	0. 4750	0. 5180	0. 5610	0. 6180	0. 6470	0. 6940	0. 7270	0. 5496
江苏	0. 3480	0. 3950	0. 4000	0. 4360	0. 4730	0. 5120	0. 5500	0. 5970	0. 6360	0. 6860	0. 5033
浙江	0. 3730	0. 4200	0. 4410	0. 4710	0. 5210	0. 5600	0. 6190	0. 6320	0. 6910	0. 7230	0. 5451
安徽	0. 3490	0. 3790	0. 4160	0. 4210	0. 4590	0. 4870	0. 5140	0. 5640	0. 6340	0. 6640	0. 4887
福建	0. 3650	0. 4180	0. 4430	0. 4610	0. 5020	0. 5510	0. 6080	0. 6410	0. 6860	0. 7320	0. 5407
江西	0. 3130	0. 3530	0. 3840	0. 4110	0. 4350	0. 4750	0. 4980	0. 5470	0. 6030	0. 6530	0. 4672
山东	0. 3720	0. 4140	0. 4330	0. 4730	0. 5080	0. 5480	0. 6020	0. 6350	0. 6810	0. 7310	0. 5397
河南	0. 3480	0. 3860	0. 4170	0. 4430	0. 4790	0. 5180	0. 5570	0. 5830	0. 6480	0. 6760	0. 5055
湖北	0. 3670	0. 3940	0. 4390	0. 4630	0. 4880	0. 5150	0. 5500	0. 5980	0. 6670	0. 7080	0. 5189
湖南	0. 3630	0. 4050	0. 4430	0. 4700	0. 4970	0. 5270	0. 5670	0. 6010	0. 6690	0. 7080	0. 5250
广东	0. 3720	0. 4180	0. 4390	0. 4600	0. 5080	0. 5540	0. 6070	0. 6330	0. 6880	0. 7350	0. 5414
广西	0. 3050	0. 3480	0. 3750	0. 3950	0. 4200	0. 4600	0. 4910	0. 5240	0. 5640	0. 6060	0. 4488
海南	0. 3200	0. 3680	0. 3970	0. 4080	0. 4400	0. 4820	0. 5310	0. 5560	0. 5970	0. 6240	0. 4723
重庆	0. 3580	0. 3910	0. 4250	0. 4370	0. 4720	0. 5100	0. 5540	0. 5700	0. 6360	0. 6700	0. 5023
四川	0. 3510	0. 3920	0. 4250	0. 4490	0. 4770	0. 5150	0. 5330	0. 5760	0. 6200	0. 6650	0. 5003
贵州	0. 3270	0. 3810	0. 4110	0. 4330	0. 4580	0. 5020	0. 5220	0. 5650	0. 5970	0. 6430	0. 4839
云南	0. 2980	0. 3460	0. 3750	0. 4030	0. 4250	0. 4750	0. 5020	0. 5490	0. 5800	0. 6220	0. 4575
西藏	0. 2550	0. 3250	0. 3330	0. 3520	0. 3860	0. 4140	0. 4480	0. 4910	0. 5380	0. 5770	0. 4119
陕西	0. 3560	0. 4070	0. 4270	0. 4480	0. 4950	0. 5440	0. 5860	0. 6220	0. 6630	0. 7080	0. 5256
甘肃	0. 3240	0. 3740	0. 4080	0. 4260	0. 4530	0. 4960	0. 5370	0. 5720	0. 6330	0. 6890	0. 4912

续表

省份	2006 年	2007 年	2008 年	2009 年	2010 年	2011 年	2012 年	2013 年	2014 年	2015 年	均值
青海	0. 2910	0. 3500	0. 3630	0. 3730	0. 4180	0. 4510	0. 4910	0. 5410	0. 6000	0. 6530	0. 4531
宁夏	0. 3080	0. 3510	0. 3610	0. 3870	0. 4240	0. 4680	0. 5140	0. 5550	0. 6080	0. 6470	0. 4623
新疆	0. 3100	0. 3510	0. 3690	0. 3940	0. 4270	0. 4660	0. 5150	0. 5610	0. 6250	0. 6770	0. 4695

资料来源：作者计算。

为进一步探究制造业发展的空间变迁规律，本书借鉴洪兴建（2010）对中国经济区域的划分方式，将31个省份划分成八大综合经济区域[①]，以便于更为直观有效地探明各区域制造业发展的差异性特征，进而制定有针对性的区域制造产业发展政策，具体结果见表4－9。结合表4－9和图4－3至图4－5能够看出制造业演进大体可以归纳为三种发展态势。

第一类为北部沿海、东部沿海、南部沿海经济区，制造产业水平呈现高水平和稳速增长发展态势，其制造产业水平概率分布集中在0. 45～0. 65的中等状态，增长率在7. 5%以上，制造产业发展优势尤为明显。

表4－9　2006～2015年八大综合经济区域制造业发展水平

区域	2006 年	2007 年	2008 年	2009 年	2010 年	2011 年	2012 年	2013 年	2014 年	2015 年	均值	年均增长率
东北经济区	0. 357	0. 392	0. 407	0. 436	0. 462	0. 496	0. 528	0. 560	0. 618	0. 636	0. 489	6. 63%
北部沿海经济区	0. 368	0. 403	0. 424	0. 462	0. 486	0. 532	0. 584	0. 622	0. 672	0. 723	0. 528	7. 79%

① 八大区域分别为：东北综合经济区（辽宁、吉林、黑龙江）、北部沿海综合经济区（北京、天津、河北、山东）、南部沿海综合经济区（广东、福建、海南）、东部沿海综合经济区（上海、江苏、浙江）、黄河中游综合经济区（内蒙古、陕西、山西、河南）、长江中游综合经济区（湖北、湖南、江西、安徽）、大西南综合经济区（重庆、四川、贵州、云南、广西）、大西北综合经济区（甘肃、宁夏、青海、新疆、西藏）。

续表

区域	2006 年	2007 年	2008 年	2009 年	2010 年	2011 年	2012 年	2013 年	2014 年	2015 年	均值	年均增长率
东部沿海经济区	0. 365	0. 411	0. 432	0. 463	0. 506	0. 541	0. 597	0. 628	0. 673	0. 715	0. 533	7. 76%
南部沿海经济区	0. 352	0. 401	0. 436	0. 457	0. 487	0. 532	0. 584	0. 622	0. 665	0. 716	0. 525	8. 21%
黄河中游经济区	0. 333	0. 374	0. 402	0. 431	0. 461	0. 508	0. 532	0. 577	0. 638	0. 662	0. 492	7. 93%
长江中游经济区	0. 341	0. 379	0. 414	0. 437	0. 463	0. 491	0. 521	0. 571	0. 643	0. 670	0. 493	7. 79%
大西南经济区	0. 329	0. 379	0. 402	0. 429	0. 458	0. 491	0. 522	0. 563	0. 604	0. 650	0. 483	7. 86%
大西北经济区	0. 294	0. 347	0. 358	0. 375	0. 419	0. 454	0. 504	0. 541	0. 607	0. 652	0. 455	9. 25%

资料来源：作者计算。

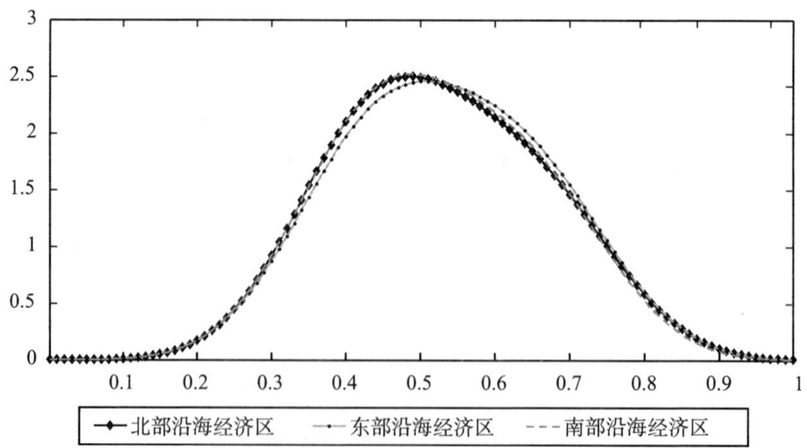

图 4－3　北部沿海、东部沿海、南部沿海经济区制造业发展程度 Kernel 图

资料来源：基于 Matlab 软件制作。

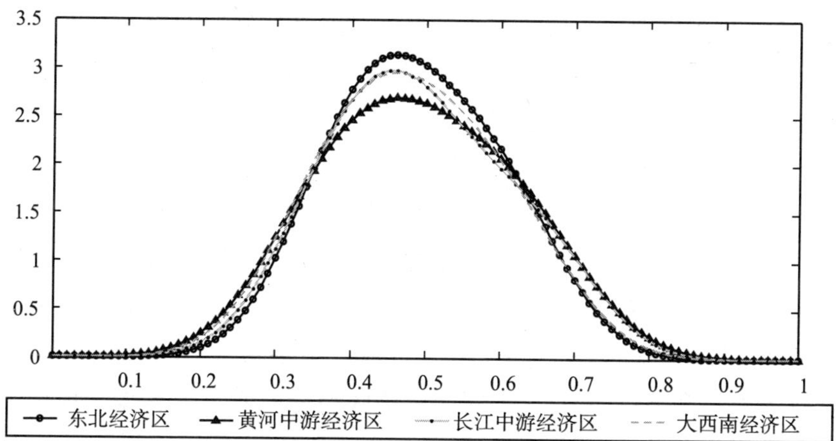

图 4-4　东北、黄河中游、长江中游和大西南经济区制造业发展程度 Kernel 图

资料来源：基于 Matlab 软件制作。

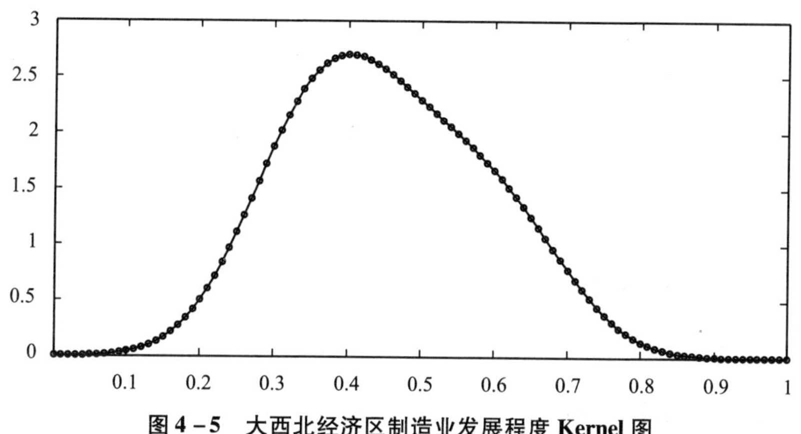

图 4-5　大西北经济区制造业发展程度 Kernel 图

资料来源：基于 Matlab 软件制作。

第二类为长江中游经济区、黄河中游经济区、大西南经济区和东北经济区，这 4 个区域制造产业发展水平均值低于 0.5，其制造产业水平概率分布集中在 0.4～0.6 的中等状态，但制造产业发展水平与沿海经济区仍存在一定的较大差距。其中长江中游经济区、黄河中游经济区、大西南经济区制造业产业发展的年均增长率均超过 7.5% 接近8%，呈现出良好的增量态势，但东北经济区制造业产业发展的年均增长幅度最低仅为6.63%，表明东北老工业基地正经历最痛苦难熬的经济转型时期，东北制造业更是顶着巨大的经济下行压力如临“凛冬”，制造产业整体发展增速下滑，严重制约了东北制造业发展的步伐。

第三类为大西北经济区，区域制造产业发展水平均值仅为0.455，制造产业水平概率分布主要集中在0.35～0.55的中低状态，其制造业整体发展水平也明显落后于其他区域，但制造业发展年均增长幅度额最大在9.25%左右，大西北经济区制造产业水平总体呈现低水平和高速增长发展态势。这表明随着国家振兴西部政策的逐步实施，近年来在制造业总体发展方面取得了显著的成绩，虽制造产业基础相对薄弱，与其他经济区仍有一定的差距，但逐步形成一定的增量优势。

第二节　生产性服务业发展演进态势分析

一、生产性服务业发展评价指标体系构建

（一）生产性服务业指标体系构建

在构建生产性服务业发展水平评价指标体系时，考虑到生产性服务业自身本质特征，并参考魏建（2010）对生产性服务业所构建的综合发展评价指标体系，为了能够更为准确、合理、系统地测度生产性服务业的基本情况，本书同样分别从产业规模①、经济效益、成长潜力②、

① 鉴于数据的可获得性，生产性服务业产值以产业增加值作为衡量指标。

② 生产性服务业产值增长率是以当年生产性服务业增加值÷上一年生产性服务业增加值－1。

社会贡献这四个方面构建生产性服务业的发展水平指标体系①。

本书同样遵循科学性、系统性、可测度性的数据搜集原则，依照各级指标内涵进行逐一确定，其生产性服务业综合发展的具体评价指标构成见表4－10。

表4－10　生产性服务业综合发展水平评价指标体系

<table>
<tr><th>产业类型</th><th colspan="2">一级指标</th><th colspan="2">二级指标</th><th>指标解释</th><th>单位</th></tr>
<tr><td rowspan="10">生产性服务业</td><td rowspan="3">A</td><td rowspan="3">产业规模</td><td>A_1</td><td>企业单位数</td><td>生产性服务业企业数量总和</td><td>个</td></tr>
<tr><td>A_2</td><td>固定资产投资额</td><td>生产性服务业固定资产投资量总和</td><td>亿元</td></tr>
<tr><td>A_3</td><td>产业增加值</td><td>生产性服务业产业增加值总和</td><td>亿元</td></tr>
<tr><td rowspan="2">B</td><td rowspan="2">经济效益</td><td>B_1</td><td>就业人员平均劳动报酬</td><td>生产性服务业整体工资总额/生产性服务业就业人员数量总和</td><td>元</td></tr>
<tr><td>B_2</td><td>劳动生产率</td><td>生产性服务业产业增加值总量/生产性服务业就业人员人数</td><td>元/人</td></tr>
<tr><td rowspan="2">C</td><td rowspan="2">成长潜力</td><td>C_1</td><td>增加值增长率</td><td>（当年生产性服务业增加值/上一年生产性服务业增加值－1）×100%</td><td>%</td></tr>
<tr><td>C_2</td><td>投资占全社会投资比重</td><td>（生产性服务业固定资产投资量/全国固定资产投资量）×100%</td><td>%</td></tr>
<tr><td rowspan="3">D</td><td rowspan="3">社会贡献</td><td>D_1</td><td>就业人数</td><td>生产性服务业就业人员数量总和</td><td>万人</td></tr>
<tr><td>D_2</td><td>利税总额</td><td>生产性服务业税收收入总和</td><td>亿元</td></tr>
<tr><td>D_3</td><td>产值利税率</td><td>（生产性服务业税收收入/生产性服务业产业增加值）×100%</td><td>%</td></tr>
</table>

（二）数据来源

对于生产性服务业的指标选取范围已经非常宽泛，能够为测度生产

① 对于生产性服务业指标体系的构建，因为本书主要阐述制造业与生产性服务业间协同演化发展问题，并非侧重于生产性服务业产业竞争力分析，所以并未将节能、环保等可持续发展类的指标纳入指标体系当中。

性服务业整体水平提供强力的数据支持。而对于生产性服务业分类的界定，本书参照2015年国家统计局对生产性服务业制定明确的分类标准以及所颁布的《行业分类国家标准》①，同时也考虑到数据收集的可获得性，将二位数代码在51~63、65、68~78区间内的（F）交通运输业、仓储和邮政业，（G）信息传输、计算机服务和软件业，（H）批发零售业，（J）金融业，（L）租赁和商业服务业，（M）科学研究、技术服务这六大类与制造业互动关系最为紧密的服务业界定为待分析的生产性服务业。

为了能够对测度生产性服务业总体发展水平提供有力的数据支持，本书将选取2006~2015年间生产性服务各行业发展数据进行分析。本书所使用的2006~2015年31省份面板数据，分别来源于2007~2016年的《中国统计年鉴》《中国第三产业统计年鉴》《中国劳动统计年鉴》《中国人口和就业统计年鉴》《中国科技统计年鉴》以及各省市统计年鉴数据的整理。

（三）生产性服务业发展水平评价模型构建

本书同样采用多指标综合法对中国生产性服务业水平程度进行量化计算，该方法能够在系统性、层次性和可操作性的评价基础上保有全面的数据信息量，更为有效直观地测算出评价结果。具体操作步骤如下。

1. 指标规范化处理

设 u_{hj}^{t} 为生产性服务业第j个指标t年的数值，为进一步消除不同指标间量纲影响，采用功效系数法对指标进行规范化处理。设 m_{ij}^{t} 和 m_{h}^{t} 分别为生产性服务系统的第j项指标在t年中最大值与最小值，$\dot{u}_{hj}^{t}$ 表示标准化后第t年生产性服务业第j项指标的数值。具体计算过程见公式（4-7）：

① 国家统计局生产性服务业分类（2015）范围包括：为生产活动提供的研发设计与其他技术服务、货物运输仓储和邮政快递服务、信息服务、金融服务、节能与环保服务、生产性租赁服务、商务服务、人力资源管理与培训服务、批发经纪代理服务、生产性支持服务。http：//www. stats. gov. cn/tjsj/tjbz/201506/t20150604_1115421. html。

$$u_{hj}^{t}=\begin{cases}(\dot{u}_{hj}^{t}-m_{hj}^{t})/(M_{hj}^{t}-m_{hj}^{t}) & t=1,2,\cdots,k;\ j=1,2,\cdots,n\quad 具有正功效\\(M_{hj}^{t}-\dot{u}_{hj}^{t})/(M_{hj}^{t}-m_{hj}^{t}) & t=1,2,\cdots,k;\ j=1,2,\cdots,n\quad 具有负功效\end{cases}\tag{4-7}$$

2. 指数测算

设 ω_{hj} 表示生产性服务业指标体系中第 j 项指标权重，取值范围均在 0 ~ 1 之间，研究采用线性加权和法进行测算，其中 u_h^t 分别表示生产性服务业在第 t 年的总体综合发展水平。具体计算过程详见公式（4 -8）：

$$u_h^t=\sum_{j=1}^{n}\omega_{hj}\cdot u_{hj}^{t},\ \sum_{j=1}^{n}\omega_{hj}=1,\ t=1,2,\cdots,10;\ j=1,2,\cdots,10\tag{4-8}$$

3. 权重测算

同样是为避免主观人为因素影响，采用熵值赋权法来计算生产性服务业指标的权重系数。具体权重系数测算步骤见上文公式（4 -3）~公式（4 -6）。

研究采用熵值法分别从行业和区域层面求得的生产性服务业各项指标的权重系数，具体结果见表 4 - 11 至表 4 - 13。

表 4 - 11　　2006 ~ 2015 年生产性服务业各产业权重值

产业	A_1	A_2	A_3	B_1	B_2	C_1	C_2	D_1	D_2	D_3
S	0. 1227	0. 0887	0. 0902	0. 1209	0. 0887	0. 1034	0. 1039	0. 1009	0. 0976	0. 0831
F	0. 1443	0. 0862	0. 0843	0. 1236	0. 0754	0. 0649	0. 1157	0. 1289	0. 0934	0. 0834
G	0. 1464	0. 0860	0. 0919	0. 0806	0. 0697	0. 1300	0. 1157	0. 1143	0. 0831	0. 0822
H	0. 1404	0. 0927	0. 0913	0. 0834	0. 0698	0. 1202	0. 0984	0. 1399	0. 1046	0. 0594
L	0. 0864	0. 0934	0. 0929	0. 0932	0. 0985	0. 0852	0. 1094	0. 0962	0. 1302	0. 1146
J	0. 1164	0. 1298	0. 0994	0. 1157	0. 0880	0. 0696	0. 1082	0. 1055	0. 0993	0. 0680
M	0. 1007	0. 1005	0. 1042	0. 0969	0. 0957	0. 1032	0. 0751	0. 1104	0. 1075	0. 1057

注：其中，F 代表交通运输业、仓储和邮政业，G 代表信息传输、计算机服务和软件业，H 代表批发零售业，J 代表金融业，L 代表租赁和商业服务业，M 代表科学研究、技术服务。

资料来源：作者计算。

表 4 - 12　　2006 ~ 2015 年生产性服务业各省份权重值

区域	A_1	A_2	A_3	B_1	B_2	C_1	C_2	D_1	D_2	D_3
中国	0. 1227	0. 0887	0. 0902	0. 1209	0. 0887	0. 1034	0. 1039	0. 1009	0. 0976	0. 0831
北京	0. 0714	0. 1060	0. 1084	0. 1114	0. 0908	0. 0842	0. 0867	0. 0972	0. 1107	0. 1332
天津	0. 1598	0. 0825	0. 0948	0. 0915	0. 0607	0. 0874	0. 1028	0. 1461	0. 0944	0. 0800
河北	0. 0678	0. 0935	0. 1074	0. 0975	0. 0892	0. 1086	0. 0885	0. 1472	0. 1130	0. 0873
山西	0. 0683	0. 1024	0. 1033	0. 1024	0. 0885	0. 0948	0. 1048	0. 1342	0. 1151	0. 0864
内蒙古	0. 0832	0. 1277	0. 1183	0. 0960	0. 1146	0. 0926	0. 0747	0. 0862	0. 0642	0. 1425
辽宁	0. 0738	0. 1112	0. 0924	0. 1038	0. 0900	0. 0689	0. 1562	0. 1049	0. 0946	0. 1043
吉林	0. 0764	0. 0937	0. 1059	0. 1064	0. 1052	0. 1005	0. 0767	0. 1359	0. 1140	0. 0853
黑龙江	0. 0695	0. 0964	0. 1026	0. 0941	0. 0761	0. 0728	0. 1352	0. 1461	0. 1162	0. 0909
上海	0. 0633	0. 1014	0. 1065	0. 0974	0. 1028	0. 0709	0. 1105	0. 1378	0. 1248	0. 0846
江苏	0. 0748	0. 0840	0. 1102	0. 0995	0. 0905	0. 0950	0. 0836	0. 1370	0. 1056	0. 1197
浙江	0. 0740	0. 1037	0. 1117	0. 0975	0. 1066	0. 0814	0. 1117	0. 1060	0. 1026	0. 1050
安徽	0. 0805	0. 1144	0. 1108	0. 0932	0. 0809	0. 0792	0. 0705	0. 1601	0. 1072	0. 1032
福建	0. 0701	0. 0991	0. 1061	0. 1124	0. 0716	0. 1104	0. 0865	0. 1445	0. 1036	0. 0956
江西	0. 0912	0. 0987	0. 1100	0. 1043	0. 1249	0. 0866	0. 1181	0. 0745	0. 0988	0. 0931
山东	0. 0741	0. 0932	0. 1022	0. 0993	0. 0952	0. 1190	0. 0962	0. 1239	0. 0957	0. 1011
河南	0. 0773	0. 0896	0. 1046	0. 1144	0. 0910	0. 1098	0. 0702	0. 1400	0. 1145	0. 0886
湖北	0. 0774	0. 1087	0. 1046	0. 0941	0. 0887	0. 0911	0. 1094	0. 1296	0. 1023	0. 0941
湖南	0. 0677	0. 1024	0. 1082	0. 1054	0. 0942	0. 0978	0. 0838	0. 1228	0. 1151	0. 1026
广东	0. 0869	0. 0927	0. 1020	0. 0932	0. 0926	0. 1111	0. 1086	0. 1141	0. 1239	0. 0749
广西	0. 0773	0. 0899	0. 1014	0. 1002	0. 0844	0. 1234	0. 0580	0. 1484	0. 1010	0. 1161
海南	0. 0724	0. 1020	0. 1059	0. 1059	0. 0941	0. 1051	0. 0691	0. 1224	0. 1280	0. 0950
重庆	0. 1094	0. 1255	0. 1051	0. 0917	0. 0865	0. 0595	0. 1052	0. 1237	0. 1120	0. 0814
四川	0. 0643	0. 1058	0. 1186	0. 1075	0. 1083	0. 0979	0. 0752	0. 1268	0. 0985	0. 0971
贵州	0. 1419	0. 1048	0. 0902	0. 1071	0. 0849	0. 0632	0. 0892	0. 1435	0. 1004	0. 0747
云南	0. 0811	0. 1048	0. 1109	0. 1070	0. 1094	0. 0902	0. 0845	0. 1106	0. 1098	0. 0918
西藏	0. 0925	0. 1147	0. 0968	0. 1052	0. 0851	0. 0839	0. 1311	0. 1035	0. 1090	0. 0782

续表

区域	A_1	A_2	A_3	B_1	B_2	C_1	C_2	D_1	D_2	D_3
陕西	0.0699	0.1003	0.1028	0.0875	0.1032	0.0997	0.1191	0.1179	0.0965	0.1032
甘肃	0.0928	0.1245	0.1024	0.1003	0.0993	0.0836	0.0947	0.1243	0.0982	0.0799
青海	0.0911	0.1004	0.0987	0.1001	0.0899	0.0975	0.1244	0.1066	0.0919	0.0994
宁夏	0.0799	0.0973	0.0983	0.0978	0.1033	0.0783	0.0911	0.1510	0.0940	0.1087
新疆	0.1090	0.1096	0.1118	0.0994	0.0982	0.0816	0.1066	0.1098	0.0881	0.0859

资料来源：作者计算。

表 4－13　　2006～2015 年生产性服务业各经济区权重值

区域	A_1	A_2	A_3	B_1	B_2	C_1	C_2	D_1	D_2	D_3
东北经济区	0.0848	0.0980	0.1057	0.1053	0.0857	0.0916	0.1011	0.1455	0.0948	0.0874
北部沿海经济区	0.0642	0.0982	0.0992	0.0961	0.0867	0.0864	0.1320	0.1412	0.1122	0.0838
东部沿海经济区	0.0709	0.1117	0.1172	0.1029	0.1117	0.0755	0.1058	0.0816	0.1159	0.1069
南部沿海经济区	0.0739	0.0995	0.1083	0.1111	0.0888	0.1073	0.0923	0.1203	0.1075	0.0911
黄河中游经济区	0.0749	0.0989	0.1058	0.1023	0.0915	0.1054	0.0828	0.1350	0.1066	0.0968
长江中游经济区	0.0730	0.0961	0.1023	0.0988	0.0854	0.1100	0.1075	0.1283	0.1097	0.0889
大西南经济区	0.0845	0.1147	0.1067	0.1037	0.1029	0.0804	0.0831	0.1189	0.1089	0.0962
大西北经济区	0.0889	0.1086	0.1060	0.1061	0.0696	0.0817	0.0919	0.1485	0.1009	0.0979

资料来源：作者计算。

二、中国生产性服务业整体发展状况分析

从表 4－14 中可以看出 2006～2015 年中国生产性服务业总体发展呈现出逐年上升趋势，从 2006 年的 0.3165 上升至 2015 年的 0.6138，但生产性服务业准则层的四大主体指标的发展程度却具有一定的差异性。其中，生产性服务业经济效益、成长潜力和社会贡献指标值在 2015 年均突破 0.6，处于较好的发展态势，而生产性服务业的产业规模指标值略低于其他指标，是阻滞生产性服务业综合发展的主要因素。综合人力资本指数的 Kernel 核密度分布演进图 4－6 能够看出，生产性服

务业四大主体指数的分布的核密度曲线均为单峰状，产业规模和经济效益指数的概率峰值较为集中，而成长潜力和社会贡献指数的概率峰值均呈现宽且平缓的特征，生产性服务业总体评价的隶属优度概率集中在0.4～0.5的中等密概率范围内。这说明中国生产性服务业发展在总体上仍滞后于经济社会发展要求，与农业、工业、贸易等联动不足。从成熟度来看，生产性服务业还处于成长期，生产性服务业产业总量规模、单位数量、投资力度和就业人数等方面都有了较大程度的提升，但综合来看经济支撑能力有待提高，整体规模仍具有一定的上升发展空间。

表4-14　2006～2015年生产性服务业总体发展水平

指标	2006年	2007年	2008年	2009年	2010年	2011年	2012年	2013年	2014年	2015年
总体发展水平	0.3165	0.3514	0.3724	0.3921	0.4276	0.4691	0.4974	0.5390	0.5834	0.6138
产业规模	0.2826	0.3313	0.3526	0.3805	0.4120	0.4406	0.4655	0.5060	0.5589	0.5976
经济效益	0.3260	0.3602	0.3830	0.4026	0.4562	0.5311	0.5675	0.6035	0.6488	0.6784
成长潜力	0.3525	0.3541	0.3825	0.4060	0.4102	0.4626	0.4855	0.5266	0.5720	0.6058
社会贡献	0.2785	0.3413	0.3593	0.3960	0.4361	0.4720	0.5077	0.5575	0.6085	0.6397

资料来源：作者计算。

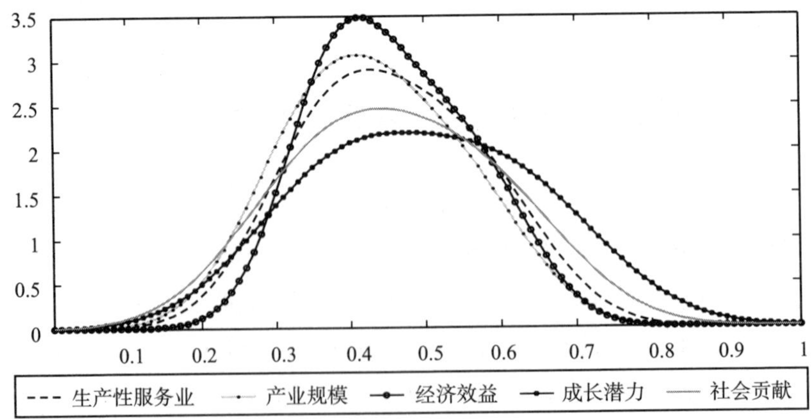

图4-6　中国生产性服务业发展程度 Kernel 图

资料来源：基于 Matlab 软件制作。

三、中国生产性服务业分行业发展状况分析

从表4－15中能够看出，2006～2015年间我国生产性服务业呈稳步上升趋势。其中以信息传输、计算机服务软件业（G）和科学研究、技术服务业（M）为代表的现代生产性服务业发展态势良好，指标均值超过0.5优于传统型生产性服务业。其中，金融产业作为知识密集型的生产性服务业发展进程与信息传输、计算机服务软件业（G）和科学研究、技术服务业（M）比较而言则相对滞缓，而金融产业是实体经济配置资源的核心动力，金融产业的规模扩大和金融产业效率的提升对制造业发展起着重要的推动作用，应尽快地完善金融体系建设，强化监督进入金融市场的资本行为，使其能够为实体经济提供充足的资本供给做保障。在传统型生产性服务业中交通运输业、仓储和邮政业（F）的发展趋势好于批发零售业（H）和租赁和商业服务业（L），其中批发零售业（H）由于缺乏创新的推广手段而备受信息技术服务、电子商务支持服务等新兴、新型生产性服务的冲击与挑战，对传统实体店铺的经营虽产生了一定的冲击，但批发零售业（H）应顺应时代发展结合"互联网＋"形成新的产业发展模式，尽快摆脱发展瓶颈。

表4－15　　2006～2015年生产性服务业分行业发展水平

行业	2006年	2007年	2008年	2009年	2010年	2011年	2012年	2013年	2014年	2015年	均值
S	0.317	0.351	0.372	0.392	0.428	0.469	0.497	0.539	0.583	0.614	0.456
F	0.252	0.296	0.331	0.363	0.397	0.449	0.498	0.556	0.617	0.653	0.441
G	0.429	0.462	0.48	0.482	0.502	0.531	0.573	0.608	0.621	0.651	0.534
H	0.263	0.291	0.335	0.351	0.386	0.421	0.442	0.471	0.502	0.543	0.401
L	0.267	0.307	0.325	0.347	0.374	0.406	0.439	0.473	0.524	0.558	0.402
J	0.274	0.316	0.339	0.359	0.397	0.439	0.482	0.544	0.597	0.638	0.439
M	0.353	0.401	0.425	0.451	0.51	0.539	0.551	0.582	0.64	0.688	0.514

注：其中，S代表生产性服务业，F代表交通运输业、仓储和邮政业，G代表信息传输、计算机服务和软件业，H代表批发零售业，J代表金融业，L代表租赁和商业服务业，M代表科学研究、技术服务业。

资料来源：作者计算。

四、中国生产性服务业分区域发展状况分析

鉴于不同省份生产性服务业的产业基础差异及产业发展进程的快慢，使得各省份的生产性服务业发展程度存在明显的区域差异性。从表4-16中可以看出，2006~2015年我国31个省份的生产性服务业发展程度各不相同，在各省域生产性服务业发展水平均值的分区域排序中可以看出北京、天津、上海、江苏、浙江、福建和广东7个区域的生产性服务业发展水平均值高于0.5，说明这7个地区依托于自身优越的经济区位优势，使其生产性服务业处于良好的发展态势。生产性服务业发展水平均值排位靠后低于0.4的区域分别为内蒙古、辽宁、吉林、黑龙江、江西、广西、西藏、甘肃、青海、宁夏和新疆等地，其生产性服务业发展水平相对落后。

表4-16　　2006~2015年生产性服务业各省份发展水平

省份	2006年	2007年	2008年	2009年	2010年	2011年	2012年	2013年	2014年	2015年	均值
北京	0.342	0.403	0.418	0.452	0.491	0.546	0.592	0.649	0.691	0.749	0.533
天津	0.350	0.397	0.414	0.440	0.476	0.532	0.587	0.636	0.681	0.752	0.527
河北	0.307	0.356	0.371	0.398	0.432	0.481	0.529	0.561	0.623	0.685	0.474
山西	0.268	0.307	0.329	0.348	0.378	0.407	0.447	0.491	0.539	0.566	0.408
内蒙古	0.246	0.284	0.303	0.340	0.383	0.405	0.446	0.471	0.517	0.557	0.395
辽宁	0.282	0.320	0.342	0.351	0.363	0.374	0.392	0.414	0.438	0.462	0.374
吉林	0.270	0.302	0.320	0.341	0.384	0.395	0.416	0.448	0.482	0.514	0.387
黑龙江	0.296	0.325	0.331	0.355	0.372	0.397	0.409	0.436	0.481	0.521	0.392
上海	0.358	0.395	0.437	0.475	0.521	0.573	0.620	0.649	0.708	0.737	0.547
江苏	0.313	0.377	0.394	0.439	0.481	0.534	0.564	0.606	0.653	0.701	0.506
浙江	0.335	0.390	0.428	0.469	0.517	0.562	0.609	0.642	0.693	0.731	0.538
安徽	0.278	0.313	0.346	0.372	0.399	0.435	0.464	0.495	0.542	0.574	0.422
福建	0.359	0.390	0.419	0.462	0.491	0.551	0.607	0.631	0.665	0.716	0.529

续表

省份	2006年	2007年	2008年	2009年	2010年	2011年	2012年	2013年	2014年	2015年	均值
江西	0.257	0.283	0.307	0.338	0.371	0.404	0.437	0.467	0.494	0.542	0.390
山东	0.322	0.362	0.389	0.416	0.458	0.496	0.547	0.582	0.635	0.681	0.489
河南	0.278	0.326	0.349	0.386	0.411	0.450	0.487	0.515	0.563	0.606	0.437
湖北	0.302	0.339	0.371	0.402	0.424	0.460	0.481	0.521	0.577	0.628	0.451
湖南	0.300	0.338	0.373	0.407	0.438	0.462	0.487	0.516	0.576	0.613	0.451
广东	0.373	0.416	0.441	0.490	0.509	0.571	0.613	0.651	0.693	0.734	0.549
广西	0.242	0.272	0.309	0.325	0.358	0.392	0.417	0.448	0.479	0.517	0.376
海南	0.302	0.353	0.374	0.406	0.437	0.497	0.528	0.558	0.584	0.610	0.465
重庆	0.291	0.336	0.370	0.385	0.424	0.442	0.488	0.509	0.547	0.594	0.439
四川	0.285	0.327	0.364	0.380	0.416	0.442	0.462	0.492	0.533	0.574	0.428
贵州	0.284	0.317	0.348	0.374	0.406	0.431	0.450	0.483	0.517	0.549	0.416
云南	0.278	0.307	0.343	0.363	0.391	0.436	0.454	0.495	0.529	0.563	0.416
西藏	0.212	0.247	0.258	0.276	0.298	0.337	0.368	0.401	0.423	0.441	0.326
陕西	0.294	0.339	0.353	0.384	0.417	0.457	0.489	0.519	0.559	0.596	0.441
甘肃	0.262	0.285	0.311	0.328	0.353	0.385	0.422	0.457	0.491	0.546	0.384
青海	0.242	0.276	0.292	0.301	0.328	0.361	0.395	0.438	0.465	0.514	0.361
宁夏	0.254	0.280	0.301	0.323	0.341	0.377	0.411	0.443	0.471	0.513	0.371
新疆	0.261	0.287	0.304	0.327	0.353	0.384	0.423	0.451	0.485	0.538	0.381

资料来源：作者计算。

本书同样将31个省份划分成八大综合经济区域，从而更加清晰直观地分析各区域生产性服务业演进发展的共性和差异性特征。从表4-17和图4-7至图4-9能够看出生产性服务业演进发展趋势也可以总结为三种发展类型。

第一类为北部沿海、东部沿海、南部沿海经济区整体生产性服务业发展呈现良性攀升态势，其生产性服务业发展水平均值高于0.5具有明显优势。生产性服务业发展水平隶属概率峰值均分布在0.4~0.6的中等状态。

表 4 - 17 2006 ~ 2015 年八大综合经济区域生产性服务业发展水平

区域	2006 年	2007 年	2008 年	2009 年	2010 年	2011 年	2012 年	2013 年	2014 年	2015 年	均值
东北经济区	0. 281	0. 317	0. 338	0. 353	0. 373	0. 384	0. 406	0. 431	0. 473	0. 507	0. 386
北部沿海经济区	0. 338	0. 381	0. 393	0. 432	0. 474	0. 524	0. 568	0. 617	0. 678	0. 729	0. 513
东部沿海经济区	0. 338	0. 384	0. 414	0. 454	0. 501	0. 557	0. 594	0. 636	0. 681	0. 723	0. 528
南部沿海经济区	0. 358	0. 407	0. 427	0. 466	0. 483	0. 543	0. 587	0. 618	0. 655	0. 692	0. 524
黄河中游经济区	0. 275	0. 312	0. 331	0. 361	0. 393	0. 432	0. 45	0. 501	0. 554	0. 581	0. 419
长江中游经济区	0. 276	0. 315	0. 342	0. 374	0. 407	0. 437	0. 469	0. 506	0. 562	0. 602	0. 429
大西南经济区	0. 274	0. 308	0. 34	0. 368	0. 398	0. 428	0. 451	0. 486	0. 526	0. 562	0. 414
大西北经济区	0. 243	0. 273	0. 292	0. 314	0. 332	0. 363	0. 408	0. 43	0. 469	0. 518	0. 364

资料来源：作者计算。

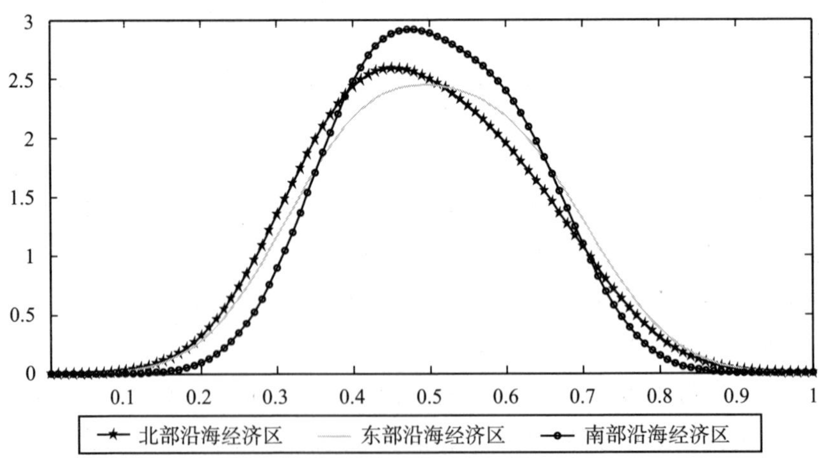

图 4 - 7 北部沿海、东部沿海、南部沿海经济区生产性服务业发展程度 Kernel 图

资料来源：基于 Matlab 软件制作。

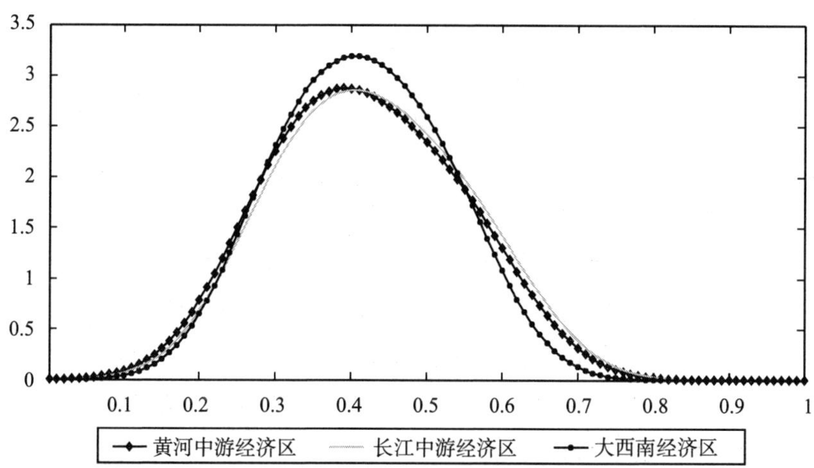

图4-8　黄河中游、长江中游和大西南经济区生产性服务业发展程度 Kernel 图

资料来源：基于 Matlab 软件制作。

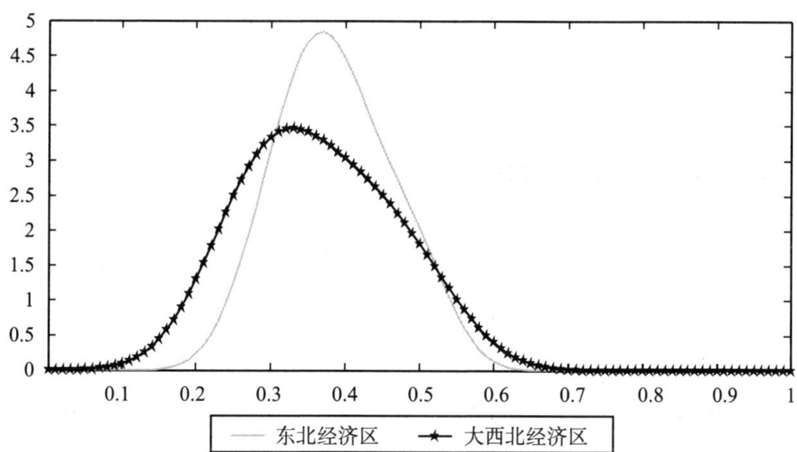

图4-9　东北和大西北经济区生产性服务业发展程度 Kernel 图

资料来源：基于 Matlab 软件制作。

第二类为黄河中游、长江中游和大西南经济区，生产性服务业发展水平均值高于0.4，其生产性服务业增速发展逐渐呈现出平衡趋势。结合图4-8能够看出此经济区域的产业发展水平的概率峰值变宽，主要集中在0.35～0.55的中低密概率范围内。

第三类为东北和大西北经济区，生产性服务业发展水平均值低于0.4，生产性服务业发展水平严重滞后。其中东北经济区生产性服务业发展指数的主体峰值分布在0.35～0.45的较低密概率范围内，大西北经济区的概率峰值逐步平缓，且所覆盖的峰值概率在0.25～0.4范围内。而生产性服务业能够促进制造产业技术进步，为制造业生产效率的提升提供保障，是制造业实现全产业链精细化的有效依托。因此，要把生产性服务业的发展作为西北和东北经济区经济结构调整的战略重点，推进两大经济区生产性服务业的发展进程，要把握制造业服务化、产业结构调整带来的重大机遇。

第三节　中国制造业与生产性服务业发展存在的问题分析

一、制造业价值链低端锁定

作为国民经济发展的支柱产业，制造业自改革开放以来得到迅猛发展，无论从企业数量还是生产规模抑或行业生产总值方面均取得跨越式增长，尽管在一系列宏观政策指引下，特别是在供给侧结构性改革和去产能政策的影响下，基于制造业宏大的生产基数，其世界第一制造业大国地位没有改变。但是中国制造业的快速发展得益于劳动力红利下国际代工模式。低劳动力生产成本，使中国成为世界跨国企业寻求代工企业的最佳之选，跨国企业在全球范围内构建一个基于研发、生产、销售、售后于一体的经营网络，将自身不具备优势的非核心环节外包出去，分散到不同国家或地区进行专门化生产，实现企业利润最大化。

而我国制造企业，缺少大型跨国企业的带领，产业集中度相对较低，导致我国只能凭借低廉的劳动力成本、丰裕的自然资源和相对优惠的环境优势参与全球生产分工中。在这一过程中，中国制造业主要集中于高污染、高投入、高消耗、低利润的资本密集型和劳动密集型行业中，且主要集中在行业附加值不高的价值链低端环节，缺少技术投入导致生产效率的提升主要依赖员工熟练程度，导致人均产出远远低于发达国家。由于制造环节中技术含量不高，质量相对较低，在国际市场中需求量低下，面对世界市场中对高质量产品的追求，中国制造企业很难有技术能力满足高端需求，这就出现了一系列中国式产能过剩问题，总产能远远大于总需求，主要存在于低端产品或者是价值链低端环节，高端产品或者价值链高端环节产能不足。

制造业发展层面较低将会影响同生产性服务业协同发展融合水平的提升。在制造业行业中劳动密集型产业占比较高，生产性服务业很难在劳动密集型产业中充分发挥行业带动作用来提升制造业生产效率。随着全球经济环境发生变化，中国制造业很难再依靠劳动力红利在世界经济体中独树一帜，制造业全球价值链低端锁定随着生产要素成本的提升、环境承载能力的下降，将面临严重的挑战。必须打破长久以来以物资和劳动投资拉动制造业发展，缺少生产性服务业带动作用这一局面。打破价值链低端锁定，实现价值链向高端攀升，带动产业结构升级，进而推动制造业和生产性服务业高水平融合发展。

二、生产性服务业发展不足

生产性服务业与制造业间存在协同发展关系，生产性服务业作为制造业生产过程中的中间投入品，为制造业高质量发展提供专业化支持，以提高制造业生产效率，在提供有效服务的同时，对生产性服务业本身的知识积累螺旋式发展提供资源支持。因此，制造业发展过程中缺失生产性服务业的支撑，在效率提升方面会产生突破瓶颈，而生产性服务业如果脱离制造业孤立存在，则缺乏前进载体及发展动力。

随着世界经济的快速发展，中国一跃成为世界制造业大国，其生产总值位居世界第一。制造业快速发展的同时，带动生产性服务业逐渐崛起，从2006年生产性服务业占GDP比重为23.35%上升到2016年的25.75%。然而，对比发达国家看，德国生产性服务业占GDP比重在50%作用，美国早在2015年这一指标就达到53.40%。可以看出，尽管近几年我国生产性服务业总量取得较大增长，但是相对于相对巨大的制造业经济体仍处于供给不足，发展水平整体有待提高。

中国生产性服务业发展水平相对较低，主要表现在生产规模相对较小、技术水平相对较低，产业内置化现象相对严重、服务成本费用相对较高，等等。生产性服务业生产规模较小，将会使得研发投资相对匮乏，导致技术水平相对较低，跟不上制造业快速发展步伐，提供的服务较难达到要求，无法提供中高端的综合配套服务。这将整体降低生产性服务业自身的发展效率，在制造业日益多样化发展趋势下，难以满足个性化、复杂化需求，与制造业各细分行业发展需求不相符，反过来对生产性服务业自身发展产生制约效应。

从生产性服务业产业结构看，劳动密集型产业发展较快，知识密集型、信息技术密集型产业发展相对较慢，导致我国生产性服务业产业结构发展不均衡，表现为生产性服务业低端供给较快，中高端发展不足，对制造业和生产性服务业协同发展特别是在高端价值链阶段的良性互动不足，制约了两产业协同发展步伐。

三、制造业和生产性服务业互动关系不协同

生产性服务业集聚人力资本、技术资本、信息资本、知识资本等高端资本进入产品生产环节，是产品价值增值的主要环节，因此高水平生产性服务业是制造业进行市场竞争的重要途径。制造业和生产性服务业之间是一种相互作用相互成就的过程，生产性服务业和制造业间的相互合作，能够降低制造业产品生产、流通等环节的成本，提高产品生产附加值，提升企业利润水平。从生产性服务业角度看，能基于制造业的产业链条或集聚带促进生产性服务业形成产业集聚带。生产性服务业和制造业间的相互依赖，将促使两产业协同融合发展，形成良好的互助关

系，带动两产业协同高质量发展。

但是，目前我国制造业和生产性服务间尚没形成高效的互动关系。整体来看，在制造业和生产性服务业协同发展过程中，制造业起主导作用，生产性服务业的发展从属于制造业。制造业发展对生产性服务业发展的拉动作用远远大于生产性服务业对制造业发展的拉动作用。表明生产性服务业的发展落后于制造业发展，在制造业发展过程中，生产性服务业并没有起到显著的拉动作用。现阶段，我国生产性服务业更多地关注于发展相对成熟的资源密集型行业，对新兴行业如技术密集型行业像通信设备业的关注度不足，而制造业发展刚好与此相反。从价值链环节看，制造业对生产性服务业高端环节需求不足，减缓生产性服务业的发展，而生产性服务业自身发展的不均衡，又影响制造业需求结构的改善。生产性服务业和制造业之间互动的不够充分、不够均衡的低水平融合现象，严重制约两产业高质量发展。

四、制造业与生产性服务业区域发展不均衡

第一，东北经济区和大西北经济区生产性服务企业尚未充分发育，存在严重的同质化现象。许多从制造业企业分离出的生产性服务业规模偏小，只能为企业提供一些位于技术和知识服务链低端的产品和服务，其缺乏核心服务能力不能满足制造企业的专业化需求，不能有效助力制造业产业转型升级。

第二，东北经济区和大西北经济区制造业“服务内置化”现象严重。位于产业链两端的生产性服务业并没有随着经济发展从制造业中完全自然分离出来，进而影响下一阶段两产业间的深度融合，降低了制造业与生产性服务业的互动协调效应。

第三，东北经济区和大西北经济区的生产性服务业内部结构不够合理。对制造业的服务水平还仍旧停留在较低的层次上，传统型生产性服务业一直处在主导地位。而长江三角洲作为中国改革开放的前沿阵地，尤为重视生产性服务业与制造业的互动融合发展，有效带动制造产业转

型升级取得了巨大的经济发展成就。以上海为例，早在2000年初上海已经开始放弃对低端制造业的争夺，继而改而向高端生产性服务业融合领域进军，成功为长三角世界级制造基地提供服务支撑。在2006～2015年期间以信息传输、计算机服务业和金融业等知识密集型为特征的生产性服务业增长最为迅猛，在这10年间金融业与科学技术研究服务业总产值增长超过5倍，信息传输、计算机服务业总产值增长超过6倍，从而带动上海市制造业产业呈现高附加值、高集约、高技术等优质特征。

五、区域间政策差异导致有效需求不足

我国中西部地区、东北地区与东部地区由于地理位置、自然禀赋差异，导致区域间的外商吸引力度、市场竞争度间存在显著不同，使得地方政府在引导制造业和生产性服务业发展过程中会基于区域特性产生不同的产业规划，以期在制造业和生产性服务业协同发展过程中达到预期效果。即使国家层面产业政策在具体实施过程中，考虑到本地区产业发展规模、产业集聚水平、资源流动速度、市场经济条件等，也会因地制宜地进行合理规划，会导致各级政府间在产业协同发展过程中存在较大差异，导致东北地区、中西部地区和东部地区间在制造业和生产性服务业协同发展过程中存在效率高低之分。

鉴于目前，我国制造业企业中多数采用封闭式的自我服务模式（王晓红，2013），在制造业产业链中，从研发到物流基本源于企业本身，较少使用独立的外聘研发中心，以及生产结束后非售后服务商。企业这种自我研发、自我生产、自我供应、自我销售、自我售后的传统生产模式减少了对外部专业服务机构的需求，极大地压缩了生产性服务业的发展空间，使得生产性服务业很难对制造业产生推动作用，导致制造业和生产性服务业融合发展过程相对缓慢。相比之下，我国制造业生产要素投资占比相对较高，专业化分工有待提高，生产过程中模块化程度不足，成为制造业发展过程中对生产性服务业有效需求严重不足的主要

原因。

从制造业产业层面看，我国制造业集聚地区产业配套水平有待提高，中心城市和周边地区、相对发达的东部地区和中西部、东部地区的互动能力不足，相互间联系相对松散，不成体系，区域间的要素配套效率较低，严重制约了生产要素跨地区流动，导致制造业和生产性服务业间形成点对点或者点对群的互动模式，与发达国家的生产性服务业和制造业发展模式存在较大差异。从制造业需求看，对物资生产要素的需求占比相对较大，对设计研发、金融支持、物流、信息技术等生产性服务有效需求投资占比相对较小，制约我国制造业和生产性服务业协同高效发展。

第五章

制造业与生产性服务业协同演化的因果研究

遵循“历史规律总结—总体因果规律探寻—地区异质性分析”的总体逻辑，本部分首先从历史周期演进的角度对生产性服务业与制造业发展的因果规律进行总结与梳理，将不同历史背景与生产性服务业与制造业协同发展的模式进行对比分析，并与“十三五”时期的发展成果相对比，为两者因果关系的分析奠定理论根基。在此基础上，立足全国视角，从宏观总体上对生产性服务业和制造业协同演化的因果关系进行探究。由于我国自改革开放以来便存在的地区经济发展不平衡的现象，故而在全国视角分析的基础上，仍需对地域异质性进行分析，从而深入剖析不同时期生产性服务业与制造业协同演化的因果机制。

第一节　制造业与生产性服务业协同发展的历史演进

20 世纪 60 年代初以来，世界各发达国家逐渐将经济发展的重心转移到制造业发展当中，“工业型经济”向“服务型经济”转型已然成为全球范围内产业结构调整的主流趋势。与此同时，世界各国开始越来越重视服务业的发展，将其作为实现经济现代化的首要任务。在发达国家，服务业增加值占国内生产总值的比重均在 70% 以上，其中美国最为典型，达到了80%以上，而中等发达国家也普遍超过了50%。在产业国际化分工不断细化的背景下，大量的生产性服务部门从制造企业中脱离出来形成一个独立的个体，扮演中间投入品的角色参与制造业企业生产加工活动中，贯穿于制造业产业链上、中、下游各个环节，为制造业提供融资、咨询、法律、市场营销、物流等生产性服务，并利用人力资本、信息网络技术等优势资源对制造业价值链进行重组再造，推动制造业内部结构向高级化、高附加值演进。然而，随着“服务型经济”的快速发展，过度追求以服务业为主导的经济结构使得“去工业化”浪潮逐渐显露，而缺乏实体经济支撑的经济发展难以稳定持续的特征使得大多数发达国家经济发展出现减缓的趋势，在美国“再工业化”的经济发展举措下，如何更好地实现服务业助力实体产业发展成为实现国家经济发展的主要议题。

生产性服务业是在全球劳动分工逐渐明晰的背景下，制造业与服务业边界模糊而逐渐发展形成的产业类型，这就意味着，在工业化过程的不同时期，起初仅仅作为服务业一部分的生产性服务业与制造业之间关系呈现出逐渐分离又相互影响，相互作用的协同关系。起源于18世纪60年代英国的工业化进程是一场以大机器代替手工作业的生产方式和组织方式的革命，这场革命的结果是使得全球生产力高速提升，20世纪80年代左右，西方发达国家陆续完成了各自的工业化进程，由“工业型经济”向“服务型经济”转型逐渐成为全球范围内产业结构调整的主流趋势，而随着经济社会的不断发展，过度追求以服务业为主导的经济结构使得“去工业化”浪潮逐渐显露，而缺乏实体经济支撑的经济发展难以稳定持续的特征使得大多数发达国家经济发展出现减缓的趋势。2008年的经济危机给“去工业化”国家带来的沉重的打击，西方发达国家逐渐意识到实体经济的重要性，“再工业化”浪潮逐渐兴起。可见，生产性服务业与制造业间的协同发展关系与不同时期具有不同的运行机制。

2014年7月28日，国务院印发《国务院关于加快发展生产性服务业促进产业结构调整升级的指导意见》，该意见指出：“当前的结构调整应当以产业转型升级需求为导向，进一步加快生产性服务业发展，引导企业进一步打破‘大而全’‘小而全’的格局，分离和外包非核心业务，向价值链高端延伸，促进我国产业逐步由生产制造型向生产服务型转变。”其中主要强调了我国在下一阶段的发展重心将是通过发展生产性服务业实现企业向价值链高端发展，推进农业生产和工业制造现代化以及加快生产制造与信息技术服务融合三个方面。2017 年国家发改委印发的《服务业创新发展大纲（2017 ~ 2025 年）》中指出：“各地区应当发挥比较优势，培育竞争优势，因地制宜的发展各具特色的服务产业，增强城市综合服务功能，引领区域产业升级和分工协作，从而实现区域竞争能力的提升。”可见，重点发展生产性服务业，实现生产性服务业与制造业协同发展将成为“十四五”时期继续稳步推行的重点方略，然而，探寻激发二者协同演化的机制动力，破除阻碍生产性服务业与制造业共生发展障碍的手段方法仍然不够明确，且不同地域经济衍生出制造业和生产性服务业的发展基础并不相同，致使在如何系统性的实现两者协同发展上呈现政策乱象。其根源在于对生产性服务业和制造业协同演化的因果关系探究不甚清晰，故而在系统分析生产性服务业与制造业协同演化机制及保障措施之前，需要对两者在发展过程中的因果导向进行分析，并在此基础上对地域的异质性进行深入探究。故此，对不同经济发展阶段、不同国际经济形势下的生产性服务业和制造业协同发展逻辑进行分析是进行因果分析的重要理论基础。

第二节　制造业与生产性服务业协同演化因果模型构建

一、描述性分析

通过构建制造业与生产性服务业发展水平评价指标体系（涵盖产业

发展规模、经济效益、成长潜力以及社会贡献）得到制造业的发展水平为 $maufac_{it}$，生产性服务业发展水平为 ser_{it}。从制造业与生产性服务业发展水平的描述性分析表 5－1 中可以看出，2005～2015 年，制造业发展水平 $maufac_{it}$ 呈现出平稳上升的态势，由 2005 年的 0.29191 上升至 2015 年的 0.67200，总体上涨 130.2%，自 2011 年全面深化改革开始，制造业发展水平首次突破十年内的平均水平，但经济发展的“新常态”要求整体经济向“调结构、稳增长”的方向发展。再者，全球范围的制造业周期性冲击也使得 2011 年之后的制造业发展水平减缓，2005～2010 年间制造业发展水平年均增速 54.66%，而 2011～2015 年间这一增速减缓至 33.22%。

表 5－1　　关键变量描述性分析

变量	项目	均值	标准差	最大值	最小值	极差
$maufac_{it}$	总体	0.47737	0.12075	0.73484	0.21329	0.522
	2005 年	0.29191	0.02891	0.34083	0.21329	0.128
	2006 年	0.33992	0.02893	0.37496	0.25500	0.120
	2007 年	0.38378	0.02674	0.43066	0.32462	0.106
	2008 年	0.40730	0.02807	0.45198	0.33290	0.119
	2009 年	0.43059	0.03066	0.47535	0.35154	0.124
	2010 年	0.46427	0.03228	0.52073	0.38643	0.134
	2011 年	0.50442	0.03456	0.56099	0.41390	0.147
	2012 年	0.54332	0.04164	0.61891	0.44835	0.171
	2013 年	0.58285	0.04274	0.69154	0.49101	0.201
	2014 年	0.63073	0.04128	0.69448	0.53758	0.157
	2015 年	0.67200	0.04294	0.73484	0.57703	0.158
ser_{it}	总体	0.42145	0.12418	0.75155	0.17014	0.581
	2005 年	0.24778	0.03534	0.31489	0.17014	0.145
	2006 年	0.29173	0.03807	0.37266	0.21162	0.161
	2007 年	0.33061	0.04395	0.41638	0.24720	0.169

续表

变量	项目	均值	标准差	最大值	最小值	极差
ser_{it}	2008 年	0.35515	0.04614	0.44054	0.25782	0.183
	2009 年	0.38236	0.05338	0.49034	0.27567	0.215
	2010 年	0.41363	0.05731	0.52089	0.29806	0.223
	2011 年	0.45092	0.06670	0.57335	0.33657	0.237
	2012 年	0.48527	0.07366	0.62034	0.36844	0.252
	2013 年	0.51864	0.07605	0.65143	0.40115	0.250
	2014 年	0.55912	0.08223	0.70777	0.42348	0.284
	2015 年	0.60074	0.08723	0.75155	0.44089	0.311

资料来源：作者计算。

从地区间总体差异来看，2005 ~2015 年间制造业发展水平地区间不平衡程度总体上呈现波动上升的态势，2005 ~2007 年间制造业发展水平的地区差异缓慢下降，地区间发展趋于平稳，而随着 2007 年“又快又好”的总体经济发展模式向“又好又快”的经济增长模式的转变，东部沿海地区制造业发展水平率先收到政策导向影响，并相继实现制造业的快速发展，地域差距逐渐拉大，随后逐渐上升在 2013 年到达顶峰，制造业发展水平极差达到 0.201，相比较于最低的地区极差上涨了 89.62%，在 2013 ~2015 年间持续回落至 0.158。尽管制造业地区间不平衡状况总体拉大，但从制造业总体的发展水平上看，2005 ~2015 年，优势地区制造业发展水平呈现持续上升态势，由 2005 年的 0.34083 上升至 2015 年的 0.73484，总体上升 115.6%，而相对劣势地区亦呈现总体改善的趋势，由 2005 年的 0.21329 上升至 2015 年的 0.57703，总体改善 170.53%，可见地区间的制造业发展水平差距的缩小更多的归功于相对弱势地区制造业的快速发展。这说明 2007 ~2016 年间我国制造业发展水平整体向好，但结构性问题仍然突出，主要寻找制造业持续优化的指导因素，系统改善产业结构，实现普适性的发展。就总体制造业发展水平而言，数据总体分布均匀，不存在特异值，具有较好的统计性质，能够进行面板数据分析。

在生产性服务业发展水平 ser_{it} 方面，2005～2015 年间，生产性服务业发展水平 ser_{it} 呈现出平稳上升的态势，由 2005 年的 0.24778 上升至 2015 年的 0.60074，总体上涨 142.4%，与制造业发展水平的演进趋势相同。自 2011 年全面深化改革开始，生产性服务业发展水平首次突破十年的平均水平 0.42145，但总体的生产性服务业发展水平增速有所放缓，由 2011 年之前的年平均增速 66.93%，放缓至 2011 年之后的 33.76%。结合制造业发展水平来看，一方面 2011 年以来的“调结构、稳增长”的经济政策的总体导向使得产业部门重新审视以往存在结构性问题的增长方式，致使各产业部门总体的发展速度有所减缓。另一方面，制造业与生产性服务业之间日趋模糊的产业边界也使得两者交互影响，从而使发展水平的增长速率进一步放缓。从地区间总体差异来看，2005～2015 年生产性服务业发展水平地区间不平衡程度总体上呈现持续上升的态势，尽管 2013 年生产性服务业发展水平呈现波动式下降，但总体上地区间发展水平极差由 2005 年的 0.145 上涨至 2015 年的 0.311，增幅 114.5%，尽管制造业地区间不平衡状况持续加深，但从生产性服务业的总体发展水平上看，2005～2015 年间，优势地区制造业发展水平呈现持续上升态势，由 2005 年的 0.17014 上升至 2015 年的 0.44089，总体涨幅 138.67%，相对而言，劣势地区亦呈现总体改善的趋势，由 2005 年的 0.21329 上升至 2015 年的 0.57703，总体改善 159.1%。可见，2005～2015 年生产性服务业发展水平的地区极差的加重在一定程度上取决于优势地区的快速发展以及相对劣势地区发展基础的薄弱。从生产性服务业发展水平的描述性分析总体来看，省际两极差距一直存在且相对显著，但总体而言生产性服务业发展水平具有较好的统计性质，尽管可能存在异方差的问题，从样本构成上看不存在明显的特异值，不易对导致估计结果的较大偏差。

为防止区域经济增长的已有成果以及由之而带来的系统的经济环境对生产性服务业和制造业协同演化中因果关系的影响，本书选取地区生产总值 gdp_{it}、地区人均工资数额 $incom_{it}$ 以及 R&D 人员全时当量 hum_{it} 三个指标作为控制变量，分别从地区经济发展水平、劳动者平均工作效率以及地区科研水平三个角度对2005～2015年间地区间宏观经济的发展基础因素的影响进行剥离。

如表5－2所示，在地区生产总值 gdp_{it} 方面，2005～2015年间，总体的平均水平由2005年的2604上升至2015年的9325，平均水平上涨258.1%，尽管地区生产总值的平均水平呈现持续上涨的态势，然而地区经济增长上的差异也在逐渐拉大，其总体差距由2005年的34454上涨至2015年的124768，平均增幅262.1%，而且两极差距也在不断攀升，由2005年的198958逐渐上升至2015年的721741，上涨幅度约三倍左右。这进一步说明，地区间的经济增长基础存在较大差异，尽管经济增长的优势地区和相对劣势地区在此期间均实现了一定程度的经济增长，但是两者之间的差距反而呈现越发严重的趋势，故而难以刨除经济增长基础对生产性服务业和制造业协同演化因果关系的影响，然而，为更清晰地分析两者之间的因果关系，需要对与此无关的影响因素进行剔除，因而需要选择地区生产总值作为控制变量。

表5－2　　控制变量的描述性分析

变量	项目	均值	标准差	最大值	最小值	极差
gdp_{it}	总体	29060	84784	722768	249	722519
	2005年	2604	34454	199206	249	198958
	2006年	3045	40273	232815	291	232525
	2007年	3523	48376	279736	341	279395
	2008年	4183	57615	333314	395	332919
	2009年	4277	63132	365304	441	364862
	2010年	5437	75498	437042	507	436535
	2011年	6610	90023	521441	606	520835
	2012年	7505	99499	576552	701	575851
	2013年	8444	109467	634345	816	633530
	2014年	9273	118103	684349	921	683429
	2015年	9325	124768	722768	1026	721741

续表

变量	项目	均值	标准差	最大值	最小值	极差
$incom_{it}$	总体	37953	17137	111390	14276	97114
	2005 年	20022	7196	39067	14276	24791
	2006 年	20546	6032	39684	15370	24314
	2007 年	25228	8078	49310	18400	30910
	2008 年	29298	8985	56565	21000	35565
	2009 年	31792	8485	58336	24165	34171
	2010 年	36103	9495	66115	27735	38380
	2011 年	41141	12726	75591	31302	44289
	2012 年	45816	10907	84742	36386	48356
	2013 年	50658	12393	93006	38301	54705
	2014 年	55218	13639	102268	42179	60089
	2015 年	61765	16001	111390	45403	65987
hum_{it}	总体	83909	96900	520303	599	519704
	2005 年	44027	39785	171045	599	170446
	2006 年	48467	43137	168398	1013	167385
	2007 年	55961	52342	199464	675	198789
	2008 年	63399	61452	238684	635	238049
	2009 年	73910	73246	283650	1332	282318
	2010 年	82383	85385	344692	1259	343433
	2011 年	95583	98749	410805	1081	409724
	2012 年	104737	114373	492327	1199	491128
	2013 年	113962	123750	501718	1203	500515
	2014 年	119696	128974	506862	1262	505600
	2015 年	121253	132581	520303	1130	519173

资料来源：作者计算。

在地区人均工资数额 $incom_{it}$ 方面，2005 ~ 2015 年，总体平均水平由 2005 年的 20022 上升至 2015 年的 61765，平均水平总体上涨 105.7%。随着地区人均工资数额平均水平的上涨，其地域间的差异也不断增加，人均工资数额 $incom_{it}$ 地域差异由 2005 年的 7196 上升至 2015 年的 16001，不均衡状态明显扩大，并且在 2010～2011 年前后这种不均衡出现跳跃式的增长，这同样与 2011 年出现的结构性调整密不可分，这种不均衡的状况由 2010 年的 9495 跳跃至 2011 年的 12726，增长了 34.02%，占总体增长幅度的 36.69%，而且两极差距也在不断攀升，由 2005 年的 24791 逐渐上升至 2015 年的 65987，上涨幅度约两倍左右，与地区间总产出水平相同。这一结果表明，地区间已有的劳动生产效率水平存在较大差异，尽管劳动生产效率的优势地区和相对劣势地区在此期间均实现了一定程度的经济增长，但是两者之间的差距反而呈现越发严重的趋势，故而难以刨除已有劳动生产效率对生产性服务业和制造业协同演化因果关系的影响，因而需要考虑将地区人均工资数额 $incom_{it}$ 作为控制变量引入。

R&D 人员全时当量 hum_{it} 方面，2005～2015 年，总体平均水平由 2005 年的 44027 上升至 2015 年的 121253，平均水平总体上涨 175.4%。随着总体技术效率的提升，地区间技术效率的差异也逐渐体现，R&D 人员全时当量 hum_{it} 地域差异由 2005 年的 39785 上升至 2015 年的 132581，涨幅 233.2%，这一地域差异主要来源于地区间技术水平极差的扩大，地区间技术效率的不均等在 2005～2015 年中呈现逐步扩大的趋势，在 2010 年年增幅达到最大 21.64%，随后尽管地区间极差增速逐渐放缓至 2015 年的 2.68%，但是总体上地区间极差逐渐扩大的事实仍没有改变，故而难以刨除已有技术效率对生产性服务业和制造业协同演化因果关系的影响，因而需要引入 R&D 人员全时当量 hum_{it} 变量对地区间差异化的技术效率进行控制，以防止其所造成的影响造成对生产性服务业与制造业协同演化因果关系的误估。

二、模型构建

基于前述的分析，同时借鉴已有的研究成果，本书通过构建面板

VAR 模型（P - VAR 模型）对生产性服务业与制造业协同演化中的因果关系进行研判。对于面板数据而言，根据描述性分析可以看出，所选取的样本数据无论在平均水平变化还是整体波动程度上均存在一定的趋势，为避免伪回归谬误的出现，在构建 P - VAR 模型时需要保证核心解释变量制造业的发展水平（$maufac_{it}$），生产性服务业发展水平（ser_{it}）以及控制变量地区生产总值（gdp_{it}）、地区人均工资数额（$incom_{it}$）以及 R&D 人员全时当量（hum_{it}）的平稳性，通常意义上，面板数据平稳性的检验方法主要包括 LLC 检验、Breitung 检验、IPS 检验、ADF - Fisher 检验以及 PP - Fisher 检验五类检验，由于本书所用数据样本来自 2005 ~ 2015 年全国 31 省份，因此可以考虑使用 ADF - Fisher 检验，此外，由于所选取样本属于非平衡面板数据结构，因此亦可选择 IPS 检验与 HT 检验对核心变量的平稳性进行检验，为避免由于检验方法的差异所造成的各变量趋势水平测度误差，进而造成伪回归的现象，故而采用 ADF - Fisher 检验、IPS 检验与 HT 检验三种检验方法，并进行对比。

如表 5 - 3 所示，在核心解释变量制造业发展水平（$maufac_{it}$）与生产性服务业发展水平（ser_{it}）单位根检验的过程中，两变量均呈现出较强的趋势性。制造业发展水平（$maufac_{it}$）的 ADF - Fisher 检验结果的 P 值在 10% 的显著性水平下仍然不显著，说明无法拒绝原假设，认为制造业发展水平为非平稳变量，而 HT 检验和 IPS 检验的结果的 P 值均小于 1% 的显著性水平，此在考虑省际异质性的前提下依旧拒绝原假设认为制造业的发展水平（$maufac_{it}$）为平稳变量。由于 ADF - Fisher 检验结果与 HT 检验和 IPS 检验结果存在较大差异，为避免由于方法选择而导致的估计谬误，根据 ADF - Fisher 检验结果，对制造业发展水平进行一阶差分（$D.maufac_{it}$），并对其进行单位根检验，其 ADF - Fisher 检验结果的 P 值仍然大于 10% 的显著性水平，无法拒绝原假设，即说明差分一期的制造业发展水平仍然无法认为是平稳序列，而 HT 检验和 IPS 检验的结果的 P 值均小于 1% 的显著性水平，即说明和未进行差分的制造业发展水平相同，在 HT 检验和 IPS 检验的检验下，差分一期的制造业发展水平显示为平稳的时间序列。

表 5－3　面板单位根检验结果

变量	检验方法	统计量值	P 值
$maufac_{it}$	ADF － Fisher Chi-square	62. 875	0. 445
	ADF － Fisher Z-stat	1. 877	0. 970
	Harris － Tzavalis	0. 133	0. 000 ***
	Im － Pesaran － Shin	－3. 833	0. 000 ***
D. $maufac_{it}$	ADF － Fisher Chi-square	33. 944	0. 999
	ADF － Fisher Z-stat	4. 255	1. 000
	Harris － Tzavalis	－0. 281	0. 000 ***
	Im － Pesaran － Shin	－8. 001	0. 000 ***
ser_{it}	ADF － Fisher Chi-square	41. 890	0. 977
	ADF － Fisher Z-stat	3. 377	1. 000
	Harris － Tzavalis	－0. 936	0. 175
	Im － Pesaran － Shin	－2. 500	0. 006 ***
D. ser_{it}	ADF － Fisher Chi-square	50. 431	0. 853
	ADF － Fisher Z-stat	3. 202	0. 999
	Harris － Tzavalis	0. 205	0. 004 ***
	Im － Pesaran － Shin	－6. 959	0. 000 ***
gdp_{it}	ADF － Fisher Chi-square	14. 716	1. 000
	ADF － Fisher Z-stat	6. 890	1. 000
	Harris － Tzavalis	2. 472	0. 993
	Im － Pesaran － Shin	1. 192	0. 883
D. gdp_{it}	ADF － Fisher Chi-square	36. 358	0. 996
	ADF － Fisher Z-stat	5. 159	1. 000
	Harris － Tzavalis	0. 250	0. 013 **
	Im － Pesaran － Shin	－2. 698	0. 004 ***
$incom_{it}$	ADF － Fisher Chi-square	18. 734	1. 000
	ADF － Fisher Z-stat	1. 891	0. 971
	Harris － Tzavalis	－2. 442	0. 007 ***
	Im － Pesaran － Shin	－1. 332	0. 092 *

续表

变量	检验方法	统计量值	P值
D. $incom_{it}$	ADF – Fisher Chi-square	56.459	0.675
	ADF – Fisher Z-stat	3.051	0.999
	Harris – Tzavalis	0.204	0.004***
	Im – Pesaran – Shin	–5.144	0.000***
hum_{it}	ADF – Fisher Chi-square	23.115	1.000
	ADF – Fisher Z-stat	6.023	1.000
	Harris – Tzavalis	1.465	0.929
	Im – Pesaran – Shin	–1.020	0.154
D. hum_{it}	ADF – Fisher Chi-square	87.297	0.019
	ADF – Fisher Z-stat	0.232	0.592
	Harris – Tzavalis	0.202	0.004***
	Im – Pesaran – Shin	–3.038	0.010**

注：（1）D. $maufac_{it}$、D. ser_{it}、D. gdp_{it}、D. $incom_{it}$和 D. hum_{it}分别为 $maufac_{it}$、ser_{it}、gdp_{it}、$incom_{it}$以及 hum_{it}的一阶差分量。（2）*** 为1%的显著性水平下显著、** 为5%的显著性水平下显著、* 为10%的显著性水平下显著。

资料来源：作者计算。

在生产性服务业发展水平（ser_{it}）的平稳性检验中，其 ADF – Fisher 检验结果的 P 值分别为0.977 和1.000，说明即使在10%的显著性水平下依然无法拒绝原假设，认为此时生产性服务业发展水平为非平稳变量，为防止检验方法对单位根检验的限制，在进行 ADF – Fisher 检验的同时辅以 HT 检验和 IPS 检验，其中 HT 检验的统计量的值为 –0.936，其所对应的 P 值为0.175，即在10%的显著性水平下无法拒绝原假设，即此时的 HT 检验亦认为生产性服务业发展水平为非平稳变量，而 IPS 检验的统计量的值为 –2.500，其所对应的 P 值为0.006，即在1%的显著性水平下能够拒绝原假设，认为此时生产性服务业发展水平为平稳变量。在对生产性服务业发展水平（ser_{it}）进行一阶差分后（D. ser_{it}），其 ADF – Fisher 检验结果依然无法在10%的显著性水平下拒绝原假设，即依旧认为差分一阶的生产性服务业发展水平为非平稳变量，而此时的HT检验和IPS检验则认为经过一阶差分之后的生产性服务业发展水平为平稳变量。

为了进一步控制影响生产性服务业与制造业协同演进因果关系的其他变量以及更为深入的进行地域异质性的研究，仍需要对地区生产总值（gdp_{it}）、地区人均工资数额（$incom_{it}$）以及R&D人员全时当量（hum_{it}）的平稳性进行检验。在对地区生产总值（gdp_{it}）进行平稳性检验的过程中，ADF－Fisher检验、HT检验和IPS检验均无法在10%的显著性水平下拒绝原假设，即认为地区生产总值（gdp_{it}）为非平稳变量，在对地区生产总值（gdp_{it}）进行一阶差分后（D. gdp_{it}），尽管ADF－Fisher检验仍然拒绝原假设，认为D. gdp_{it}依旧为非平稳变量，但HT检验和IPS检验则认为经过一阶差分后，地区生产总值（gdp_{it}）的差分量（D. gdp_{it}）为平稳序列。在地区人均工资数额（$incom_{it}$）方面，其与其一阶差分量（D. $incom_{it}$）均在10%的显著性水平下通过HT检验和IPS检验，认为地区人均工资数额（$incom_{it}$）及其一阶差分量（D. $incom_{it}$）为平稳序列。在对R&D人员全时当量（hum_{it}）的平稳性检验中，ADF－Fisher检验、HT检验和IPS检验均无法在10%的显著性水平下拒绝原假设，即认为R&D人员全时当量（hum_{it}）为非平稳变量，在对R&D人员全时当量（hum_{it}）进行一阶差分后（D. hum_{it}），尽管ADF－Fisher检验仍然拒绝原假设，认为D. hum_{it}依旧为非平稳变量，但HT检验和IPS检验则认为经过一阶差分后，R&D人员全时当量（hum_{it}）的差分量（D. hum_{it}）为平稳序列。

尽管ADF－Fisher检验、HT检验和IPS检验均可以用于非平衡面板数据中样本数据平稳性的检验，然而相比较而言，与Breitung检验相同HT检验和ADF－Fisher检验的局限性在于，它要求每个省份的自回归系数均相等，这一共同根假设在现实中显得过于严格，对于不同省份而言，尽管所属相同国家，但是依旧具有不同的地域文化与政策导向，因此为考虑到省际的异质性，本书更倾向于相信IPS检验的结果。

尽管如此，为分析生产性服务业与制造业协同演进的因果机制，即原变量之间的相互作用关系，因而要求制造业发展水平（$maufac_{it}$）与生产性服务业发展水平（ser_{it}）具有协整关系，故而需要对两者进行协整检验。

如表5－4所示，KAO协整检验结果说明，各协整检验统计量均在1%的水平下拒绝原假设，即认为制造业发展水平（$maufac_{it}$）与生产性服务业发展水平（ser_{it}）具有协整关系，即两者具有长期均衡关系，能够通过两者之间的线性组合消除随机趋势，因此能够用原变量 $maufac_{it}$ 与 ser_{it} 构建P－VAR方程，这一结果与IPS检验的结果相同，具有相对可靠性。

表5－4　KAO协整检验

检验统计量	统计值	P值
Modified Dickey – Fuller t	3.0881	0.0006
Dickey – Fuller t	－9.0088	0
Augmented Dickey – Fuller t	－3.237	0
Unadjusted modified Dickey – Fuller t	－13.4533	0
Unadjusted Dickey – Fuller t	－18.0708	0

资料来源：作者计算。

据此，本书构建P－VAR模型如下所示：

$$y_{it} = \alpha_i + \beta_i + \sum_{m=1}^{n} \gamma_m \cdot y_{it-m} + \sum_{m=1}^{n} \rho_m \cdot z_{it-m} + \varepsilon_{it} \qquad (5-1)$$

其中，y_{it}为制造业发展水平（$maufac_{it}$）与生产性服务业发展水平（ser_{it}）所构成的向量，z_{it}则表示地区生产总值（gdp_{it}）、地区人均工资数额（$incom_{it}$）以及R&D人员全时当量（hum_{it}）个控制变量所组成的向量，α_i 表示各省之间所存在的个体效应，而 β_i 则为时间趋势项，γ_m 为反映生产性服务业与制造业协同演化因果关系的系数矩阵，而 ρ_m 则表示在分析生产性服务业与制造业协同演化因果关系时所需控制变量的系数矩阵，m为滞后阶数，ε_{it}则为随机干扰项所组成的向量，并假设

$\varepsilon_{it} \sim N(0, \sigma^2)$。

三、滞后阶数选择

通过所构建的 P－VAR 模型，我们试图分析制造业发展水平（$maufac_{it}$）与生产性服务业发展水平（ser_{it}）之间协同演化的因果机制，然而无论是对于制造业发展水平还是先进制造业发展水平，另一方对其的影响都需要一定的时间跨度来体现。此外，由于制造业的发展水平与先进制造业的发展水平是综合性的指标，各细分指标中产业规模与经营效益的指标所涵盖的变量本身即存在不同的影响跨度，且成长潜力与社会贡献中的部分三级指标是以相对比例的形式表示，在一定程度上进一步惰化了指标对于时间的敏感性，因此在构建的 P－VAR 模型中需要选择恰当的滞后阶数，以避免在短期内两者之间的协同演化关系难以体现以及过长的滞后阶数损伤模型自由度，从而产业模型普适性不足的结果。如表 5－5 所示，在选择滞后阶数上，通常采用 AIC、BIC 和 HQIC 三种检验方法，其中 AIC 更倾向于保证模型自由度的相对简洁的模型，而 BIC 和 HQIC 则相对倾向于保证模型应有信息的完整。

表 5－5　　滞后阶数选择

滞后期	AIC	BIC	HQIC
1	－14.6514	－12.3086	－13.7116
2	－16.2644	－12.6821	－14.8173
3	－17.1691	－12.7467	－15.377
4	－19.6304*	14.1326*	－17.3974*
5	55.5918	62.5287	58.4097

注：* 所标识的值均为 AIC、BIC、HQIC 滞后五阶检验中的最小值。
资料来源：作者计算。

从滞后阶数选择的结果中可以看出，无论是基于 AIC、BIC 还是

HQIC，三者均选择滞后四期为最优的滞后阶数，这一结果既保证了模型的普适性也尽可能完整地体现了样本的信息，因而本书选择滞后四期为最优的滞后阶数，其模型为：

$$y_{it} = \alpha_i + \beta_i + \sum_{m=1}^{4} \gamma_m \cdot y_{it-m} + \sum_{m=1}^{4} \rho_m \cdot z_{it-m} + \varepsilon_{it} \quad \begin{matrix} i \in (1, 2, 3, \cdots, 31) \\ t \in [2005, 2015] \end{matrix} \tag{5-2}$$

对于本书构建的模型而言，由于滞后期的引入，导致模型存在无法避免的内生性问题，即 $cov(y_{it-m}, \varepsilon_{it}) \neq 0$，此时传统的 OLS 回归将会导致回归系数有偏，难以准确地反映制造业发展水平（$maufac_{it}$）与生产性服务业发展水平（ser_{it}）之间协同演化的因果机制，因而本书采用面板广义据估计（GMM）对模型参数进行估计。

第三节　制造业与生产性服务业协同演化因果关系实证分析

一、模型拟合结果

由于本书构建的 P－VAR 模型含有时间趋势 β_t 以及省际的个体效应 α_i，因而在模型估计的过程中需要先去除两者的影响，否则将导致估计结果有偏。本书采用横截面上的均值差分法消除时间趋势 β_t。而在省际的个体效应 α_i 方面，由于 P－VAR 模型的结构使得解释变量和省际的个体效应相关，因此传统的均值差分法将会带来估计偏误，因此本书采用组内前向均值差分法来处理省际的个体效应 α_i，该方法通过消除各省样本未来观测值均值的方法，实现了滞后变量与转换之后变量的正交化处理，避免了经转换后横截面特定误差项的序列相关，从而使得 GMM 估计结果所得系数为有效估计。在此基础上，GMM 的估计结果如表 5－6 所示。

表 5 – 6　　　　GMM 估计结果

被解释变量	解释变量	系数值	统计量	P 值
$H.maufac_{it}$	$H.maufac_{it}$ (L1)	−0.123	−0.990	0.322
	$H.maufac_{it}$ (L2)	0.148	1.580	0.115
	$H.maufac_{it}$ (L3)	−0.054	−0.430	0.664
	$H.maufac_{it}$ (L4)	0.149	1.700	0.090 *
	$H.ser_{it}$ (L1)	0.272	2.220	0.027 **
	$H.ser_{it}$ (L2)	0.070	0.500	0.618
	$H.ser_{it}$ (L3)	−0.033	−0.270	0.790
	$H.ser_{it}$ (L4)	−0.156	−1.590	0.111
$H.ser_{it}$	$H.maufac_{it}$ (L1)	0.057	0.720	0.470
	$H.maufac_{it}$ (L2)	0.042	0.510	0.608
	$H.maufac_{it}$ (L3)	−0.051	−0.640	0.523
	$H.maufac_{it}$ (L4)	0.173	2.310	0.021 **
	$H.ser_{it}$ (L1)	0.145	1.510	0.131
	$H.ser_{it}$ (L2)	0.238	2.510	0.012 **
	$H.ser_{it}$ (L3)	0.012	0.140	0.891
	$H.ser_{it}$ (L4)	−0.008	−0.100	0.922

注释：（1）$H.maufac_{it}$和 $H.ser_{it}$均表示过去时间趋势和省际个体效应之后的值，且 $H.maufac_{it}$（L1）与 $H.ser_{it}$（L1）分别表示 $H.maufac_{it}$和 $H.ser_{it}$滞后一期的变量。(2) *** 为 1% 的显著性水平下显著、** 为 5% 的显著性水平下显著、* 为 10% 的显著性水平下显著。(3) 由于重点分析制造业发展水平（$maufac_{it}$）与生产性服务业发展水平（ser_{it}），故而此处只列出了两者的 GMM 统计结果，且此时的 GMM 统计结果是在控制了地区生产总值（gdp_{it}）、地区人均工资数额（$incom_{it}$）以及 R&D 人员全时当量（hum_{it}）三个因素之后的结果。

资料来源：作者计算。

从模型拟合结果中可以看出，去时间趋势和省际个体效应之后的制造业发展水平（$H.maufac_{it}$）对自身的影响仅在滞后四期时显著，此时 z 统计量值为 1.700，其 P 值为 0.090，说明其系数在 10% 的显著性水平下显著不为 0，即可以认为制造业发展水平（$H.maufac_{it}$）在滞后四期时的系数为 0.149，即在滞后四期时制造业发展水平（$H.maufac_{it}$）

能够对自身发展产生正向影响，可以看出，在其他变量不变的前提下，在相对较短的时间内制造业发展水平无法对其自身产生显著影响，而短期内的生产性服务业发展水平（$H.ser_{it}$）却可以对制造业发展水平（$H.maufac_{it}$）带来及时的正向反馈。从全国范围来看，制造业的自身发展存在相对较长周期性，即制造业发展水平提升的成果需要较长的时间才能够被消化并形成自身的发展动力，而从2005～2015年制造业发展水平（$maufac_{it}$）与生产性服务业发展水平（ser_{it}）的协同发展状况来看，外在的生产性服务业的发展能够对制造业的发展产生及时的反馈，即从全国的范围来看，制造业对生产性服务业的发展更为敏感，这就要求对制造业自身演进给予更长的周期，并通过促进生产性服务业的发展形成推动制造业自身发展的合力，进而通过长短期结合实现生产性格服务业与制造业的良性互动。

在对生产性服务业发展水平（ser_{it}）的影响方面，时间趋势和省际个体效应之后的生产性服务业发展水平（$H.ser_{it}$）对自身的影响在滞后二期时显著。此时，其z统计量值为2.510，其P值为0.012，说明其系数在5%的显著性水平下显著不为0，可以认为生产性服务业发展水平（$H.ser_{it}$）在滞后两期内能够对自身产生正向反馈，可以看出，与制造业发展水平（$H.maufac_{it}$）相比，生产性服务业发展水平（$H.ser_{it}$）具有更短的反馈周期，这与生产性服务业本身的性质密切相关。生产性服务业虽然作为与实体经济密切相关的产业，然而其自身产品的生产周期相对较短，使得产业发展模式更为灵活，故而能够形成对自身发展灵敏促进的内生机制。相比之下，制造业发展水平（$H.maufac_{it}$）对生产性服务业的促进效果则相对迟缓，制造业发展水平（$H.maufac_{it}$）在其滞后四期时对生产性服务业发展水平（$H.ser_{it}$）产生显著的正向影响，此时z统计量值为2.310，其P值为0.021，即其系数在5%的显著性水平下显著不为0。可以看出，在2005～2015年，从全国的范围来看，制造业由于其自身产品生产周期相对较长，产业规模相对较大的特征，致使其在对生产性服务业产生促进的过程中具有较长的时滞，而生产性服务业自身则可以在短期内形成对自身发展的有效促进，这说明短期内可以通过刺激生产性服务业自身的手段，并通过其自身的正向反馈机制，从而实现快速的发展。

二、格兰杰因果检验

尽管基于 P－VAR 的计量经济结果能够在一定程度上解释制造业发展水平（$maufac_{it}$）与生产性服务业发展水平（ser_{it}）的协同发展关系，然而，并无法对统计意义上的因果关系进行说明，深入探究产业结构调整与人力资本配置之间的因果关系是明确政策刺激对象的有效手段。格兰杰因果关系检验的实质上是对滞后解释变量显著性的联合检验，其有助于对生产性服务业发展水平与制造业发展水平之间的统计因果关系进行描述。

如表 5－7 所示，格兰杰因果检验的结果说明，制造业发展水平（$maufac_{it}$）与生产性服务业发展水平（ser_{it}）之间在统计意义上存在显著的格兰杰因果关系，当被解释变量为制造业发展水平（$maufac_{it}$）时，此时统计量的数值为 8.5169，所对应的 P 值为 0.074，说明在 10% 的显著性水平下拒绝原假设，认为生产性服务业发展水平（ser_{it}）是制造业发展水平（$maufac_{it}$）的格兰杰原因。当被解释变量为生产性服务业发展水平（ser_{it}）时，此时统计量的数值为 9.4882，所对应的 P 值为 0.05，说明在 5% 的显著性水平下拒绝原假设，认为制造业发展水平（$maufac_{it}$）是生产性服务业发展水平（ser_{it}）的格兰杰原因。

表 5－7　　格兰杰因果检验

被解释变量	原假设	统计量	P 值
H. $maufac_{it}$	H. ser_{it} 不是 H. $maufac_{it}$ 的格兰杰原因	8.5169	0.074*
H. ser_{it}	H. $maufac_{it}$ 不是 H. ser_{it} 的格兰杰原因	9.4882	0.05**

注：*** 为 1% 的显著性水平下显著、** 为 5% 的显著性水平下显著、* 为 10% 的显著性水平下显著。

资料来源：作者计算。

三、脉冲响应分析

如图 5－1 所示，根据格兰杰因果检验，制造业发展水平（$maufac_{it}$）与生产性服务业发展水平（ser_{it}）互为格兰杰原因，即当期制造业发展水平能够对下一期甚至未来多期生产性服务业发展水平产生促进（或抑制）作用，同样生产性服务业发展水平也能够对下一期甚至未来多期的制造业发展水平产生促进（或抑制）作用，两种影响实际上是相互交织不断迭代的过程。因此，在单一一侧进行的冲击模拟，有助于分析单项政策通过整个经济环境传导之后的政策效果，也能从总体上分析制造业发展水平（$maufac_{it}$）与生产性服务业发展水平（ser_{it}）之间协同演进的因果机理。

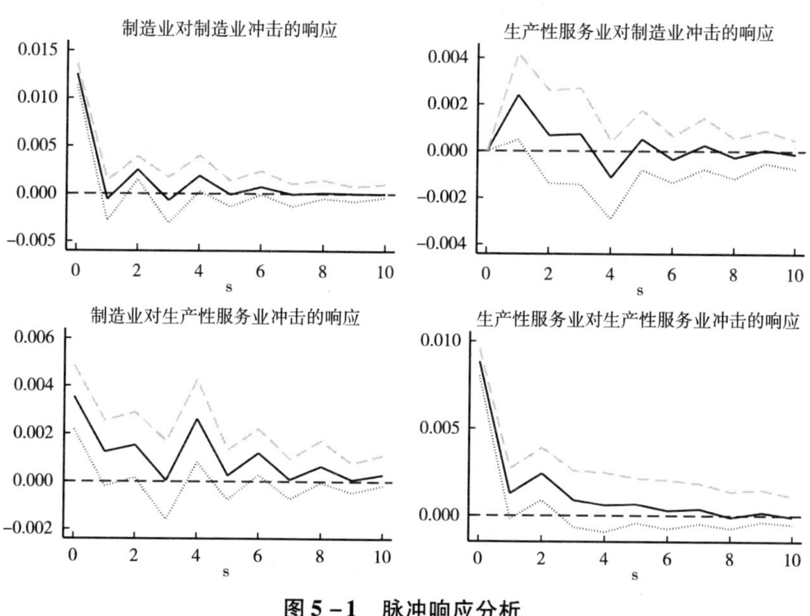

图 5－1　脉冲响应分析

由于本书所构建的模型为：

$$y_{it} = \alpha_i + \beta_i + \sum_{m=1}^{4} \gamma_m \cdot y_{it-m} + \sum_{m=1}^{4} \rho_m \cdot z_{it-m} + \varepsilon_{it} \quad \begin{matrix} i \in (1, 2, 3, \cdots, 31) \\ t \in [2005, 2015] \end{matrix} \tag{5-3}$$

随机干扰项向量 ε_{it} 中的元素 $\varepsilon_{it}^{maufac}$ 和 ε_{it}^{ser} 本身存在一定的相关性，这是由于生产性服务业本身即是由产业边界模糊，产业相互交叉融合而形成的中间产业，能够对制造业产生影响的外在可变因素同时也将对生产性服务业发展水平（ser_{it}）产生影响，例如指导宏观经济总体的产业政策的出台以及国际贸易环境的变化等，进而使得单方程中的元素 $\varepsilon_{it}^{maufac}$ 和 ε_{it}^{ser} 存在一定的相关性，故而本书基于裘氏分解进行处理，从原有的元素 $\varepsilon_{it}^{maufac}$ 和 ε_{it}^{ser} 中剔除与自身不相关的随机干扰，使得经裘氏分解之后的单方程只包含完全独立的随机干扰项，并在此基础上进行冲击响应分析。为使分析结果更为可靠，本书通过 500 次蒙特卡洛模拟估计脉冲响应分析的95%的上下界，于图像中绿色虚线表示经500 次蒙特卡罗模拟的冲击响应95%上界，蓝色虚线则为经500 次蒙特卡罗模拟的冲击响应95%下界。

从脉冲响应分析中可以看出，一个标准差制造业发展水平（$maufac_{it}$）的增加将会对生产性服务业发展水平（ser_{it}）带来一个正向冲击，这一正向冲击在第一期达到峰值，并且自第二期开始逐渐回落，此时经500 次蒙特卡罗模拟的冲击响应95%下界跨过0 点，随着时间跨度的逐渐延展，制造业发展水平（$maufac_{it}$）端的冲击对生产性服务业发展水平（ser_{it}）的影响逐渐降低，至第四期变为负值，并在随后的时间中逐渐波动式回归为0，尽管在第四期呈现出负向效应，然而其随对应的置信水平也在不断下降，在第四期影响效果为 0 的可能性已接近 60%，故而对于制造业发展水平端的福祥冲击影响忽略不计。可以看出，与之上的分析结果类似，制造业发展水平（$maufac_{it}$）对于生产性服务业发展水平（ser_{it}）所产生的冲击影响需要消化吸收的周期，即支持制造业发展水平（$maufac_{it}$）的外在政策冲击需要经过制造业相对较长的生产研发周期，进而才能够形成对生产性服务业发展水平（ser_{it}）的正向刺激作用。并且，从总体上看，来自制造业发展水平（$maufac_{it}$）端的冲击对生产性服务业发展水平（ser_{it}）的影响呈现出不断衰减，并未呈现出逐渐发散的特征，说明整体而言 10 期以内的源自制造业发展水平（$maufac_{it}$）的脉冲响应结果是相对可靠的。

生产性服务业发展水平（ser_{it}）端的冲击影响来看，一个标准差的生产性服务业发展水平（ser_{it}）的增加，将会立即对制造业发展水平（$maufac_{it}$）带来一个正向冲击，从总体的角度上看，生产性服务业发展水平（ser_{it}）端的政策冲击对制造业发展水平（$maufac_{it}$）所产生的影响呈现出周期性波动的趋势。来自生产性服务业发展水平（ser_{it}）端的正向冲击自初期始逐渐回落，并于第三期回落至最低点，之后跳跃式上升，于第四期达到周期性峰值，并在四到十期内呈现出波动式收敛的特征。在这一阶段中，经 500 次蒙特卡罗模拟的冲击响应 95% 下界自第二期起跨过 0 点，尽管如此，生产性服务业发展水平（ser_{it}）端的冲击对制造业发展水平（$maufac_{it}$）所带来的影响为 0 的可能性仍然较低（除第三期以外），因而可以认为冲击响应结果有效。从生产性服务业发展水平（ser_{it}）端冲击所带来的影响结果中可以看出，与制造业发展水平对生产性服务业的影响不同，生产性服务业的发展能够对制造业形成及时的反馈，并且具有在逐渐发展的过程中对制造业产生二次促进的周期性特征。这说明，2005～2015 年，生产性服务业与制造业之间协同演进的因果机制中，在短期内，生产性服务业是促进两者协同演进的主要原因，而在长期的角度上，制造业发展水平与生产性服务业发展水平呈现周期性的交替因果关系。

四、方差分解

冲击反应分析了一单位外生冲击通过整个经济系统传导最终产生的影响，然而对内生发展趋势的解释则有所欠缺，因此通过方差分解进行分析。方差分解主要分析了内生的发展过程中谁主导了核心被解释变量的变化，这有助于分析制造业发展水平（$maufac_{it}$）与生产性服务业发展水平（ser_{it}）之间的内生发展趋势以及外生冲击的传导特征。

如表 5 - 8 所示，尽管不存在外部冲击使得制造业发展水平（maufac$_{it}$）与生产性服务业发展水平（ser$_{it}$）之间的相互关系被明显的低估了，但其依然反映了自生发展过程中两者间的相互关系。从方差分解的结果中可以看出，在第二期中制造业发展水平（maufac$_{it}$）主导了自身的变化，其占据的了自身变化的 96.5%，相比较而言在第十期中，依旧是制造业发展水平（maufac$_{it}$）自身主导了自身的变化，尽管这一比例缩减到了 95.2%，但依旧解释了其变化的绝大部分，而生产性服务业发展水平（ser$_{it}$）对制造业发展水平（maufac$_{it}$）的解释力度在第二期仅占 3.5%，这一比例在第十期也不过上涨至 4.8%，上涨幅度为 37.14%，尽管无法构成对制造业发展水平（maufac$_{it}$）的最主要的影响变量，但依旧说明生产性服务业发展水平（ser$_{it}$）能够在一定程度上对制造业发展水平（maufac$_{it}$）产生影响。从此结果中还可以看出，制造业发展水平（maufac$_{it}$）存在其自身的发展规律，尽管短期内大力发展生产性服务业的政策导向能够在一定程度上对制造业产生波动式提升的促进效应，然而从长期的角度上来看，短期内的政策冲击均会逐渐衰减直至趋于稳态，故而在长期内，对制造业发展模式与激励机制的不断反思和经验总结才是制造业发展水平（maufac$_{it}$）持续增长的根源所在。

表 5 - 8　　方差分解

变量和时期	时期数	maufac	ser
maufac	1	1.000	0.000
ser	1	0.139	0.861
maufac	2	0.965	0.035
ser	2	0.150	0.850
maufac	3	0.964	0.036
ser	3	0.161	0.839
maufac	4	0.961	0.039
ser	4	0.160	0.840
maufac	5	0.955	0.045

续表

变量和时期	时期数	maufac	ser
ser	5	0. 212	0. 788
maufac	6	0. 953	0. 047
ser	6	0. 211	0. 789
maufac	7	0. 953	0. 047
ser	7	0. 221	0. 779
maufac	8	0. 952	0. 048
ser	8	0. 221	0. 779
maufac	9	0. 952	0. 048
ser	9	0. 224	0. 776
maufac	10	0. 952	0. 048
ser	10	0. 224	0. 776

资料来源：作者计算。

此外，对于生产性服务业发展水平（ser_{it}）而言，第二期生产性服务业发展水平（ser_{it}）对自身的解释占85%，这一比例在第十期降低至77.6%，这说明从总体的时间跨度上看，生产性服务业发展水平（ser_{it}）主导了其自身的变化，而制造业发展水平（$maufac_{it}$）对生产性服务业发展水平（ser_{it}）的影响在第二期仅为15%，这一比例在第十期上涨至22.4%，上涨幅度为49.33%，尽管无法构成对生产性服务业发展水平（ser_{it}）的最主要的影响变量，但同样说明了制造业发展水平（$maufac_{it}$）能够在一定程度上对生产性服务业发展水平（ser_{it}）产生影响。从方差分解的结果中可以看出，相比较而言制造业发展水平在生产性服务业发展进程中所起到的作用要远高于生产性服务业发展水平在制造业发展中所起到的作用，但总体而言，在长期内，生产性服务业的发展仍然更多地取决于其自身发展的不断积累。

第六章

制造业与生产性服务业协同发展的机制与路径研究

第一节　制造业与生产性服务业协同发展的机制研究

一、制造业与生产性服务业协同发展的动力机制研究

（一）经济发展的驱动

经济发展使得产业边界逐渐模糊，产业融合趋势不断加快。制造业和生产性服务业也不例外，经济发展在其中扮演至关重要的角色。在经济发展初期，生产性服务业一般被置放在制造业企业内部，而随着经济发展带来产业分工不断细化以及产品专业程度逐渐提高，制造业企业为了集中资源提升竞争力，逐渐将生产性服务业从其系统中分离出去。分离后的生产性服务业通过学习和创新，服务水平不断提高，而仍处在制造业内部的生产性服务业，通过制造业接受外置服务的方式，市场规模和专业水平也在不断提升。金融、业务咨询等服务业领域快速崛起，增

强了生产性服务业向制造业的渗入力度，为制造业带来低生产成本、低交易费用以及高生产效率等优势。此外，处在全球价值链中高端地位的生产性服务业凭借其技术优势和品牌优势，强势融入制造业的发展中，实现服务制造化的转型发展。而制造业企业为提升其竞争力，也在向全球价值链的两端攀升。一方面制造业加强对上游科技研发的投入，加强产品创新能力。另一方面，制造业也在重视对企业品牌的管理，形成完整的售后服务体系，实现其自身向服务化的转型。综上，经济快速崛起使得制造业和生产性服务业融合程度不断提高，形成制造服务化和生产性服务制造化的发展进程。

（二）市场和要素的驱动

经济全球化为市场带来巨大变革，市场中消费者不再满足于群体性、单一性的产品供应，开始对消费品的质量和服务以及整个消费过程产生更多的需求。市场中的交易方式也因此发生巨大变化，由过去的一次性买卖转变为向消费者提供完整服务链。市场消费需求的变化，促使制造业企业寻求经营策略的改变，进而也带来了产业结构相应变化。制造业企业对技术密集生产性服务业技术需求和专业服务需求越来越依赖，生产性服务业的设计研发能力促使制造业企业的产品向多元化和智能化转型，进而满足市场中个性化的消费者需求。此外，制造业企业为了打造品牌效应和提升顾客满意度，不断通过整合上下游产业链的形式延伸和渗透业务，在保证供应产品的基础上注重提升服务功能，将产品的研发、物流、售后和维修等环节引入企业自身价值链，从而满足多元化客户的“产品 + 服务”需求。同时，市场消费者个性需求的增加，使得生产性服务业的发展规模和专业化水平不断上升，进而提升其向制造业提供服务的能力。综上，市场中个性化需求的出现以及“产品 + 服务”模式，是制造业和生产性服务业协同的重要驱动力。

产业协同发展需要生产要素作为支撑。制造业可划分为传统型和先进型两类，生产性服务业也是如此。低等级的生产要素是支撑传统制造业和传统生产性服务业融合的主要驱动力，而高端生产要素则是促使先进制造业和现代生产性服务业协同的关键力量。对制造业而言，自然资源对其有着重大意义，随着自然资源价格提升、不可再生能源减少以及人口红利消失等现象加剧，制造业逐渐参与到要素资源的竞争中。对生产性服务业来说，高级要素缺失是限制其与制造业融合的主要原因。此外，生产性服务业还是高度依托人才要素和知识技术要素的产业部门，具有人力资源优势和技术优势的生产性服务业企业，更符合可持续发展战略。综上，知识、资本、技术以及人才等要素在两大类产业间的自由流动，可以提高对生产要素的利用率，从而使得两类产业高质量融合发展。

（三）政策的驱动

发展中国家强调资源的使用效率，在制造业和生产性服务业协同演进时，政策支撑对于提升两者融合效率至关重要。改革开放以来，低端制造业和低水平生产性服务业对我国经济增长起到关键推动作用。现阶段，制造业仍是我国的支柱性产业，但随着环境约束和要素价格提升，传统制造业的发展路径已不可取，因而必须要实现产业结构的高质量转型升级。对我国而言，实现制造业和生产性服务业的良好互动，正是实现国家产业转型升级的重要推动力量。

我国目前战略新兴产业正处于发展萌芽阶段，增长速度缓慢且体量很小，难以弥补传统产业产能下降带来的缺失。因此，政府要通过制定适宜的产业政策，支持制造业和生产性服务业有效融合。由于各产业间存在不同的进入壁垒，因此政府政策将在很大程度上支配制造业企业或生产性服务业企业进入市场的机会和程度。一方面，政府要积极引导先进制造业和高端生产性服务业互动发展。另一方面，政府应完善相应的法律法规和制度政策，为制造业和生产性服务业的融合提供良好的外部环境支撑。

（四）创新的驱动

创新驱动是制造业和生产性服务业协同的重要驱动力，其包括知识创新和技术创新等方面。生产性服务业的关键创新驱动因素为知识创新，而制造业主要的创新着力点在于技术创新。因此二者协同发展的重点在于知识创新协同和技术创新协同。其中，知识创新涵盖对新知识的创造、知识的传播和扩散等过程，而且在知识扩散过程中也会再次产生新的知识。产业间知识的交流和协同是产业融合的重要前提，知识共享能够增加不同产业及行业之间的相互了解，从而减少对知识建设的重复投入。制造业和生产性服务业的知识交流及融合，能够促使两类产业中的知识资源迅速扩张。当生产性服务业的创新知识融入制造业，并与其内部的生产要素协同发展时，知识就实现了实体化进程，有利于促进两类产业的高质量融合。对制造业而言，其所开发出的新工艺和新产品，一般以技术的创新作为支撑。当这些技术渗透生产性服务业时，则会改变其知识创新的发展路径。技术创新的传播还会消除制造业和生产性服务业之间的技术壁垒，使技术边界模糊，最终实现两类产业融合发展。

二、制造业与生产性服务业协同发展的价值链融合机制研究

（一）服务外包和企业纵向一体化的价值链分离及重整

社会分工的细致化导致企业价值链各环节的附加值提升，价值链结构也变得更为复杂。由于价值链各环节创造的价值存在差异，而企业的竞争力通常体现在战略性关键节点，因此价值链中的非核心部分一般会被企业分离出去，保留下战略价值链。同时，企业还会根据市场需求和自身实际情况，将分散的价值链整合，形成新的价值链。对制造业而言，其战略价值链是从事产品的生产制造，因此与产品制造不相关的生产服务业务会被外包出去，而与生产制造联系密切的服务部分则会被保留。同时，制造业企业还会对一些与生产制造相关的环节进行整合，从而形成新的价值链。在新的价值链中，制造业企业服务能力得到提高，产品核心竞争力显著提升。对生产性服务来说，其主要的价值链增值环

节在生产服务部分，而生产加工的环节则会被外包，同时新出现的生产性服务环节又得到整合。此时，生产性服务企业的价值链发生根本变化，对产品制造的依赖逐渐减小，而对服务部分的依赖性不断提升。

价值链重构是指价值链分解出的关键共性技术、与企业发展具有较强相关性的环节会被重新组织利用，从而形成新的价值链。价值链重构的实际发展主要体现为纵向一体化，是指企业将生产过程定义为上游生产的全部产出或部分产出被投放到下游中，其本质是价值链环节的重新整合。

（二）制造业服务化的价值链延伸和渗透

制造业向上游设计研发、物流仓储等部门的延伸，以及向下游品牌经营、售后部门的延伸，均体现了其服务化发展理念。制造业不断向价值链两端延伸的过程就是制造业服务化，这使得制造业和生产性服务业的边界越发模糊，两类产业的融合趋势越来越明显。制造业价值链延伸和渗透程度能通过制造业服务水平的高低加以判断。一般情况下，制造业服务产出和服务投入越高，其服务化水平就越高，也意味制造业和生产性服务部门的融合效果越好。当制造业仅提供其生产的产品实物而没有服务供应时，其服务水平为最低；当制造业提供产品同时也伴随提供相关服务时，产品与服务之间就会形成一种互相依赖的关系，使其服务化程度不断提高；当制造业提供产品主要用作服务功能时，其服务能力达到最高。制造业服务化的过程中，其竞争方式也在发生转变，制造业企业竞争由原有的单个企业间竞争转变为价值链竞争，进而演变成跨越价值链之间的竞争。此外，制造业企业的协同方式也在发生变化，由原来的企业内部分工协同转变为企业外部及产业间的协同。制造业服务能力，能为其实现资源的有效整合、产品价值的提升和品牌效应扩大，进而增强其竞争力。

（三）服务业制造化的价值链延伸和渗透

生产性服务业的价值链贯穿其研发设计到销售服务等环节，不同类型的生产性服务业所反映出的价值链创造过程存在一定差异性。服务业制造化的转型过程主要表现在两个方面：一是生产性服务业加强向制造业渗透。生产性服务业能够向制造业提供设计研发、物流、金融、咨询等业务，制造业由此也对生产性服务业产生更多需求。二是生产性服务业企业价值链向制造业扩张。部分生产性服务业企业依靠自己的技术优势、销售渠道以及品牌效应，在价值链中占据核心地位，进而能够融入制造业企业发展中，为市场中的消费群体间接提供服务。也有一部分先进生产性服务业依托自身在价值链中的高影响力，依托资金和技术，对制造业企业的土地和成熟生产设备进行收购，或者自行组建工厂。

三、制造业与生产性服务业空间协同集聚机制研究

（一）制造业空间集聚及影响因素

关于制造业空间集聚的提法最早源于马歇尔的产业区三因素理论，后来熊彼特等人将创新要素融入产业集聚的研究中。克鲁格曼（Krugman）则利用经济收益、产业发展路径等因素解释制造业产业空间集聚，并形成了新经济地理学派。制造业作为当代经济活动的重要支柱，随着经济发展和经济结构转型出现空间分布的变化。整体来看，制造业企业的空间布局影响因素主要有如下三方面：一是区位的通达性。良好的区位通达能够显著降低企业运输成本及生产成本，而运输成本又是企业经营过程中的重要交易成本。因此，区位通达程度与企业的空间集聚度之间存在强相关性。二是生产要素成本。要素成本包括许多方面，对制造业而言，主要要素成本为土地成本和人力成本。其中，大城市的土地相对稀缺，成本较高。与生产性服务业相比，制造业土地的产出更低，这使得制造业向城市外围扩散，而对于土地成本有着较强承受力的生产性服务业则向城市中心区域集聚。此外，城市规模扩大还使得中心地区人均消费能力提升，人们对工资的期望值也就随之升高，因此人力资本回报较低的制造业只能被迫向城市边缘地区迁移。三是政策因素。

各地政府推行政策也使得各地区制造业发生空间集聚，城郊地区开始出现越来越多的工业产业园区，这些园区一般提供土地租金和税收等优惠待遇，出于低成本考虑，制造业企业开始向这些园区迁移。而且，园区能够集中许多同类型的企业或上下游相关企业，进而形成信息共享、良性互动发展效应。

（二）生产性服务业空间集聚及影响因素

与制造业的空间聚集有所差异，生产性服务业的空间聚集表现出高度不均衡性，以金融和信息咨询为代表的高端生产性服务业在城市中心区域集聚。而物流仓储等一些传统生产性服务业则在城市边缘地区集聚。生产性服务业空间集聚的影响因素包括如下四点：一是提供服务当面接触的需要。生产性服务业的主要表现为提供知识服务和信息服务，对于传统的服务信息可通过文字、数据等形式传给需求者，而对于经验和技能的传输，却只能以面对面的形式开展。这样的形式能够提升企业和客户之间的信任程度、服务质量和服务效率，还能够激发出生产性服务企业的创新能力。二是创新和学习需要。生产性服务业属于知识密集领域，生产性服务业企业能通过集聚的方式加强企业间的交流合作，促进技术人员的学习，从而提升企业的竞争力。三是交易成本需要。生产性服务企业的集聚能够实现中间投入产品、信息、运输以及通信等领域的资源共享。在降低自身经营成本的同时将品牌优势传递给其他企业，从而实现聚集区内企业多方共赢。四是信息技术。一方面，信息技术使得企业交流信息的手段和途径产生根本性变化。生产性服务业企业不再受传统媒介限制，能自由获得自己所需要的信息。另一方面，信息技术变革带来企业间信息总量的迅速增加和技术更新速度加快。为了适应市场环境的变化，避免错误决策，企业需要建立全方位的接收信息渠道，减少信息分散带来交流成本的增加。

（三）制造业和生产性服务业空间集聚协同效应

制造业和生产性服务业的空间集聚，表现在两类产业间的空间分布在某种程度上相互影响和决定，进而形成产业集聚分布的趋同化。两大类产业的中间投入品和知识外溢等因素使得企业在空间上形成集聚，进而获得外部经济效应。制造业和生产性服务业的关联机制可分为两种：一种是需求关联。即制造业为生产性服务业创造需求空间，导致大部分生产性服务业被吸引到制造业企业集聚区域。另一种则是成本关联。表现为制造业降低自身生产及交易成本，获得高端生产要素，并将其向生产性服务业的集聚区域布局。我国的生产性服务业发展水平较发达国家落后，而且东部地区和中西部地区之间的产业水平极度不平衡，导致制造业和生产性服务业时空契合度不够，因此发挥区域之间的辐射带动效应对两大类产业融合至关重要。

第二节　制造业与生产性服务业互动发展内在机理研究

纵观现有文献，关于制造业与生产性服务业互动发展机制的研究主要集中在生产性服务业外部化和制造业服务化这两个分析层面。在生产性服务业外部化研究方面，其研究内容主要围绕社会分工、交易成本两个方面，即生产性服务外部化的本质体现在社会分工的深化，而其发生机制则与交易成本相关。库森在 1989 年的研究中将生产性服务业作为中间产品引入 D－S 效用函数，指出制造业分工深化能够拓宽生产性服务业的市场范围，促进其产业专业化、差异化以及集聚化效应。埃斯瓦兰（Eswaran）和科特瓦尔（Kotwal）在 2002 年的研究中认为服务业能够通过降低制造业生产过程中的中间服务成本来促进制造业发展。江静（2007）和顾乃华（2010）则分别运用省级面板数据和城市面板数据验证了“生产性服务业外部化能够提高制造生产率”这一命题。在制造业服务化研究方面，方（Fang）等学者在 2008 年通过对 477 个公开上市的制造业公司服务转型策略的有效性评估，指出当服务产品更多地与公司的核心业务相关时，核心产品的增加服务对公司效益的影响会增强，而制造业服务化是未来制造业能够确保盈利发展的必然选择。盖鲍尔等学者在 2012 年通过对影响服务导向型制造业演进因素分析和服务驱动制造战略成果的总结研究，指出制造业服务化对两产业的良好发展均具有重要的推动作用。卡斯塔利（Kastalli）和洛伊（Looy）在 2013 年的研究中指出服务业发展规模与制造业盈利能力间存在正向但非线性的关系，制造企业服务化是利润持续增长的关键。肖挺等（2014）指出制造业服务化进程中“服务化—绩效”曲线存在服务化困境的谷底拐点，但随着服务化程度不断加深，轻型制造业较装备制造业会先一步摆脱这一困境，同时服务化对不同类型的制造产业绩效影响呈现差异性。李晓亮（2014）指出制造业与生产性服务业间呈现融合发展态势，其制造业服务化路径主要包括上游产业链服务化、下游产业链服务化、上下游产业链服务化、完全去制造化等四种方式。

从产业演变的角度看，生产性服务业与制造业间并非是简单“需求”和“供给”的因果关系，无论是制造业还是生产性服务业在其发展的过程中都离不开彼此间的互动协同作用。与此同时，制造业与生产性服务业整体演进过程同时兼备共生演化系统的多项特征：（1）多重性。制造业与生产性服务业内部间联系紧密，生产性服务作为制造业的中间投入变量，两产业间各部门联系紧密、相互依存，并且互相影响着彼此产业发展进程与未来发展方向。（2）共进化性。制造业与生产性服务业两产业系统间存在相互促进、共同进化、抵抗退化的关系，两产业的融合增强了整体系统的抗退化作用。（3）不可逆性。制造业与生产性服务业两产业组成的是一个不可逆的系统，两产业组成的整体系统同步进化、发展，如果某一产业退出系统，系统仍会一直保留该产业的部分特性并且不会消除，是一种典型的一体化共生关系。因此，从产业共生角度作为分析的切入视角厘清制造业与生产性服务业协同演化发展机理，探寻两产业协同演化过程中的规律和特征，能够更加合理地阐释制造业与生产性服务业协同演进本质，有助于深入探寻制造业与生产性服务业协同发展过程中所存在的机制问题。

从相关研究看，仅有少量研究基于共生视角探究制造业与生产性服务业演化发展机制，这些研究虽然能从共生理论视角阐释两产业间的互动关系，但存在以下 3 点问题：（1）在数据来源方面，已有文献均采用产业增加值或生产总值单一数据作为种群密度的统计数据，数据量单薄有限，不能实质性揭示产业间共生演化关系。（2）在产业共生关系演化方面，研究结果主要呈现出制造业与生产性服务业间共生环境容量的动态演进变化和两产业间的静态单一共生模式，并未从动态角度呈现出产业间共生演化规律（徐学军，2011；庞博慧，2012）。（3）在各产业共生演化异质性方面，不同类型的制造业与生产性服务业的共生演化发展过程既有共性又有特性，仅从整体角度进行分析，忽略其产业间演进发展的异质性（于斌斌、胡汉辉，2014；李停，2014）。因此，本书基于产业共生视角，拓展 Logistic 模型来探究制造业与生产性服务业间动态的协同演化过程，对 2001 ~ 2015 年两产业间的共生模式演进态势做详细分析，并动态模拟未来 60 年内两产业间的演化路径。为今后中国合理地制定制造业与生产性服务业协同演化发展政策提供参考和理论依据，同时也对促进两大产业间各行业融合升级具有重要的理论和实际意义。

鉴于此，本章研究的主要贡献在于：第一，分别从产业规模、产业效益、产业贡献三个方面系统地构建制造业与生产性服务业种群密度的统计数据，扩大数据量支撑，从而更加准确地阐释产业间演化变化关系；第二，研究在兼顾共生作用和环境影响作用的基础上，揭示制造业与生产性服务业协同演化的动态变化规律，并对不同发展阶段的演化作用机制进行深入探讨；第三，分别测度劳动密集型、技术密集型、资本密集型制造业与生产性服务业间的共生作用系数，结合产业特征总结分析演化过程中所呈现的共性和差异性变化；第四，仿真模拟制造业与生产性服务业在不同共生模式作用下的产业演化轨迹，为实现产业间良性互动提供可资借鉴的演化发展模式。

第三节　基于 Logistic 模型的协同演化阶段性模式分析

一、Logistic 演化模型

Logistic 模型最初是由比利时数学家皮埃尔·弗朗索瓦·维赫斯特(Pierre - Francois Verhulst) 在研究人口增长关系时所提出，此模型能够贴切地描述在有限的资源环境中生态种群演化与成长规律。从产业演化视角来看，制造业与生产性服务业作为两个共生的种群单元，其产业协同发展与自然界中共生种群的生态系统演化过程类似，制造业与生产性服务业在各自种群数量增长的过程中不仅会受到彼此间的相互作用影响，还会受到技术、政策、资源和制度等外在环境因素的影响与制约，总体上是一个持续不断的共生演化过程。Logistic 基本增长方程模型为：

$$\begin{cases} \dfrac{dN(t)}{dt} = r\left[1 - \dfrac{N(t)}{N_m}\right]N(t) \\ N(t_0) = N_0 \end{cases} \tag{6-1}$$

公式（6-1）中 $N(t)$ 表示第 t 年的种群密度函数；N_m 表示产业在独自演化发展过程中受自然资源环境约束所能允许的最大环境容量，且为一个有限常数；r 表示在一定环境中种群的自然增长率，其大小受所处环境及产业自身发展属性的影响；t_0 表示种群初始演化时间值，设为 $t_0 = 0$；N_0 表示初始条件下所能允许的最大环境容量；$1 - N(t)/N_m$ 表示产业因消耗有限资源而对自身种群规模增长所产生的阻滞作用。

二、制造业与生产性服务业协同演化模式分析

基于共生理论的演化关系中需要涉及三大要素，分别为共生单元、

共生环境与共生模式。对于制造业与生产性服务业间所形成的共生演化系统中，制造业与生产性服务业分别代表两个相互作用、相互影响的共生单元，两者在共生演化过程中受到由经济环境、社会环境、政策环境等多重因素所组成的共生环境的作用下，两共生单元间通过竞争或合作来扩大或缩小共生范围及最大共生环境容量。

制造业与生产性服务业分别作为两个协同演化的共生单元，在一定的共生环境中相互影响的方式即为共生模式，其共生模式能够反映两产业间相互作用的方式和强度，根据生产性服务业对制造业共生作用系数 α_{12} 及制造业对生产性服务业共生作用系数 α_{21} 的取值范围，其制造业与生产性服务业协同演化模式体现为寄生、偏利共生、非对称互惠共生、对称互惠共生。其具体对应模式及特点如表 6 - 1 所示。

表 6 - 1　基于共生理论的制造业与生产性服务业协同演化作用模式分析

序号	α_{12}、α_{21} 取值	共生模式	特点
1	$\alpha_{12}=0$，$\alpha_{12}=0$	并生模式	制造业与生产性服务业各自独立发展，两产业间互不影响，不存在共生关系
2	$\alpha_{12}<0$，$\alpha_{12}<0$	反向共生模式	制造业与生产性服务业间处于资源竞争状态，不存在共生关系
3	$\alpha_{12}>0$，$\alpha_{21}<0$；$\alpha_{12}<0$，$\alpha_{21}>0$	寄生共生模式	共生作用系数为正值，共生单元为收益方，其产业消耗另一共生产业资源；共生作用系数为负值，共生单元为受损方，其产业提供资源促进另一共生产业发展
4	$\alpha_{12}=0$，$\alpha_{21}>0$；$\alpha_{12}>0$，$\alpha_{21}=0$	正向偏利共生模式	共生作用系数为0，两产业共生关系对其发展无影响；共生作用系数为正值，两产业共生关系对其产业有新的能量产生
5	$\alpha_{12}=0$，$\alpha_{21}<0$；$\alpha_{12}<0$，$\alpha_{21}=0$	反向偏利共生模式	共生作用系数为0，两产业共生关系对其发展无影响；共生作用系数为负值，两产业共生关系对其产业能量产生损耗
6	$\alpha_{12}>0$，$\alpha_{21}>0$，$\alpha_{12}\neq\alpha_{21}$	非对称型互惠共生模式	共生作用系数均为正值，但数值大小不同，共生关系有益于两产业发展，但在利益分配方面并不对等
7	$\alpha_{12}>0$，$\alpha_{21}>0$，$\alpha_{12}=\alpha_{21}$	对称型互惠共生模式	共生作用系数均为正值且数值相等，共生关系有益于两产业发展，在利益分配方面均衡

三、制造业与生产性服务业协同演化阶段性分析

由制造业与生产性服务业所形成的共生系统，其产业间的协同演化发展是一个持续动态的变化过程，与自然界中生物种群的共生演化相似，需要经历从萌芽期—成长期—成熟期的演进过程。根据上述公式（6－1）可知，Logistic 基本增长方程为可分离变量的一阶常微分方程，其方程解为：

$$N(t)=\frac{N_m}{\left(1+\frac{N_m-N_0}{N_0}\right)\ell^{-r(t-t_0)}} \qquad (6-2)$$

根据公式（6－2），当 $N(t)$ 的一阶导数 $dN(t)/dt=0$ 时，方程能够解得两个平衡点（0，0）和（$+\infty$，N_m）。由 $N(t)$ 的二阶导数 $d^2N(t)/dt^2=r[1-2N(t)/N_m]\cdot dN(t)/dt$ 可知，当 $N(t)<N_m/2$ 时，$d^2N(t)/dt^2>0$，自然增长率 r 提升，种群快速扩张；当 $N(t)>N_m/2$ 时，$d^2N(t)/dt^2<0$，种群增长速度放缓。Logistic 基本增长方程曲线如图 6－1 所示。

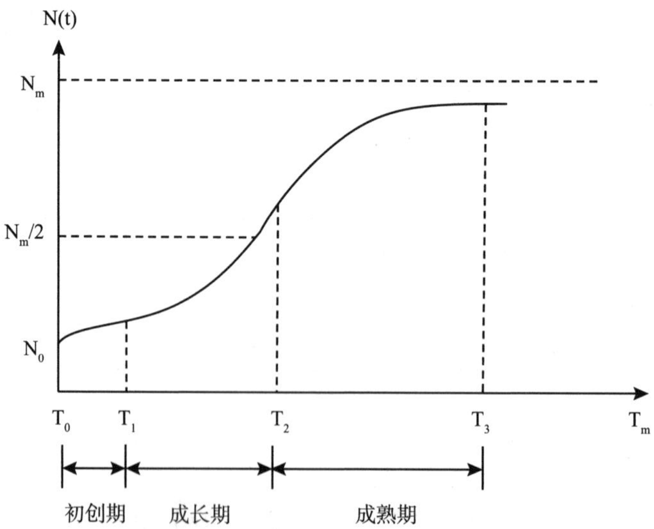

图 6－1　Logistic 曲线和发展阶段划分

基于 Logistic 增长方程模型，结合制造业与生产性服务业产业间互动发展特质，将两产业间协同演化过程划分为三大阶段，分别为初创期、成长期、成熟期，如图 6－2 所示。

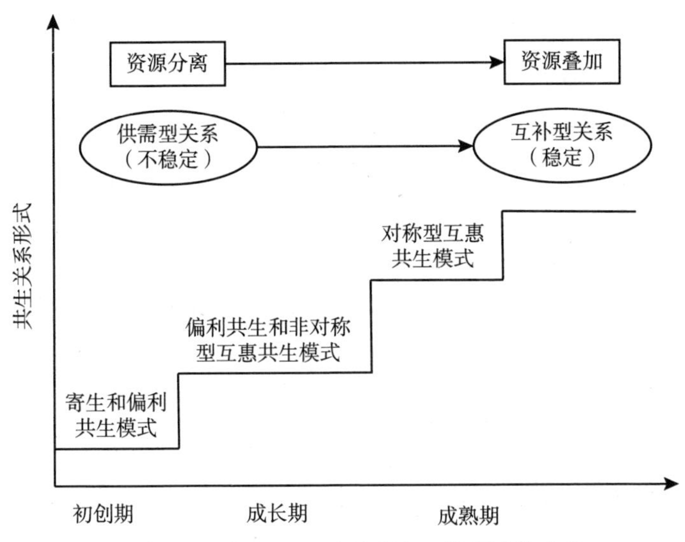

图 6－2　制造业与生产性服务业协同演化阶段

（一）初创期

初创时期，制造业与生产性服务业处于共生形成的萌芽阶段。在此阶段中生产性服务活动最早由制造企业自身提供，为满足其日益增长的中间服务，制造企业内部逐渐形成更加专业化、多样化的生产服务功能，在满足制造企业自身需求的同时也为其他制造企业提供服务。在规模效应的作用下，生产性服务活动的外部交易成本逐渐低于自身内部组织成本，生产性服务的需求量不断增长，部分生产性服务业务逐渐从制造业内部分化出来形成独立产业，初步形成服务业外部化趋势。此时制造企业和生产性服务企业尚未意识到或者刚刚意识到协同发展的重要性，两产业处于协同发展的初始阶段。制造企业在资源配置的选择方面会考虑外部市场和内部企业两种机制，当外部生产性服务资源的交易成本小于企业内服务成本时，制造企业会选择外部市场作为资源配置的方式；反之，当外部生产性服务资源的交易成本高于企业内服务成本时，制造企业会选择自营的方式，这使得制造业与生产性服务业间必然存在着一定的资源竞争。在此期间，生产性服务活动多被当作一项辅助性功能内化于制造企业，而制造业与生产性服务业间的互动组织形式较为松散，两产业间互动的基础是基于对生产性服务活动的需求，是典型的供需型关系，主要以资源优化配置为主，资源共享为辅。此时，制造业与生产性服务业间的共生演化模式主要体现为寄生和偏利共生模式。

（二）成长期

成长时期，制造业与生产性服务业处于协同演化迅速成长的阶段。在此阶段中随着制造业的快速发展，行业内部间的竞争态势也愈加激烈，而生产性服务业通过知识和技术的供给能够增加制造生产的迂回程度，进一步促进制造生产的专业化和资本化，有效提升制造效率和产品附加值。因此，越来越多的制造企业为了保有持续的竞争优势，更加专注于自身企业的核心竞争力，会选择将非核心的制造服务环节分离外包出去，从而使生产性服务业的分化程度得到进一步的提高，社会化程度不断扩大。与此同时，制造业的快速发展也为生产性服务业提供了巨大的市场发展空间，两产业间的互动关系也随之发生了质的变化，从初创时期的相互竞争关系逐渐演化为互利合作关系，并对各自的产出形成积极正向的影响效应。在此期间，制造业与生产性服务业间互动日益频繁，两产业间共生关系的稳定性不断提升，其产业资源配置也由初期的资源分离逐步向资源叠加过渡，逐步开始在要素能力、业务范围、信息资源方面进行不同程度的资源共享。由此可见，制造业与生产性服务业间协同程度不断增强，其产业间共生关系逐渐由偏利共生模式向非对称型互惠共生模式转化。

（三）成熟期

成熟时期，制造业与生产性服务业处于协同演化稳步发展的融合阶段。在此阶段，随着生产性服务规模的扩大和专业化分工的深化，位于制造业产业链中的生产性服务功能体系逐步完善，并向产业链前后两端全方位渗透成为整个产业链网络效率提升的重要源泉，通过高效的专业化分工使制造企业在价值链高端保有一定控制能力。此时，产业系统内部不同的生产性服务企业与生产性服务企业之间、制造企业与制造企业之间以及生产性服务企业与制造企业之间整体形成一张资源交流和资源共享的循环网络，系统网络围绕着不断变化的客户需求持续进行着资源的交流与传递，从而推进制造业与生产性服务业间的协同演化，进一步促进了两产业间互动发展。与成长阶段相比，制造业与生产性服务业间协同互动程度更为紧密，两产业通过协作与联盟的方式，共同规划产业链条，使两产业资源能够得以集约化管理，形成利益共同体从而实现系统的整体优化，充分发挥资源叠加效应。在此期间，制造业与生产性服务业间共生关系更为稳定，两产业间形成对等型双重互动关系，相互依赖性增强，彼此间呈现出对等的贡献效应，即两产业间种群共生作用系数基本趋于一致，处于对称型互惠共生模式。

第四节　制造业与生产性服务业协同演化模型构建

一、模型构建

设制造业与生产性服务业在第 t 年的种群密度分别为 $N_1(t)$ 和 $N_2(t)$，两种群自身内驱自然增长率分别为 r_1 和 r_2，两种群在自然资源环境中所能允许的最大环境容量分别为 N_{m1}^{o} 和 N_{m2}^{o}，α_{12} 为种群间协同演化过程中生产性服务业对制造业的共生作用系数，α_{12} 为种群间协同演化过程中制造业对生产性服务业的共生作用系数 α_{21}。

（1）当制造业与生产性服务业各自独立演化发展，两产业间无相互作用影响时（即 $\alpha_{12}=\alpha_{21}=0$），其产业种群生长方程为：

$$\begin{cases}\dfrac{dN_1(t)}{dt} = r_1N_1(t)\left[1 - \dfrac{N_1(t)}{N_{m1}^{o}}\right] \\ \dfrac{dN_2(t)}{dt} = r_2N_2(t)\left[1 - \dfrac{N_2(t)}{N_{m2}^{o}}\right]\end{cases} \tag{6-3}$$

制造业种群与生产性服务业种群所组成的生态演化系统不仅受自身系统内部种群共生作用的影响，还受外部环境变化的影响，例如宏观经济发展、资源能源供给、政策制度变迁等，均会对种群环境容量产生正向或负向的影响作用。由此可见，制造业和生产性服务业种群最大环境容量并不是确定值，而是随着时间变化的复杂动力曲线，如图 6－3 所示。在环境变量影响作用下，制造业与生产性服务业独立发展时，两种群最大环境容量动力学曲线为：

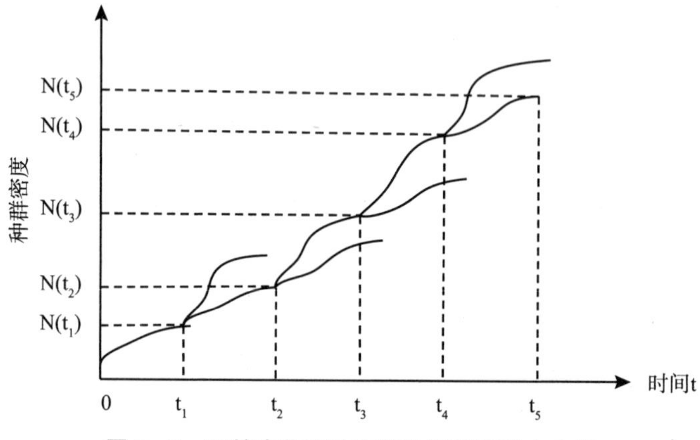

图 6－3　环境变化影响下的种群发展动力曲线

$$\begin{cases}N_{m1}(t) = N_{m1}^{o} + \gamma_1 f_1(\Delta G(t)) \\ N_{m2}(t) = N_{m2}^{o} + \gamma_2 f_2(\Delta G(t))\end{cases} \tag{6-4}$$

其中，$\Delta G(t)$ 为在第 t 年环境因素变化量，γ_1 和 γ_2 分别为环境变迁对于制造业和生产性服务业种群环境容量的作用系数，$N_{m1}(t)$ 和 $N_{m2}(t)$ 分别为在第 t 年时制造业和生产性服务业种群最大环境容量。考虑到环境影响因素的产业种群生长方程为：

$$\begin{cases}\dfrac{dN_1(t)}{dt}=r_1N_1(t)\left[1-\dfrac{N_1(t)}{N_{m1}(t)}\right]\\ \dfrac{dN_2(t)}{dt}=r_2N_2(t)\left[1-\dfrac{N_2(t)}{N_{m2}(t)}\right]\end{cases}\tag{6-5}$$

$$\begin{cases}N_1(t)=\dfrac{N_{m1}(t)}{1+e^{-r_1(t-t_0)}(N_{m1}(t)-N_1(t_0))/N_1(t_0)}\\ N_2(t)=\dfrac{N_{m2}(t)}{1+e^{-r_2(t-t_0)}(N_{m2}(t)-N_2(t_0))/N_2(t_0)}\end{cases}\tag{6-6}$$

（2）当制造业与生产性服务业种群间彼此相互影响时（即 $\alpha_{12}\neq0$、$\alpha_{21}\neq0$），同时考虑到环境影响作用，其两种群共生演化生长方程为：

$$\begin{cases}\dfrac{dN_1(t)}{dt}=r_1N_1(t)\left[1-\dfrac{N_1(t)}{N_{m1}(t)}+\alpha_{12}(t)\cdot\dfrac{N_2(t)}{N_{m2}(t)}\right]\\ \dfrac{dN_2(t)}{dt}=r_2N_2(t)\left[1-\dfrac{N_2(t)}{N_{m2}(t)}+\alpha_{21}(t)\cdot\dfrac{N_1(t)}{N_{m1}(t)}\right]\end{cases}\tag{6-7}$$

设 $\lambda_1(t)$、$\lambda_2(t)$ 为第 t 年制造业与生产性服务业种群在共生作用下的自然增长率，$M_1(t)$、$M_2(t)$ 为第 t 年制造业与生产性服务业种群共生作用下的最大环境容量，分别对应公式（6-8）和公式（6-9）：

$$\begin{cases}\lambda_1(t)=r_1\left[1+\alpha_{12}(t)\cdot\dfrac{N_2(t)}{N_{m2}(t)}\right]\\ \lambda_2(t)=r_2\left[1+\alpha_{21}(t)\cdot\dfrac{N_1(t)}{N_{m1}(t)}\right]\end{cases}\tag{6-8}$$

$$\begin{cases}M_1(t)=N_{m1}(t)\left[1+\alpha_{12}(t)\cdot\dfrac{N_2(t)}{N_{m2}(t)}\right]\\ M_2(t)=N_{m2}(t)\left[1+\alpha_{21}(t)\cdot\dfrac{N_1(t)}{N_{m1}(t)}\right]\end{cases}\tag{6-9}$$

制造业与生产性服务业种群在相互共生作用的影响下，其两产业种群密度 $N_1(t)$、$N_2(t)$ 随时间不断变化，共生自然增长率 $\lambda_1(t)$、$\lambda_2(t)$ 和共生最大环境容量 $M_1(t)$、$M_2(t)$ 是随时间变化所形成的复杂曲线。

将 $\lambda_1(t)$、$\lambda_2(t)$ 和 $M_1(t)$、$M_2(t)$ 分别代入公式（6-7）中整理

可得：

$$\begin{cases} \dfrac{dN_1(t)}{dt} = \lambda_1(t)N_1(t)\left[1 - \dfrac{N_1(t)}{M_1(t)}\right] \\ \dfrac{dN_2(t)}{dt} = \lambda_2(t)N_2(t)\left[1 - \dfrac{N_2(t)}{M_2(t)}\right] \end{cases} \tag{6-10}$$

$$\begin{cases} N_1(t) = \dfrac{M_1(t)}{1 + e^{-\lambda_1(t-t_0)}(M_1(t) - N_1(t_0))/N_1(t_0)} \\ N_2(t) = \dfrac{M_2(t)}{1 + e^{-\lambda_2(t-t_0)}(M_2(t) - N_2(t_0))/N_2(t_0)} \end{cases} \tag{6-11}$$

二、模型参数估计

从产业共生演化视角出发，制造业与生产性服务业种群是相互协同发展的复杂系统，种群间的演化发展符合生态学的基本原则。因此，由制造业与生产性服务业种群所组成的协同演化系统，其两种群间演进发展遵循 Logistic 曲线的变化，呈现多参数、分时段、动态性的复合特征。从公式（6－10）中可以看出，共生自然增长率 $\lambda_1(t)$、$\lambda_2(t)$ 和共生最大环境容量 $M_1(t)$、$M_2(t)$ 并非常量，是受到彼此共生产业影响的变量，无法直接测算得出。鉴于此，本书借鉴唐荣强等（2009）对于种群共生演化问题中未知参数的处理方法，结合自身所构建的演化模型中的参数属性特征，分三阶段对模型进行求解。

第一阶段，在考虑到环境影响因素的基础上测算制造业与生产性服务业在各自独立演化发展时两种群自身自然增长率 r_1、r_2 和群最大环境容量 $N_{m1}(t)$、$N_{m2}(t)$ 的数值。将制造业与生产性服务业种群密度演化的时间按年份划分成各个区段，则在较小的时间段内 $t \in [t_i, t_{i+t}]$ $(i = 0, 1, 2, \cdots, n)$，其两产业种群密度的演化曲线可近似看作由各个区段的 Logistic 曲线连接而成，如图 6－4 所示。任意选取两相邻年度作为间隔区间 $[t_i, t_{i+1}]$，区间跨度为 $\Delta t = t_{i+1} - t_i = 1$，区间内产业种群密度增量为 $\Delta N_1(t_{i+1})$、$\Delta N_2(t_{i+1})$，区间内产业种群密度的平均值为 $\bar{N}_1(t_{i+1})$、

$\bar{N}_2(t_{i+1})$，区间内通过演化曲线两端点直线的斜率为 $\Delta N_1(t_{i+1})/\Delta t$ 和 $\Delta N_2(t_{i+1})/\Delta t$，如公式（6-12）~公式（6-14）所示。

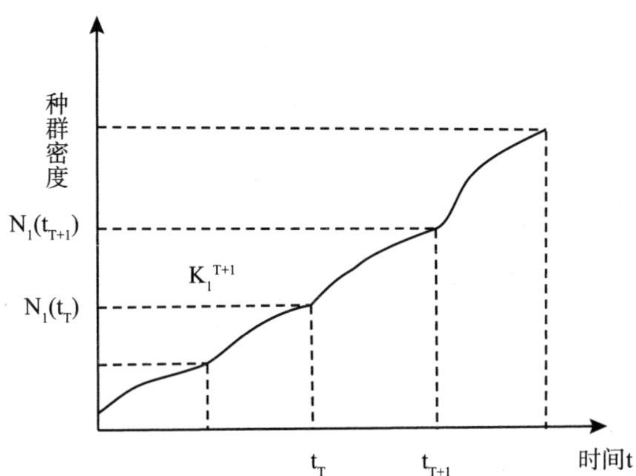

图6-4　基于Logistic方程的种群密度演化轨迹

$$\begin{cases} \Delta N_1(t_{i+1}) = N_1(t_{i+1}) - N_1(t_i) \\ \Delta N_2(t_{i+1}) = N_2(t_{i+1}) - N_2(t_i) \end{cases} \tag{6-12}$$

$$\begin{cases} \bar{N}_1(t_{i+1}) = [N_1(t_{i+1}) + N_1(t_i)]/2 \\ \bar{N}_2(t_{i+1}) = [N_2(t_{i+1}) + N_2(t_i)]/2 \end{cases} \tag{6-13}$$

$$\begin{cases} \dfrac{dN_1(t+1)}{dt} \approx \dfrac{\Delta N_1(t_{i+1})}{\Delta t} = \Delta N_1(t_{i+1}) \\ \dfrac{dN_2(t+1)}{dt} \approx \dfrac{\Delta N_2(t_{i+1})}{\Delta t} = \Delta N_2(t_{i+1}) \end{cases} \tag{6-14}$$

在较小的时间区段内，制造业与生产性服务业种群密度在区间 $[t_i, t_{i+1}]$ 内的Logistic曲线曲率和区间两端点连接直线的斜率近似，而制造业与生产性服务业在 t_i 和 t_{i+1} 时刻的种群密度可用区间内产业种群密度的平均值来替代，由此公式（6-5）可转化为公式（6-15）。

$$\begin{cases} \Delta N_1(t_{i+1}) = r_1 \bar{N}_1(t_{i+1}) \left[1 - \dfrac{\bar{N}_1(t_{i+1})}{N_{m1}(t_{i+1})}\right] \\ \Delta N_2(t_{i+1}) = r_2 \bar{N}_2(t_{i+1}) \left[1 - \dfrac{\bar{N}_2(t_{i+1})}{N_{m2}(t_{i+1})}\right] \end{cases} \tag{6-15}$$

公式（6－15）经过整理可得制造业与生产性服务业种群最大环境容量的迭代公式，如公式（6－16）所示。

$$\begin{cases} N_{m1}(t_{i+1}) = \dfrac{r_1 \bar{N}_1(t_{i+1})}{r_1 - \dfrac{\Delta N_1(t_{i+1})}{\bar{N}_1(t_{i+1})}} \\ N_{m2}(t_{i+1}) = \dfrac{r_2 \bar{N}_2(t_{i+1})}{r_2 - \dfrac{\Delta N_2(t_{i+1})}{\bar{N}_2(t_{i+1})}} \end{cases} \tag{6-16}$$

其中，制造业与生产性服务业种群密度的最大环境容量恒为正数，两种群内驱增长率的取值范围如公式（6－17）所示。

$$\begin{cases} r_1 > \dfrac{\Delta N_1(t_{i+1})}{\bar{N}_1(t_{i+1})} \\ r_2 > \dfrac{\Delta N_2(t_{i+1})}{\bar{N}_2(t_{i+1})} \end{cases} \tag{6-17}$$

给定一个 r_1、r_2 的估计值 $\hat{r}_1$、$\hat{r}_2$，通过公式（6－16）能够得到各个分区间上 $N_{m1}(t_{i+1})$、$N_{m2}(t_{i+1})$ 的一组估计值 $\hat{N}_{m1}(t_{i+1})$、$\hat{N}_{m2}(t_{i+1})$，代入公式（6－6）得到一组估计值 $\hat{N}_1(t_{i+1})$、$\hat{N}_2(t_{i+1})$，如公式（6－18）所示。

$$\begin{cases} \hat{N}_1(t_{i+1}) = \dfrac{\hat{N}_{m1}(t_{i+1})}{1 + e^{-r_1(t_{i+1}-t_i)}(\hat{N}_{m1}(t_{i+1}) - N_1(t_i))/N_1(t_0)} \\ \hat{N}_2(t_{i+1}) = \dfrac{\hat{N}_{m2}(t_{i+1})}{1 + e^{-r_2(t_{i+1}-t_i)}(\hat{N}_{m2}(t_{i+1}) - N_2(t_i))/N_2(t_0)} \end{cases} \tag{6-18}$$

根据给定的估计值 $\hat{r}_1$、$\hat{r}_2$，制造业与生产性服务业种群各观察年度估计值的方差平方如公式（6－19）所示。

$$\begin{cases} \hat{\rho}_1^2(t_{i+1}) = \sum_{i=0}^{n} [\hat{N}_1(t_{i+1}) - N_1(t_{i+1})]^2 \\ \hat{\rho}_2^2(t_{i+1}) = \sum_{i=0}^{n} [\hat{N}_2(t_{i+1}) - N_2(t_{i+1})]^2 \end{cases} \tag{6-19}$$

运用下山单纯形法（nelder-mead simlex），通过不断重复迭代计算来逐步逼近最佳点，当方差不再减小或者小于设定的值域范围时（即$\hat{\rho}_1^2$和$\hat{\rho}_2^2$最小）其对应的估计值$\hat{r}_1$、$\hat{r}_2$即为制造业与生产性服务业种群内驱增长率r_1、r_2，对应的估计值$\hat{N}_{m1}(t_{i+1})$、$\hat{N}_{m2}(t_{i+1})$即为制造业与生产性服务业种群在各个年度能够容纳的最大环境容量。

第二阶段，测算制造业与生产性服务业种群在共生作用下的自然增长率$\lambda_1(t)$、$\lambda_2(t)$和种群最大环境容量$M_1(t)$、$M_2(t)$。同理，选取跨度为$\Delta t = t_{i+1} - t_i = 1$的时间区间，其制造业与生产性服务业共生演化种群密度在区间$[t_i, t_{i+1}]$内 Logistic 曲线曲率近似于曲线两端点直线的斜率，两产业在区间$[t_i, t_{i+1}]$内种群密度近似于区间内产业种群密度的平均值，由此公式（6－10）可转化为公式（6－20）。

$$\begin{cases} \Delta N_1(t_{i+1}) = \lambda_1(t_{i+1})\bar{N}_1(t_{i+1})\left[1 - \dfrac{\bar{N}_1(t_{i+1})}{M_1(t_{i+1})}\right] \\ \Delta N_2(t_{i+1}) = \lambda_2(t_{i+1})\bar{N}_2(t_{i+1})\left[1 - \dfrac{\bar{N}_2(t_{i+1})}{M_2(t_{i+1})}\right] \end{cases} \tag{6-20}$$

公式（6－20）通过整理能够得出在制造业与生产性服务业共生演化的条件下种群最大环境容量的迭代公式，同时确定两共生种群内驱增长率的取值范围，如公式（6－21）所示。

$$\begin{cases} M_1(t_{i+1}) = \dfrac{\lambda_1(t_{i+1})\bar{N}_1(t_{i+1})}{\lambda_1(t_{i+1}) - \dfrac{\Delta N_1(t_{i+1})}{\bar{N}_1(t_{i+1})}},\ \lambda_1(t_{i+1}) > \dfrac{\Delta N_1(t_{i+1})}{\bar{N}_1(t_{i+1})} \\ M_2(t_{i+1}) = \dfrac{\lambda_2(t_{i+1})\bar{N}_2(t_{i+1})}{\lambda_2(t_{i+1}) - \dfrac{\Delta N_2(t_{i+1})}{\bar{N}_2(t_{i+1})}},\ \lambda_2(t_{i+1}) > \dfrac{\Delta N_2(t_{i+1})}{\bar{N}_2(t_{i+1})} \end{cases} \tag{6-21}$$

而后，给定一组$\lambda_1(t_{i+1})$和$\lambda_2(t_{i+1})$的估计值$\hat{\lambda}_1(t_{i+1})$和$\hat{\lambda}_2(t_{i+1})$，代入公式（6－20）得到各个分区间种群最大环境容量的一组估计值$\hat{M}_1(t_{i+1})$和$\hat{M}_2(t_{i+1})$，再代入公式（6－11）得到在共生作用条件下制造业与生产性服务业种群密度的时间函数估计值，如公式（6－22）所示。

$$
\begin{cases}
\hat{N}_1(t_{i+1}) = \dfrac{\hat{M}_1(t_{i+1})}{1 + e^{-\lambda_1(t_{i+1}-t_i)}(\hat{M}_1(t_{i+1}) - N_1(t_i))/N_1(t_i)} \\
\hat{N}_1(t_{i+1}) = \dfrac{\hat{M}_2(t_{i+1})}{1 + e^{-\lambda_2(t_{i+1}-t_i)}(\hat{M}_2(t_{i+1}) - N_2(t_i))/N_2(t_i)}
\end{cases}
\quad (6-22)
$$

再次采用下山单纯形法，当方差平方数值最小时求得各时间段内的种群共生自然增长率 $\lambda_1(t)$、$\lambda_2(t)$ 和种群共生最大环境容量 $M_1(t)$、$M_2(t)$，如公式（6－23）所示。

$$
\begin{cases}
e_1^2(t_{i+1}) = \sum_{i=0}^{n} [\hat{N}_1(t_{i+1}) - N_1(t_{i+1})]^2 \\
e_2^2(t_{i+1}) = \sum_{i=0}^{n} [\hat{N}_2(t_{i+1}) - N_2(t_{i+1})]^2
\end{cases}
\quad (6-23)
$$

第三阶段，将第一阶段解得的制造业和生产性服务业独立演化状态下的自然增长率 r_1、r_2 和最大环境容量 $N_{m1}(t)$、$N_{m2}(t)$ 以及第二阶段解得的种群共生自然增长率 $\lambda_1(t)$、$\lambda_2(t)$ 和种群共生最大环境容量 $M_1(t)$、$M_2(t)$ 代入公式（6－8）和公式（6－9），求出不同时间段内制造业和生产性服务业种群在协同演化过程中彼此间的共生作用系数 $\alpha_{12}(t)$、$\alpha_{21}(t)$。

三、变量选取

在一定的区域内，生物的种群密度与该区域内的生物量相对应。因此，在对生物种群动力学的研究中，经常会用一定区域内的生物量代替种群密度。赵红（2004）等将企业规模作为企业生物量；王子龙等（2006）将产业生产总值作为产业生物量；吴勇民等（2014）则将产业增加值作为产业生物量。由此可见，在现有研究中均采用单一指标数据作为种群密度的统计量，而单项指标仅能反映出总体某一方面的数量特征，如果想要更为确切地揭示制造业与生产性服务业间的协同演化关系，那么仅使用单一指标作为生物量是远远不够的。鉴于此，研究参考了李廉水等（2014）和杨珂玲等（2013）对制造业和生产性服务业所构建的发展指标体系，本着以科学性、系统性、可获得性的原则，兼顾制造业与生产性服务业变量指标对应的匹配性关系，分别从产业规模、产业效益、产业贡献三个方面系统地构建制造业与生产性服务业种群密度的统计数据。

研究所选取的指标能够分别反映制造业和生产性服务业在一定时期内的产业规模总量、产业经济质量和产业贡献程度，其所选指标均会受到资源、技术、人才和政策环境等因素的制约，不能无限增大，更为贴合产业种群密度的演化特征，其具体指标构成见表 6 - 2。

表 6 - 2　　制造业与生产性服务业发展指标体系

序号	一级指标	序号	二级指标	指标解释	单位
A	产业规模	A_1	企业单位数	企业数量总和	个
		A_2	固定资产投资额	固定资产投资量总和	亿元
B	经济效益	B_1	总产值	产值总和	亿元
		B_2	就业人员平均劳动报酬	整体工资总额/就业人员数量总和	元
C	社会贡献	C_1	就业人数	就业人员数量总和	万人
		C_2	利税总额	税收收入总和	亿元

本书同样依据《行业分类国家标准》对制造业的分类进行界定，将二位数代码在 C13 ~ C37、C39 ~ C41 区间的行业明确界定为制造业。考虑到行业数据的一致性，研究将部分年鉴中 C29 橡胶制品业和 C30 塑料制品业数据合并在一起，将铁路、船舶、航空航天和其他运输设备制造业与汽车制造业合并为 C37 交通运输设备制造业。对于生产性服务业分类的界定，参照 2015 年国家统计局对生产性服务业制定的明确分类标准以及《行业分类国家标准》①，同时也考虑到数据收集的可获得

① 国家统计局生产性服务业分类（2015）范围包括：为生产活动提供的研发设计与其他技术服务、货物运输仓储和邮政快递服务、信息服务、金融服务、节能与环保服务、生产性租赁服务、商务服务、人力资源管理与培训服务、批发经纪代理服务、生产性支持服务。http：//www.stats.gov.cn/tjsj/tjbz/201506/t20150604_1115421.html。

性将二位数代码在 51 ~ 63、65、68 ~ 78 区间内的（F）交通运输业、仓储和邮政业，（G）信息传输、计算机服务和软件业，（H）批发零售业，（J）金融业，（L）租赁和商业服务业，（M）科学研究、技术服务业这六大类与制造业互动关系最为紧密的服务业界定为待分析的生产性服务业。

研究中所选取的数据，分别源自 2001 ~ 2016 年的《中国第三产业统计年鉴》《中国工业统计年鉴》《中国税务年鉴》《中国统计年鉴》《中国金融年鉴》。数据筛选研究遵循以下基本原则：（1）数据可获得性，研究所选取的制造业各行业数据为 2006 年至 2015 年间连续可获得数据，且均为规模以上工业企业数据。（2）行业一致性，本书将 2012 ~ 2014 年的铁路、船舶航天和其他运输设备制造业与汽车制造业合并为交通运输设备制造业，将 2005 ~ 2011 年橡胶制品业和塑料制品业合并为橡胶和塑料制品业。（3）数据一致性，由于 2013 年、2014 年、2015 年《中国工业统计年鉴》不再公布制造业各行业总产值数据，研究借鉴关爱萍等（2015）的处理方式，采用工业销售产值来替代工业总产值，为获得数据的实际数值，以 2005 年作为基年，对数据进行价格指数平减后处理。

第五节　实证研究

一、制造业与生产性服务业协同演化模式分析

研究采用 matlab 软件在 CPU 主频 2.00GHZ、RAM 为 2.00G 的 PC 上对熵值法进行计算，其中各大类制造业和生产性服务业各项指标对应的权重值如表 6 – 3 所示。利用公式（6 – 12）~ 公式（6 – 19）分别测算制造业与生产性服务业在独立发展状态下，各种群年均增长率 r 和种群最大环境容量 $N_m(t)$。为深入分析不同类制造业与生产性服务业间差

异化的协同演化发展模式，研究同样借鉴罗胤晨（2014）和曹毅（2009）等人对制造业类型的分类，将制造业分为劳动密集型、资本密集型、技术密集型这三大类。其中，各大类制造业和生产性服务业在独立发展状态下年均增长率和最大环境容量的具体结果如表6－4、表6－5、表6－6所示①。

表6－3　各大类制造业和生产性服务业相应指标权重值

指标	A_1	A_2	B_1	B_2	C_1	C_2
制造业	0.1430	0.1686	0.1809	0.1627	0.1686	0.1763
劳动密集型制造业	0.1649	0.1792	0.1973	0.1979	0.1182	0.1424
资本密集型制造业	0.1639	0.1767	0.1886	0.1595	0.1588	0.1526
技术密集型制造业	0.1482	0.1781	0.1809	0.1694	0.1681	0.1552
生产性服务业	0.1577	0.1683	0.1850	0.1775	0.1361	0.1755

资料来源：作者计算。

表6－4　各大类制造业和生产性服务业独立发展状态下的年均增长率

指标	A_1	A_2	B_1	B_2	C_1	C_2
制造业	0.3012	0.3475	0.3946	0.2082	0.1262	0.5017
劳动密集型制造业	0.3606	0.4542	0.4121	0.2606	0.5894	0.7405
资本密集型制造业	0.0276	0.2288	0.3982	0.2478	0.2359	0.4964
技术密集型制造业	0.0594	0.3741	0.3525	0.2192	0.5123	0.9954
生产性服务业	0.2946	0.3996	0.2896	0.2134	0.5001	0.3479

资料来源：作者计算。

① 限于篇幅，此处没有详细列出2000～2015年劳动密集型制造业、资本密集型制造业和技术密集型制造业在独立发展状态下的最大环境容量数据，具体数据见附录表1～表3。

表 6－5　2000～2015 年制造业产业独立发展状态下的最大环境容量

	最大环境容量	2000 年	2001 年	2002 年	2003 年	2004 年	2005 年	2006 年	2007 年
A_1	$N_{m1}(t)$	168273	202806	278115	311408	391631	501378	634368	691338
	最大环境容量	2008 年	2009 年	2010 年	2011 年	2012 年	2013 年	2014 年	2015 年
	$N_{m1}(t)$	754674	809740	1094785	1128579	1351248	1550611	1645185	1736455
A_2	最大环境容量	2000 年	2001 年	2002 年	2003 年	2004 年	2005 年	2006 年	2007 年
	$N_{m1}(t)$	40123	49145	65801	73135	91088	129276	158039	232793
	最大环境容量	2008 年	2009 年	2010 年	2011 年	2012 年	2013 年	2014 年	2015 年
	$N_{m1}(t)$	308625	363823	439081	486364	521533	603652	685679	778574
B_1	最大环境容量	2000 年	2001 年	2002 年	2003 年	2004 年	2005 年	2006 年	2007 年
	$N_{m1}(t)$	139837	146862	190475	248607	369205	525319	653345	889807
	最大环境容量	2008 年	2009 年	2010 年	2011 年	2012 年	2013 年	2014 年	2015 年
	$N_{m1}(t)$	946104	1189719	1247596	1481488	1632781	2362586	3035120	3952698
B_2	最大环境容量	2000 年	2001 年	2002 年	2003 年	2004 年	2005 年	2006 年	2007 年
	$N_{m1}(t)$	11483	14796	20743	24860	29501	38018	43417	52896
	最大环境容量	2008 年	2009 年	2010 年	2011 年	2012 年	2013 年	2014 年	2015 年
	$N_{m1}(t)$	61670	69142	74878	90791	92029	104961	122851	143874
C_1	最大环境容量	2000 年	2001 年	2002 年	2003 年	2004 年	2005 年	2006 年	2007 年
	$N_{m1}(t)$	4829.46	5203.30	6706.81	8123.99	8930.55	9714.35	10065.85	11935.91
	最大环境容量	2008 年	2009 年	2010 年	2011 年	2012 年	2013 年	2014 年	2015 年
	$N_{m1}(t)$	13850.57	16893.14	19131.59	22578.46	23895.88	25115.70	27802.03	29049.87
C_2	最大环境容量	2000 年	2001 年	2002 年	2003 年	2004 年	2005 年	2006 年	2007 年
	$N_{m1}(t)$	9239.49	10438.49	12895.58	17387.92	17934.81	18833.90	21602.92	29096.55
	最大环境容量	2008 年	2009 年	2010 年	2011 年	2012 年	2013 年	2014 年	2015 年
	$N_{m1}(t)$	41078.34	49452.51	58343.67	67384.38	81095.90	94862.47	109008.21	112060.15

资料来源：作者计算。

表 6-6　2000～2015 年生产性服务业产业独立发展状态下的最大环境容量

	最大环境容量	2000 年	2001 年	2002 年	2003 年	2004 年	2005 年	2006 年	2007 年
A_1	$N_{m2}(t)$	1382741	1543141	1820420	2084587	2721412	2968878	2999905	4292188
	最大环境容量	2008 年	2009 年	2010 年	2011 年	2012 年	2013 年	2014 年	2015 年
	$N_{m2}(t)$	5990531	5984526	6627421	8160977	11588624	18698600	21146662	25435343
A_2	最大环境容量	2000 年	2001 年	2002 年	2003 年	2004 年	2005 年	2006 年	2007 年
	$N_{m2}(t)$	8392.41	9281.74	11497.19	17738.97	23421.92	30957.23	33977.28	42915.32
	最大环境容量	2008 年	2009 年	2010 年	2011 年	2012 年	2013 年	2014 年	2015 年
	$N_{m2}(t)$	49469.70	61709.14	74611.48	87660.75	108634.65	148245.46	163430.85	217800.12
B_1	最大环境容量	2000 年	2001 年	2002 年	2003 年	2004 年	2005 年	2006 年	2007 年
	$N_{m2}(t)$	393494	423565	482882	395645	882397	985917	1248078	1763907
	最大环境容量	2008 年	2009 年	2010 年	2011 年	2012 年	2013 年	2014 年	2015 年
	$N_{m2}(t)$	2187669	3609267	3045541	2606531	2781718	294137	3152602	3562848
B_2	最大环境容量	2000 年	2001 年	2002 年	2003 年	2004 年	2005 年	2006 年	2007 年
	$N_{m2}(t)$	20384	22870	35451	42624	49886	53354	63625	76363
	最大环境容量	2008 年	2009 年	2010 年	2011 年	2012 年	2013 年	2014 年	2015 年
	$N_{m2}(t)$	80763	94776	124616	135077	151615	174023	192437	228938
C_1	最大环境容量	2000 年	2001 年	2002 年	2003 年	2004 年	2005 年	2006 年	2007 年
	$N_{m2}(t)$	1538.6	1730.5	2420.4	2977.8	3362.5	4125.6	4501.8	4901.5
	最大环境容量	2008 年	2009 年	2010 年	2011 年	2012 年	2013 年	2014 年	2015 年
	$N_{m2}(t)$	5492.5	5732.1	6229.7	6994.3	7384.4	7802.9	8218.1	8792.6
C_2	最大环境容量	2000 年	2001 年	2002 年	2003 年	2004 年	2005 年	2006 年	2007 年
	$N_{m2}(t)$	4902.39	5402.82	7192.29	8934.09	10116.05	13850.29	15079.09	17416.30
	最大环境容量	2008 年	2009 年	2010 年	2011 年	2012 年	2013 年	2014 年	2015 年
	$N_{m2}(t)$	20392.47	28093.56	37363.14	52449.66	68765.48	80240.37	97049.61	104569.58

资料来源：作者计算。

而后，基于公式（6-20）～公式（6-23）分别测算制造业与生产性服务业在相互共生作用状态下，各种群增长率 λ(t) 和种群最大环境容量 M(t)，具体结果如表 6 -7、表 6 -8 所示①。

表 6 -7　2000 ~2015 年制造业共生发展状态下种群增长率和最大环境容量

	增长率和容量	2000 年	2001 年	2002 年	2003 年	2004 年	2005 年	2006 年	2007 年
A_1	$\lambda_1(t)$	0.1663	0.1851	0.1555	0.2004	0.2265	0.2701	0.2955	0.3312
	$M_1(t)$	92891	124641	143612	207150	294450	449529	622345	760081
	增长率和容量	2008 年	2009 年	2010 年	2011 年	2012 年	2013 年	2014 年	2015 年
	$\lambda_1(t)$	0.3641	0.4073	0.4261	0.4532	0.4458	0.4104	0.4390	0.4639
	$M_1(t)$	912150	1094842	1548625	1697901	2000000	2112576	2397493	2674483
A_2	增长率和容量	2000 年	2001 年	2002 年	2003 年	2004 年	2005 年	2006 年	2007 年
	$\lambda_1(t)$	0.1335	0.1527	0.2280	0.2853	0.2838	0.3234	0.3063	0.3888
	$M_1(t)$	15412	21588	43173	60053	74393	120304	139287	260444
	增长率和容量	2008 年	2009 年	2010 年	2011 年	2012 年	2013 年	2014 年	2015 年
	$\lambda_1(t)$	0.4497	0.5149	0.5861	0.6263	0.6678	0.6983	0.8017	0.7919
	$M_1(t)$	399344	539114	740594	876562	1002163	1212976	1581791	1774188
B_1	增长率和容量	2000 年	2001 年	2002 年	2003 年	2004 年	2005 年	2006 年	2007 年
	$\lambda_1(t)$	0.1247	0.0780	0.1937	0.1163	0.3149	0.3496	0.4107	0.4365
	$M_1(t)$	44178	29051	93511	73268	294689	465464	680136	984375
	增长率和容量	2008 年	2009 年	2010 年	2011 年	2012 年	2013 年	2014 年	2015 年
	$\lambda_1(t)$	0.4597	0.4728	0.5519	0.6322	0.6832	0.7939	0.8595	0.8998
	$M_1(t)$	1102318	1425757	1744993	2373823	2827323	4753990	6611940	9014315
B_2	增长率和容量	2000 年	2001 年	2002 年	2003 年	2004 年	2005 年	2006 年	2007 年
	$\lambda_1(t)$	0.1306	0.1374	0.1700	0.1858	0.1935	0.2061	0.2170	0.2406
	$M_1(t)$	7206	9767	16938	22192	27422	37640	45253	61138
	增长率和容量	2008 年	2009 年	2010 年	2011 年	2012 年	2013 年	2014 年	2015 年
	$\lambda_1(t)$	0.2577	0.2908	0.3016	0.3148	0.3370	0.3501	0.3765	0.3749
	$M_1(t)$	76341	96565	108470	137283	148992	176493	222156	259109

① 限于篇幅，此处没有详细列出 2000 ~2015 年劳动密集型制造业、资本密集型制造业和技术密集型制造业在共生发展状态下种群自然增长率和最大环境容量数据，具体数据见附录表 4 ~表 6。

续表

	增长率和容量	2000 年	2001 年	2002 年	2003 年	2004 年	2005 年	2006 年	2007 年
C_1	$\lambda_1(t)$	0.0256	0.0430	0.0638	0.0699	0.0900	0.1191	0.1290	0.1398
	$M_1(t)$	979.25	1002.11	3389.29	4502.63	6369.78	9171.85	10288.44	13220.48
	增长率和容量	2008 年	2009 年	2010 年	2011 年	2012 年	2013 年	2014 年	2015 年
	$\lambda_1(t)$	0.1511	0.1743	0.1805	0.1937	0.2002	0.2163	0.2247	0.2309
	$M_1(t)$	16589.97	23328.86	27370.29	34650.8	37905.01	43045.03	49512.45	53159.18
C_2	增长率和容量	2000 年	2001 年	2002 年	2003 年	2004 年	2005 年	2006 年	2007 年
	$\lambda_1(t)$	0.1325	0.0847	0.2872	0.3425	0.4145	0.4987	0.5917	0.7292
	$M_1(t)$	2440.66	1763.32	7381.57	11870.34	14819.26	18721.60	25478.96	42292.07
	增长率和容量	2008 年	2009 年	2010 年	2011 年	2012 年	2013 年	2014 年	2015 年
	$\lambda_1(t)$	0.7688	0.7431	0.7322	0.7435	0.7827	0.8474	0.8328	0.9353
	$M_1(t)$	62852.76	73249.93	85152.53	99863.08	126515.78	160226.44	180954.69	208917.30

资料来源：作者计算。

表 6-8　2000~2015 年生产性服务业共生发展状态下种群增长率和最大环境容量

	增长率和容量	2000 年	2001 年	2002 年	2003 年	2004 年	2005 年	2006 年	2007 年
A_1	$\lambda_2(t)$	0.3160	0.3395	0.3556	0.3738	0.3869	0.3808	0.3858	0.4009
	$M_2(t)$	1483402	1778483	2197547	2645743	3574827	3838213	3929536	5842377
	增长率和容量	2008 年	2009 年	2010 年	2011 年	2012 年	2013 年	2014 年	2015 年
	$\lambda_2(t)$	0.4025	0.4185	0.3996	0.3833	0.3700	0.3759	0.3944	0.3999
	$M_2(t)$	8186755	8502138	8990254	10620392	14556251	23862705	28315689	34535395
A_2	增长率和容量	2000 年	2001 年	2002 年	2003 年	2004 年	2005 年	2006 年	2007 年
	$\lambda_2(t)$	0.4275	0.4335	0.4733	0.5239	0.5801	0.5503	0.5874	0.5739
	$M_2(t)$	8977.95	10070.23	13617.84	23258.67	34003.57	42636.45	49943.40	61632.44
	增长率和容量	2008 年	2009 年	2010 年	2011 年	2012 年	2013 年	2014 年	2015 年
	$\lambda_2(t)$	0.5992	0.5679	0.6082	0.6389	0.7122	0.7700	0.7737	0.7595
	$M_2(t)$	74176.28	87695.42	113571.35	140147.77	193608.14	285659.46	316423.46	413988.27

续表

	增长率和容量	2000 年	2001 年	2002 年	2003 年	2004 年	2005 年	2006 年	2007 年
B_1	$\lambda_2(t)$	0. 3373	0. 3400	0. 3576	0. 3624	0. 3763	0. 3908	0. 4014	0. 4239
	$M_2(t)$	45840. 3	49729. 7	59637. 8	49522. 3	114669. 1	133053. 3	173000. 1	258208. 1
	增长率和容量	2008 年	2009 年	2010 年	2011 年	2012 年	2013 年	2014 年	2015 年
	$\lambda_2(t)$	0. 4363	0. 4318	0. 5109	0. 5068	0. 5214	0. 4790	0. 4614	0. 4079
	$M_2(t)$	329607. 0	538251. 7	537351. 0	456189. 9	500890. 5	486518. 1	502390. 4	501863. 4
B_2	增长率和容量	2000 年	2001 年	2002 年	2003 年	2004 年	2005 年	2006 年	2007 年
	$\lambda_2(t)$	0. 2551	0. 2532	0. 2589	0. 2710	0. 2761	0. 2807	0. 2937	0. 3041
	$M_2(t)$	24359	38158	54511	64350	73984	75715	90333	106888
	增长率和容量	2008 年	2009 年	2010 年	2011 年	2012 年	2013 年	2014 年	2015 年
	$\lambda_2(t)$	0. 3028	0. 3077	0. 3224	0. 3278	0. 3677	0. 3875	0. 3998	0. 3927
	$M_2(t)$	112722	131526	176069	189627	220233	251005	272903	316972
C_1	增长率和容量	2000 年	2001 年	2002 年	2003 年	2004 年	2005 年	2006 年	2007 年
	$\lambda_2(t)$	0. 5790	0. 5241	0. 6324	0. 5352	0. 6209	0. 6675	0. 7237	0. 7365
	$M_2(t)$	1781. 57	1813. 80	3060. 72	3187. 17	4175. 02	5507. 01	6515. 10	7219. 17
	增长率和容量	2008 年	2009 年	2010 年	2011 年	2012 年	2013 年	2014 年	2015 年
	$\lambda_2(t)$	0. 7843	0. 7397	0. 7531	0. 7314	0. 7055	0. 7622	0. 7792	0. 7777
	$M_2(t)$	8614. 59	8478. 64	9381. 48	10230. 16	10417. 78	11892. 90	12804. 78	13672. 87
C_2	增长率和容量	2000 年	2001 年	2002 年	2003 年	2004 年	2005 年	2006 年	2007 年
	$\lambda_2(t)$	0. 3483	0. 3506	0. 3844	0. 3960	0. 4179	0. 4219	0. 4632	0. 5251
	$M_2(t)$	4907. 52	5443. 95	7945. 04	10167. 42	12151. 14	16793. 92	20073. 74	26283. 88
	增长率和容量	2008 年	2009 年	2010 年	2011 年	2012 年	2013 年	2014 年	2015 年
	$\lambda_2(t)$	0. 5200	0. 5233	0. 5651	0. 5890	0. 5821	0. 5629	0. 5368	0. 5916
	$M_2(t)$	30476. 38	42256. 49	60678. 59	88781. 54	115045. 22	129814. 35	149719. 04	177788. 24

资料来源：作者计算。

将种群独立演化状态下的自然增长率 r_1、r_2 和最大环境容量 $N_{m1}(t)$、$N_{m2}(t)$，以及种群共生自然增长率 $\lambda_1(t)$、$\lambda_2(t)$ 和种群共生最大环境容量 $M_1(t)$、$M_2(t)$ 代入公式（6.8）~公式（6.9）中，解得制造业总体、劳动密集型制造业、资本密集型制造业和技术密集型制造业与生产性服务业产业间种群共生作用系数 $\alpha_{12}(t)$、$\alpha_{21}(t)$。具体结果如表 6-9 至表 6-12 所示①

表 6-9　　2000~2015 年制造业与生产性服务业协同演化趋势

共生作用系数	2000 年	2001 年	2002 年	2003 年	2004 年	2005 年	2006 年	2007 年
$\alpha_{12}(t)$	-0.8216	-0.8675	-0.6887	-0.5299	-0.3785	-0.127	0.0475	0.3272
$\alpha_{21}(t)$	0.1483	0.1657	0.3459	0.4048	0.5168	0.6621	0.8142	0.9784
共生作用系数	2008 年	2009 年	2010 年	2011 年	2012 年	2013 年	2014 年	2015 年
$\alpha_{12}(t)$	0.5295	0.8245	1.0400	1.2542	1.4801	1.7609	2.0169	1.252
$\alpha_{21}(t)$	1.0398	1.0826	1.2893	1.4117	1.5415	1.7594	1.9482	1.9985

资料来源：作者计算。

表 6-10　2000~2015 年劳动密集型制造业与生产性服务业协同演化趋势

共生作用系数	2000 年	2001 年	2002 年	2003 年	2004 年	2005 年	2006 年	2007 年
$\alpha_{12}(t)$	-0.9787	-0.9047	-0.9654	-0.7877	-0.6822	-0.5526	-0.3611	-0.1821
$\alpha_{21}(t)$	0.1389	0.2670	0.3637	0.4329	0.5202	0.5726	0.6705	0.8134
共生作用系数	2008 年	2009 年	2010 年	2011 年	2012 年	2013 年	2014 年	2015 年
$\alpha_{12}(t)$	0.0199	0.2712	0.4311	0.5887	0.7638	0.8798	1.0703	1.1616
$\alpha_{21}(t)$	0.8304	0.8066	0.9616	1.0088	1.1490	1.2151	1.3373	1.4888

资料来源：作者计算。

---

① 限于篇幅，此处没有详细列出 2000~2015 年制造业总体、劳动密集型制造业、资本密集型制造业和技术密集型制造业与生产性服务业各指标间共生作用系数，具体数据见附录表 7~表 10。

表 6－11　2000～2015 年资本密集型制造业与生产性服务业协同演化趋势

共生作用系数	2000 年	2001 年	2002 年	2003 年	2004 年	2005 年	2006 年	2007 年
$\alpha_{12}(t)$	−0.8906	−0.9036	−0.5960	−0.4524	−0.2519	−0.0757	0.1826	0.3934
$\alpha_{21}(t)$	0.1633	0.3382	0.4486	0.4658	0.5648	0.5709	0.7201	0.7663
共生作用系数	2008 年	2009 年	2010 年	2011 年	2012 年	2013 年	2014 年	2015 年
$\alpha_{12}(t)$	0.5496	0.6964	0.7677	0.9775	1.1772	1.3603	1.5877	1.7881
$\alpha_{21}(t)$	0.8236	0.8423	1.0073	1.0799	1.1980	1.3291	1.4359	1.5638

资料来源：作者计算。

表 6－12　2000～2015 年技术密集型制造业与生产性服务业协同演化趋势

共生作用系数	2000 年	2001 年	2002 年	2003 年	2004 年	2005 年	2006 年	2007 年
$\alpha_{12}(t)$	−0.8764	−0.7869	−0.5615	−0.2578	0.0047	0.2500	0.4835	0.7134
$\alpha_{21}(t)$	0.1589	0.2941	0.4192	0.4350	0.4913	0.5815	0.6849	0.8140
共生作用系数	2008 年	2009 年	2010 年	2011 年	2012 年	2013 年	2014 年	2015 年
$\alpha_{12}(t)$	0.9154	1.0481	1.2253	1.4906	1.7197	1.9321	1.9381	2.0781
$\alpha_{21}(t)$	0.8769	0.8934	1.0994	1.2192	1.4425	1.5090	1.5810	1.6524

资料来源：作者计算。

（一）制造业与生产性服务业总体协同演化路径分析

由表 6－9 分析可知，从 2000～2015 年间制造业与生产性服务业间共生作用系数值的变化可以看出，两产业共生模式的演进总体经历了两个阶段。

第一阶段为 2000～2005 年，其间生产性服务业对制造业种群演化的共生作用系数 α_{12} 一直小于 0，而制造业对生产性服务业种群演化的共生作用系数 α_{21} 则大于 0，两产业的共生演化模式为生产性服务业寄生于制造业。此阶段属于制造业与生产性服务业协同关系形成的初创期，生产性服务业尚未完全从制造业中分离出来，部分内置于制造企业的生产性服务业在产业价值链中主要发挥经济润滑剂作用，而外置于制造企业的独立生产性服务企业多数规模不大。与此同时，分离出来的生产性服务企业会与制造企业竞争同种市场资源，这意味着生产性服务业在一定程度上会消耗制造业资源。在两产业的互动关系中，生产性服务业的发展更多依赖于制造业的需求拉动效应，而生产性服务业对制造业发展的辅助作用有限。

第二阶段为 2006～2015 年，其间制造业对生产性服务业种群演化的共生作用系数 α_{21} 与上阶段保持一致处在大于 0 的状态，而生产性服务业对制造业种群演化的共生作用系数 α_{12} 则由负转正，两产业的协同演化模式也在 2006 年发生质变，由寄生转变为非对称型互惠共生模式，这意味着生产性服务业对制造业的发展起到了正向的积极促进作用，其贡献效应随着共生作用系数 α_{12} 的提升而呈现出逐步增强的态势。由此可以看出，随着制造企业规模的不断扩大，越来越多的制造企业为保有其竞争优势，集中资源在核心技术环节，让渡非核心价值环节的服务部分给专业的第三方生产性服务业，从而加速生产性服务业从制造业中的剥离进程。而更具规模化和专业化的生产性服务从制造业产业链中完全分离后再次嵌入制造生产过程中，把日益专业化的人力资本和知识资本引进制造业。其有机结合能够有助于创新资源的相互注入，进而提升制造业价值链各环节中的技术创新能力，进一步促进制造业技术进步和生产效率提高，成为制造业转型升级的有效依托。

从图 6－5 所绘制的产业协同演化趋势图中可以看出，2006～2015 年制造业与生产性服务业彼此间的共生作用系数 α_{12}、α_{21} 一直呈现持续上升态势，而两者的变化速率并不相同。在此期间，生产性服务业对制造业的共生作用系数 α_{12} 的年均增长率虽大于 α_{21}，但由于前期制造业对生产性服务业所起到基础支撑和引领带动效应的累积影响，2006～2012 年共生作用系数 α_{21} 的数值一直高于 α_{12}，直到 2012 年后两产业间的相互影响作用才逐渐趋于均衡状态。其中，2006～2012 年制造业对生产性服务业的正向促进作用大于生产性服务业对制造业的影响作用，两产业处于以制造业为主导的互惠共生模式。而后随着生产性服务规模的扩大和专业化分工的深化，使其影响力优势逐渐增强，在 2013～2015 年两产业处于生产性服务业为主导的互惠共生模式。由此可见，此阶段制造业与生产性服务业间共生作用关系并不稳定，两产业正处于协同演化发展的成长时期。

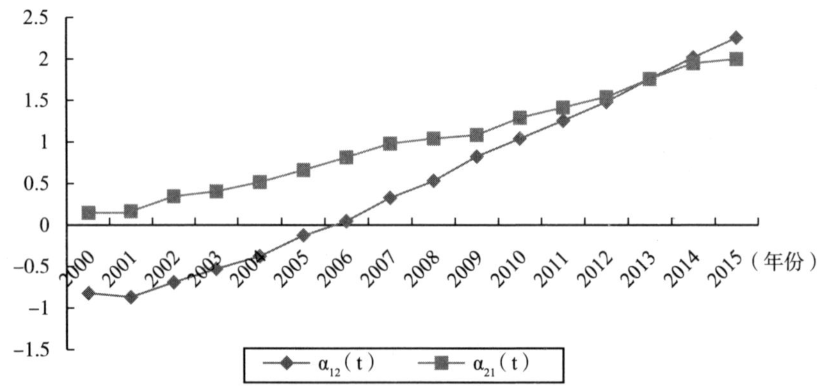

图 6-5　2000～2015 年制造业与生产性服务业协同演化趋势

资料来源：由表 6-9 中数据绘制。

（二）各类制造业与生产性服务业协同演化路径分析

从图 6-6 至图 6-8 中所绘制的劳动密集型制造业、资本密集型制造业和技术密集型制造业与生产性服务业间的协同演化趋势图中可以看出，2000～2015 年间各大类制造业与生产性服务业间协同演化发展模式虽总体呈现出由寄生模式向互惠共生模式的转变，但两产业间相互影响的作用强度及共生模式转换的时间节点却存在差异。其中生产性服务业寄生于劳动密集型制造业的时间最久，时间跨度为 2000～2007 年，从 2008 年起劳动密集型制造业与生产性服务业间的协同关系才刚刚摆脱产业互动的初创期步入成长时期。在两产业协同演化的成长期间，生产性服务业逐渐对劳动密集型制造业的发展起到了正向的推动作用，且两产业间一直处于以制造业为主导的互惠共生模式（即 $\alpha_{21} > \alpha_{12}$）。从共生作用系数 α_{12} 的增幅情况来看，生产性服务业对资本密集型和技术密集型制造业的促进影响作用较强，对劳动密集型制造业的影响相对较低。这在一定程度上能够说明，现阶段中国劳动密集型制造产业的资金投入和技术投入仍然不足，产业整体创新能力以及产品附加值不高，因而对传统型生产性服务业的依赖程度较大，生产性服务业总体对劳动密集型制造业的带动作用相对较低。

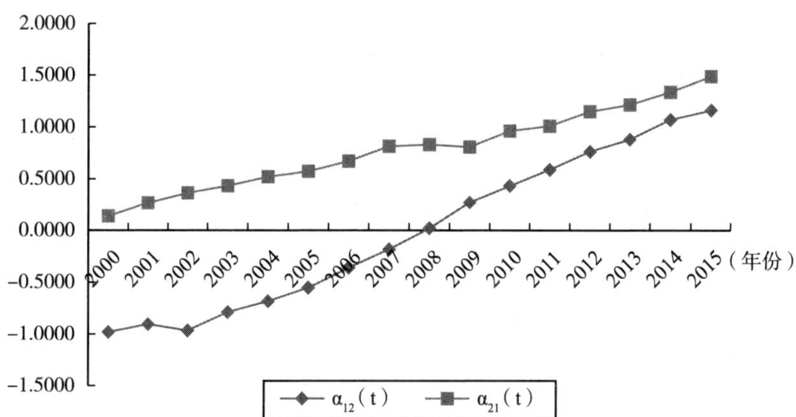

图 6-6　2000~2015 年劳动密集型制造业与生产性服务业协同演化趋势

资料来源：由表 6-10 中数据绘制。

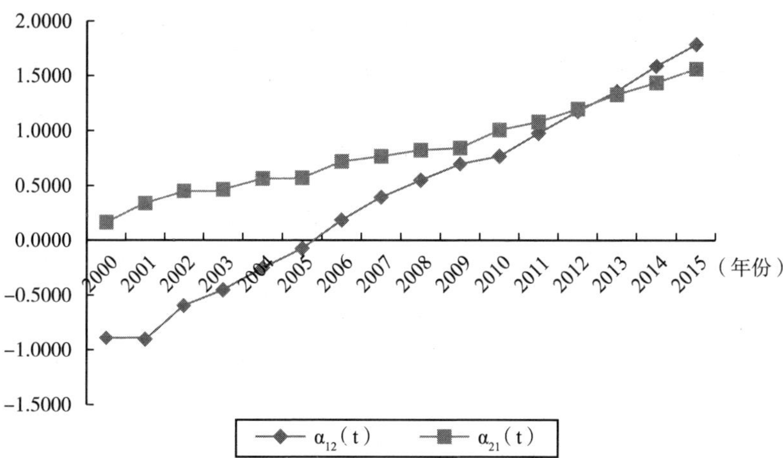

图 6-7　2000~2015 年资本密集型制造业与生产性服务业协同演化趋势

资料来源：由表 6-11 中数据绘制。

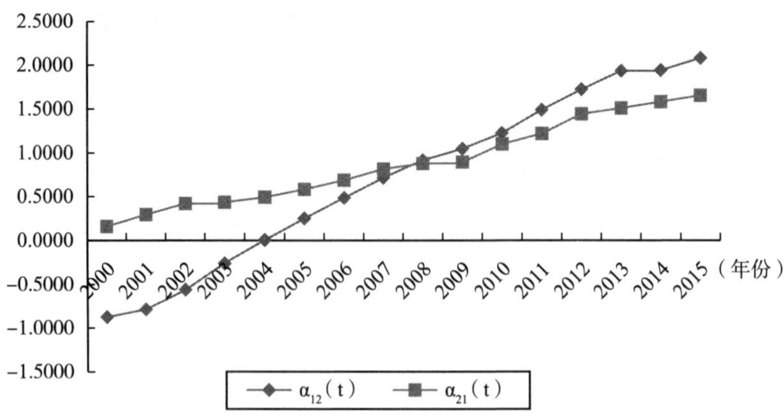

图 6-8　2000~2015 年技术密集型制造业与生产性服务业协同演化趋势

资料来源：由表 6-12 中数据绘制。

从图 6-7、图 6-8 中能够看出，生产性服务业寄生于技术密集型制造业的时间最短，时间跨度为 2000~2003 年，其次为资本密集型制造业，时间跨度为 2000~2005 年。在其后的互惠共生模式阶段，生产性服务业对技术密集型制造业、资本密集型制造业的影响作用逐步提升，并随着共生作用系数 α_{12} 的不断提升，技术密集型制造业和资本密集型制造业先后分别在 2008 年和 2013 年时由制造业为主导的互惠共生模式转化为由生产性服务业为主导的互惠共生模式。由此可以看出，随着生产性服务业的快速发展，资本密集型制造业与技术密集型制造业对生产性服务业的影响逐渐弱于生产性服务业对其产业的影响。其结果也能够侧面反映出，面对日益激烈的市场竞争以及客户对制造产品的多样化需求，资本密集型制造业和技术密集型制造业对高质量生产性服务的需求性更为强烈，两产业能够充分利用生产性服务这种高级要素的投入来提升其产业市场竞争力。而相较于资本密集型制造业，技术密集型制造业更为需要高级人力资本和知识资本的注入来提高其自身的产业技术创新能力，因此对生产性服务业依赖性更强。

本部分以共生理论为切入视角，在考虑到系统受环境因素影响的基础上，测度 2000~2015 年间制造业与生产性服务业在共生模式状态下的种群增长率、最大环境容量及共生作用系数，并通过仿真模拟预判未来制造业与生产性服务业在不同共生模式作用下的协同演化发展轨迹。通过对问题的进一步分析，可以得出以下主要结论。

（1）2000～2005 年间生产性服务业的发展受益于制造业，两产业间的协同演化发展处于寄生模式，而后随着生产性服务业的快速发展，两产业间的协同演化关系在 2006 年发生质变，由寄生转变为非对称型互惠共生模式，并随着共生作用系数 α_{12} 的不断提升，制造业与生产性服务业在 2013～2015 年处于生产性服务业为主导的互惠共生模式。

（2）劳动密集型、资本密集型、技术密集型制造业与生产性服务业间总体呈现出由寄生模式向互惠共生模式转变态势，其中生产性服务业寄生于劳动密集型制造业的时间最长，而寄生于技术密集型制造业的时间最短。生产性服务业与资本密集型、技术密集型制造业间最终处于以生产性服务业为主导的互惠共生模式，其对资本密集型、技术密集型制造业的发展具有较强的促进作用。而生产性服务业与劳动密集型制造业间最后处于以制造业为主导的互惠共生模式，其对劳动密集型制造业的影响相对较低。

二、制造业与生产性服务业协同演化路径模拟

上述实证研究表明，2006～2015 年制造业与生产性服务业处于非对称互惠共生模式，为了进一步探究制造业与生产性服务业在协同演化进程中处于不同的共生关系对两产业系统演化的影响，以公式（6－7）为基础，运用 matlab 软件对产业共生作用系数 α_{21}、α_{12} 进行赋值仿真模拟，从而揭示两产业间的共生演化规律。研究以 2015 年制造业和生产性服务业的总产值为初始值，将所求得的 2015 年两产业在共生环境中的种群自然增产率（$r_1=0.3946$、$r_2=0.2896$）和环境最大容量（$N_{m1}(t)=3952698$、$N_{m2}(t)=3562848$）分别代入公式（6－7）中，取时间跨度 t 为 60 年，通过作用系数 α_{12}、α_{21} 的调节分别模拟制造业和生产性服务业在并生模式、反向共生模式、正向偏利共生模式、反向偏利

共生模式、寄生模式、对称型互惠共生模式和非对称型互惠共生模式的发展情况，具体模拟效果如图6－9～图6－15所示。

图6－9所呈现的是制造业与生产性服务业在互不影响的状态下（即不存在共生关系，$\alpha_{12}=\alpha_{21}=0$），两产业借助自身力量各自独立发展时总产值的增长曲线。其中，制造业在第10年后达到最大产出量，生产性服务业则在第20年后达到最大产出量。

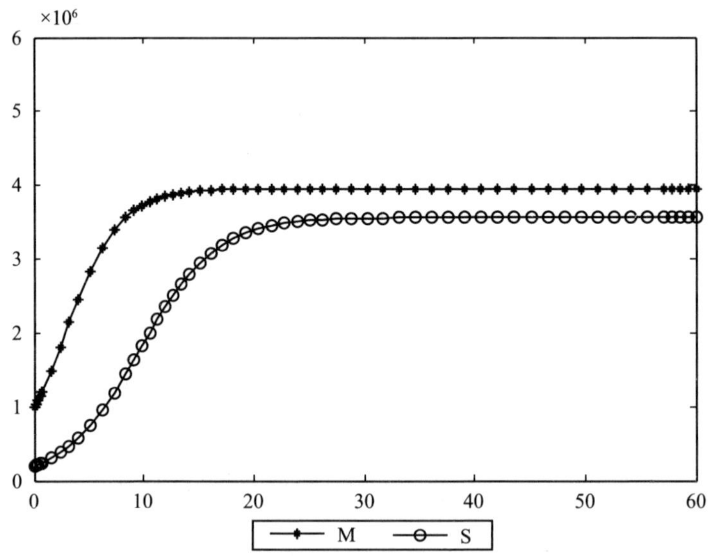

图6－9　制造业与生产性服务业并生发展模式

制造业与生产性服务业间处于反向共生模式时，共生作用系数α_{12}、α_{21}数值均小于0，两产业彼此间相互竞争，对双方的产值都产生负向影响。当制造业竞争强度大于生产性服务业时（即$\alpha_{12}>\alpha_{21}$），制造业产值在初始阶段受到影响，其产值在第15年后达到最大产出量，晚于并生模式，而生产性服务业在竞争中一直处于劣势很快消亡，具体模拟效果如图6－10（a）所示。当生产性服务业竞争强度大于制造业时（即$\alpha_{12}<\alpha_{21}$），生产性服务业对制造业的阻滞作用较强，使得制造业在第10年后的产值急速下滑，而生产性服务业同样也受到制造业的威胁，其产值

年均增长幅度小于并生模式，具体模拟效果如图 6－10（b）所示。

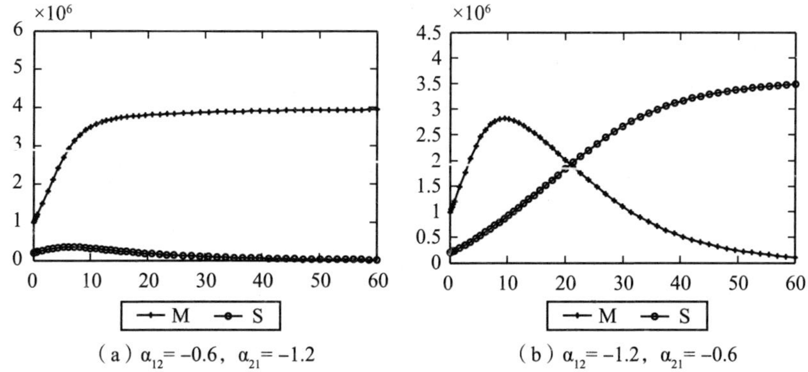

图 6－10 制造业与生产性服务业反向共生发展模式

制造业与生产性服务业间处于偏利共生模式时，产业共生作用系数为 0 的一方，由于产业不能获得共生能量，其产值演进增长曲线和图 6－9 中并生模式一致。产业共生作用系数为正值的一方，由于产业能够获得共生效应，其产值能够突破独立发展时的最大产出水平，具体模拟效果如图 6－11 所示。而产业共生作用系数为负值的一方，会受到系统内产业的挤出效应影响，对其产业发展产生阻滞作用，产值最终归 0，具体模拟效果如图 6－12 所示。

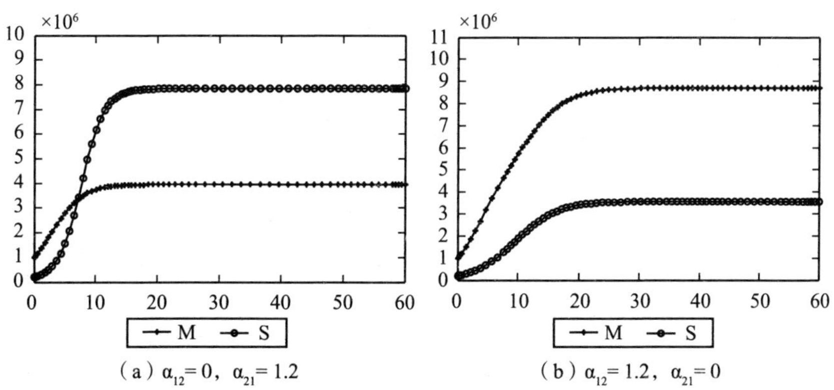

图 6－11 制造业与生产性服务业正向偏利共生发展模式

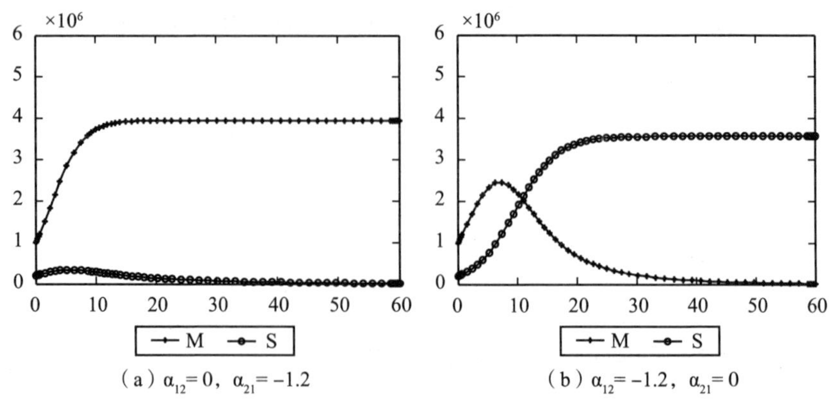

（a）$\alpha_{12}=0$，$\alpha_{21}=-1.2$　　（b）$\alpha_{12}=-1.2$，$\alpha_{21}=0$

图6-12　制造业与生产性服务业反向偏利共生发展模式

制造业与生产性服务业间处于寄生模式时，共生作用系数为正的一方寄生于系统内另一产业。图6-13（a）所呈现的是制造业寄生于生产性服务业的状态，生产性服务业资源由于受到侵蚀，其产值仅在初始阶段有小幅度提升，后逐步下降在第20年时产值为0。而制造业受益于生产性服务业资源，其产值在一定的时间段中能够超出最大产出水平，而后随着生产性服务业的落败其产值又恢复到独立发展时的最大产出量。图6-13（b）所呈现的是生产性服务业寄生于制造业的状态，制造业为资源受损方，产值最终归0，生产性服务业为受益方，其产业发展得到促进。

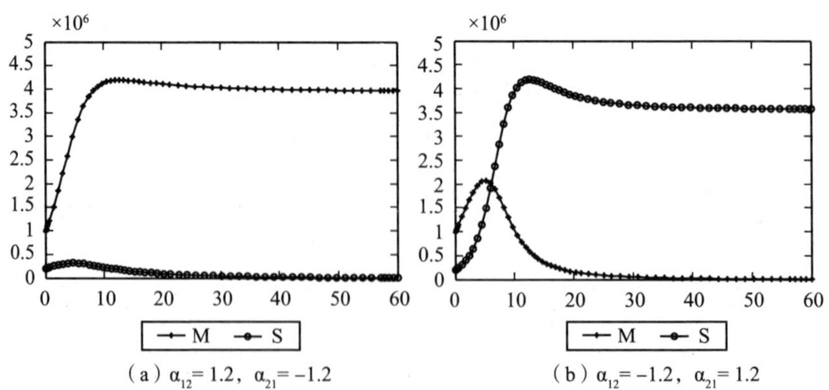

（a）$\alpha_{12}=1.2$，$\alpha_{21}=-1.2$　　（b）$\alpha_{12}=-1.2$，$\alpha_{21}=1.2$

图6-13　制造业与生产性服务业寄生发展模式

而在对称型互惠共生模式中，制造业与生产性服务业均能获得同等的产能积累，使两产业间的共生稳定性不仅优于非对称型模式，其两产业最终产出也是所有演化模式中最高的，具体模拟效果如图 6 – 14 所示（设 $\alpha_{12}=0.6$，$\alpha_{21}=0.6$）。制造业与生产性服务业间处于互惠共生模式时，无论是对称型还是非对称型互惠共生模式两产业都能从彼此间获得共生能量，两产业的最终产出比独立发展时均有提升。非对称型互惠共生模式中，制造业与生产性服务业由于共生能量分配的不均衡导致双方的产能积累产生差异，具体模拟效果如图 6 – 15 所示。

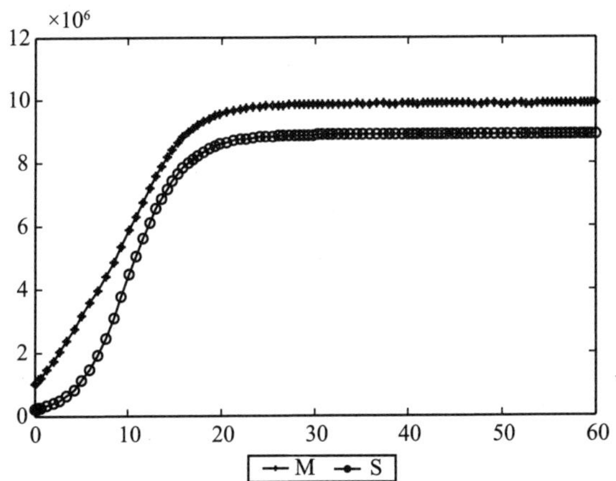

图 6 – 14　制造业与生产性服务业对称型互惠共生发展模式

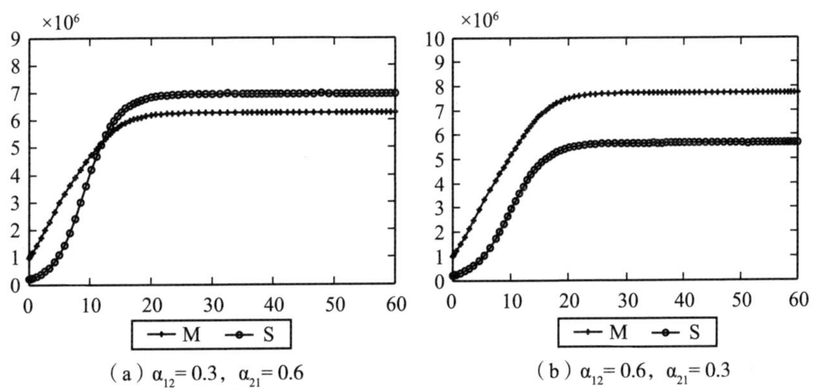

（a）$\alpha_{12}=0.3$，$\alpha_{21}=0.6$　　（b）$\alpha_{12}=0.6$，$\alpha_{21}=0.3$

图 6 – 15　制造业与生产性服务业非对称型互惠共生发展模式

总体来说，当制造业与生产性服务业处于反向共生模式时双方产业彼此竞争阻碍，其两产业的协同演化发展均会受到影响。当制造业与生产性服务业处于反向偏利共生模式或寄生模式时，总有一方产业会受到不同程度的损失，因此这两种模式同样不利于制造业与生产性服务业的良性发展。相较而言，正向偏利共生模式下两产业中的一方产值虽能够突破独立发展时的最大产出量，但其最大产值水平低于互惠共生模式下的产值水平。在对称型互惠共生模式中，制造业与生产性服务业间对彼此的贡献相近，其产业间相互促进作用均衡，总体的共生稳定性高于非对称型模式，是能够推进制造业与生产性服务业有效协同演化发展的最优模式。

第七章

制造业与生产性服务业协同演化发展水平研究

由第六章的分析可知，2000～2015 年间制造业与生产性服务业间协同演化总体呈现出由寄生向互惠共生转变的发展趋势，其演进态势有益于未来两产业间良好的协同发展。因此，本部分在明确了制造业与生产性服务业间协同演化方向的基础上，采用灰色 GM(1，N) 模型量化制造业与生产性服务业协同演化发展水平，从客观的角度了解两产业间协同发展水平变动情况，为推动制造业与生产性服务业协同演化发展提供合理的决策依据。

第一节　制造业与生产性服务业协同演化发展水平测度方法选择

一、产业协同演化发展水平测度方法总结

产业间的协同性测度早期源于各产业间的关联性研究，日本经济学家盐谷佑一利用产业关联理论对霍夫曼（Hoffman）工业化经验法则做了重新论证，提高了霍夫曼比率的测算精度，之后多夫曼、萨缪尔森和

索洛等（Dorfman，Samuelson & Solow）将线性规划模型与投入产出模型相结合，提出产业间协同合作最优化理论。现阶段，国内外对于产业间协同度的研究尚未得到统一合理的测算方法，研究分别从基于容量耦合、模糊理论、回归分析、DEA、灰色关联理论、熵变方程等6种国内外产业协同度的研究方法和测度模型进行分类总结。

（一）基于容量耦合的产业协同测度模型

产业耦合协同测度模型是借鉴物理学中瓦莱丽（Valerie）在1996年提出的容量耦合系数模型来测度产业间的耦合协同程度，耦合这一概念能够更加生动形象地阐释各协同产业间相互依赖、相互作用、相互促进的动态互动关系，产业耦合性的研究不再局限于产业链上下游串联的产业，其研究范围大于产业关联性协同测度。与此同时，产业耦合协调测度模型在计算过程中能够区分出指标正、负面作用效果，使其对最终决策更具指导性。其中多个产业系统相互作用的耦合度模型为：

$$C_n = n[(u_1 \times u_2 \times \cdots \times u_n)/\prod(u_i + u_j)]^{1/n} \tag{7-1}$$

包含两个子系统的耦合度模型为：

$$C_{ai}^t = 2\sqrt{u_a^t \times u_i^t}/(u_a^t + u_i^t) \tag{7-2}$$

公式（7－2）中 C_{ai}^t 为第a项产业与第i项产业在第t年度的耦合度值，取值范围在0～1之间。当 $C_{ai}^t=1$ 时，两子产业的耦合度最大，表明产业间呈现良性共振耦合状态；反之当 $C_{ai}^t=0$ 时，两产业间耦合度最低，两者不存在相关性。

耦合度虽然对判断产业间互动发展程度有一定的重要意义，但仅单纯依靠耦合度分析两产业间互动情况会产生一定的误导。徐玉莲等（2011）指出如果当 u_a^t 和 u_i^t 取值相近且较低的情况下，仅采用耦合度进行测度会出现两系统在发展水平都不高的情况下，协同发展程度呈现较高值的伪评价结果。因此，为准确地反映产业间的耦合协调发展水平，需进一步构建两系统间的耦合协调度模型，具体如下：

$$D_{ai}^t = (C_{ai}^t \times T_{ai}^t)^{1/2} \quad T_{ai}^t = \alpha u_a^t + \beta u_i^t \tag{7-3}$$

公式（7-3）中 D_{ai}^{t} 为第 a 项产业与第 i 项产业在第 t 年间的耦合协调度，T_{ai}^{t} 为反映两产业在第 t 年间协同效应的综合评价指数，其中 α 和 β 为待定系数（α+β=1），分别为反映第 a 项产业与第 i 项产业对整体系统耦合协同作用的贡献程度。现阶段，耦合协同模型已广泛应用于测度产业间的互动发展水平，张沛东（2010）和李秉强（2014）利用耦合协同度模型分别从行业和区域层面测算制造业与生产性服务业间的协调发展情况，张倩男（2013）以广东省电子信息产业与纺织业为例对传统产业和战略性新兴产业进行耦合协同性测度。张琰飞（2013）利用耦合协调度模型测度了西南四省的旅游产业和文化产业互动发展水平。但耦合协同测度模型仍有一个致命的弱点，其对 α 和 β 为待定系数的赋值具有主观性并没有明确的标准，而待定系数取值的不同则会导致测算结果迥然不同的差别，致使产业间耦合协同测度结果不具有足够的指导价值。

（二）基于模糊理论的产业协同测度模型

曾珍香（2010）指出系统间的内部发展会处于由协同到不协同再到协同的一种动态循环演进的发展过程，协同发展内涵明确但外延边界不清，其系统间的协同发展可用模糊数学中的隶属度函数进行描述。其计算步骤如下：

$$U_S = \exp\left\{\frac{-(x-x')^2}{S^2}\right\} \tag{7-4}$$

其中，x′代表协同值，x 代表实际值，产业间协同发展程度可定义为：

$$\mu_{1,2} = \frac{\min\{\mu_1,\ \mu_2\}}{\min\{\mu_1,\ \mu_2\}} \tag{7-5}$$

其中，μ_1 和 μ_2 数值差值越大则协同程度越低，反之 μ_1 和 μ_2 数值越接近则协同程度越高，当 $\mu_{1,2}=1$ 或 $\mu_1=\mu_2$ 时协同程度最大。祝爱民（2007）基于模糊数学构建县域产业技术进步与产业经济发展协同模糊评价模型。汪晓文（2014）在构建工业化与信息化产业复合协同评价指标体系的基础上利用基于隶属度的模糊评价模型测算 2005 ~ 2012 年间中国工业产业与信息产业协同发展情况。阚锴（2015）基于协同视角对装备制造业与生产性服务业互动发展进行评价。但基于模糊理论的产业协同测度模型对各指标权重矢量的确定具有较强的主观性，此外，当指标集 U 中的指标个数较多时，在权矢量总和是 1 的前提条件约束下，测算得出的隶属度权系数往往偏小，这会导致权矢量与模糊矩阵的匹配度低，测算的结果分辨率差，出现超模糊现象，造成最终测度的结果失效。

（三）基于回归分析的产业协同测度模型

基于回归分析的产业协同测度模型其主要把回归系数作为反映产业间协同发展程度的标准，陆剑宝（2014）利用计量回归模型从区域层面对制造业与生产性服务业协同发展进行定量研究，表明制造业与生产性服务业互为协同发展关系，同时制造业产业集聚对生产性服务业集聚会产生重要的影响作用，也是导致生产性服务业集聚的重要原因。吴洪（2010）采用动态面板广义矩估计对保险业和金融业间协同发展关系进行研究，指出保险业与金融业间的竞争关系大于产业的互补关系。孙鹏（2012）基于向量自回归模型验证了制造业与现代物流服务业间协同演化的相互作用关系，指出制造业与生产性服务业协同互动的本质在于其互惠性的资源交换。徐娜和刘红菊（2017）通过 ADF 单位根检验指出天津制造业仍处于转型阶段，制造业对生产性服务业利用程度较低，但生产性服务业是影响制造业发展水平的关键因素。但基于回归分析的产业协同测度模型多数是直接将计量模型应用于求解分析，并没有涉及所运用计量经济模型的基础性理论分析。此外，模型中所涉及的假设具有一定的普遍认知性，所涉及的数据量有限且质量不高，计量模型中多数针对产业增加值或总产值等单一统计数据进行回归分析，缺乏大量的数据作为支撑，未能实质性地揭示产业间协同发展规律。

（四）基于 DEA 的产业协同测度模型

杰斐逊（Jefferson）在 2000 年基于 DEA 的产业协同测度模型是利用 DEA 模型分别把待测两产业的各项指标作为输入和输出值，测算两产业间协同度的相对效率，之后再采用隶属度公式测度两产业间的协同状况。研究所采用的 DEA 模型种类不尽相同，其中以规模收益不变的 CCR 模型最为基础，其计算原理假设有 n 个产业或部门记为决策单元 $DMU_j(j=1, 2, \cdots, n)$，每个 DMU 有 m 种投入，记为 $x_i(i=1, 2, \cdots, m)$，投入权重记为 $v_i(i=1, 2, \cdots, m)$；q 种产出记为 $y_r(r=1, 2, \cdots, q)$，产出权重记为 $u_r(r=1, 2, \cdots, q)$。其线性规划公式为：

$$\max \frac{\sum_{r=1}^{q} u_r y_{rk}}{\sum_{i=1}^{m} v_i x_{ik}} \tag{7-6}$$

$$\text{s. t.} \ \frac{\sum_{r=1}^{q} u_r y_{rj}}{\sum_{i=1}^{m} v_i x_{ij}}$$

$$v \geqslant 0; \ u \geqslant 0$$

$$i=1, 2, \cdots, m; \ r=1, 2, \cdots, q; \ j=1, 2, \cdots, n \tag{7-7}$$

施国洪（2010）和王军（2012）以物流产业各指标作为输入数据，制造业各指标作为输出数据，运用 DEA 模型测算制造业与物流产业协同演化发展情况。方悦（2011）以流通产业各指标作为输入数据，第二产业各指标作为输出数据，运用 DEA 模型测算流通业与第二产业间互动发展情况。杜宇玮（2016）基于投入产出的效率角度采用 DEA 模型测算中国制造业与生产性服务业协同发展情况。DEA 作为非参数的最优化模型并不具备统计特征且不能对模型自身进行有效性检验，同时 DEA 模型中所有决策单元共用一个固定的前沿面，忽略了输入样本中的差异性，在一定程度上影响了测算效果的准确性。

（五）基于灰色关联理论的产业协同测度模型

灰色关联分析（gray relation analysis）是一种适用于分析多种因素的统计方法，其研究基本思想是根据各因素之间发展趋势的相似程度来测量因素间相关性，相似程度越接近产业协同关联性越大，反之则协同关联性就越小。灰色关联分析模型的基础是邓聚龙（1985）提出的邓氏关联度计算模型，其计算公式：

$$\xi(j)(t)=\frac{\min\limits_{i}\min\limits_{j}|Z_i^X(t)-Z_j^Y(t)|+\rho\max\limits_{i}\max\limits_{j}|Z_i^X(t)-Z_j^Y(t)|}{|Z_i^X(t)-Z_j^Y(t)|+\rho\max\limits_{i}\max\limits_{j}|Z_i^X(t)-Z_j^Y(t)|} \tag{7-8}$$

其中，$\xi(j)(t)$ 代表 t 时刻的关联系数，其值越大表明产业间关联性越强，$Z_i^X(t)$ 和 $Z_j^Y(t)$ 分别代表 t 时刻 i 产业与 j 产业各指标的标准化值，ρ 为标准化系数。唐晓华（2016）和李宁（2016）分别采用灰色网格关联度模型和灰色关联分析模型对制造业与生产性服务业联动协同进行研究。王春豪（2013）利用灰色关联模型测度了新疆和台湾地区制造业与物流业间共同发展的关联程度。

（六）基于熵变方程的产业协同测度模型

基于熵变方程的产业协同测度模型计算原理是在整个封闭系统中任何不可逆过程都会导致熵的增加，只有在可逆过程熵才是不变的。用 dS 代表两产业系统整体熵的增加值，deS 代表两产业系统整体与外界交换中的熵的增加和减少值，diS 代表两产业系统整体的不可逆熵产生值，且恒有 diS≥0，两产业系统整体熵的总增量等于统整系统不可逆熵的增加值和熵流带来的熵增或熵减值的算术总和，即 dS = diS + deS。史一鸣（2013）利用熵变方程构建装备制造业与高技术服务业间耦合协同熵模型，进一步探究两产业间互动运行机制。熵变方程法易于应用和求解，可将产业间协调类型划分为三种子类型用图示直观地展示出来，但熵变方程法仅能判定此时相对于上一年产业间的相对性的协调程度。

二、制造业与生产性服务业协同演化发展水平测度方法确定

现阶段，制造业与生产性服务业间呈现相互依赖的双向互动关系，两产业间各部门联系紧密、相互依赖，并且互相影响着彼此产业发展过程与未来发展方向，而产业协同性的测度并非是对两产业功能的简单叠加，更多体现的是“1 +1 >2”的叠加效应，制造业与生产性服务业协同性的研究不再局限于产业链上下游串联的产业，其研究范围大于产业关联、融合的测度。此外，制造业与生产性服务业间的互动关系经常呈现出不确定性和随机性的特征，相关数据反映的信息并不全面且具有灰色性，而灰色理论所构建的产业协同测度模型则可以弥补以上不足，通过对部分已知信息的挖掘来提取有价值的信息，实现对其系统运行行为、演化规律等的正确描述和深入分析，进而揭示产业间动态的协同程度与互动特征。

与此同时，制造业与生产性服务业是两个属性不同的子系统，其两产业间整体协同发展水平也是由制造业与生产性服务业这两个子系统的发展状态所决定。哈肯（Haken，1989）指出由协同理论可知，序参量能够影响各个系统之间的协同方式，整个系统由无序走向有序的关键在于系统内部序参量之间的协同作用，它既能反映系统状态的有序性质和程度，又能左右着系统变化的特征与规律。而制造业与生产性服务业间的互动特征分析可以看出，两产业间的协同演化发展也是由序参量的状态决定的。因此，构建制造业与生产性服务业间演化发展协同度测量的关键在于测定制造业与生产性服务业间各子系统的有序度，并对其加以比较分析。两产业间的整体协同系统主要由制造业与生产性服务业两个子系统构成，对于整体的系统的协同度的研究，要先从两个子系统序参量着手。首先分析各子系统序参量的“涨落”规律，也就是测定各个子系统的有序程度，再对比研究后根据制造业与生产性服务业间各自有序度计算两产业间的协同度。

通过上述对各类产业协同测度模型中所存在的优势和劣势的分析，

并结合制造业与生产性服务业互动演化发展的自身特征，本书选择既能够测算子系统相对自身协调程度又能测算整体系统协同发展演变程度的灰色系统模型 GM(1，N) 来测算制造业与生产性服务业间演化发展的协同度。其在产业协同研究中制造业与生产性服务业的边界并没有因为技术渗透而模糊或消除，在测度产业间相互协同影响作用的基础上能够进一步体现各产业独立发展的水平与特征，尤为契合两产业间互动发展的演化特征。

第二节 制造业与生产性服务业协同演化发展水平测度模型构建

一、评价指标体系判别类型划分

本书根据制造业与生产性服务业协同演化发展值的大小将两产业间协同发展程度先总体划分为可接受区间、过渡区间、不可接受区间这 3 个层次，能够对制造业与生产性服务业在不同时间段的协同演进程度有一定阶段性的归类划分，再详细分为 10 种基本类型（张勇等，2013；张樨樨等，2014）。并根据制造业与生产性服务业每年综合发展速度，基于 D_a 和 D_s 的比值提出两者协同演化发展的 30 种复合类型，具体划分如表 7－1 所示。

表 7－1　制造业与生产性服务业系统协同发展判定标准及复合类型

区间	协同数值	基本类型	D_a/D_S	复合类型
可接受区间	$0.9<C\leqslant1$	优质协同发展类	$D_a/D_S>1.05$	优质协同发展制造业主导型
			$0.95\leqslant D_a/D_S\leqslant1.05$	优质协同发展同步型
			$D_a/D_S<0.95$	优质协同发展生产性服务业主导型

续表

区间	协同数值	基本类型	D_a/D_S	复合类型
可接受区间	$0.8<C\leq0.9$	良好协同发展类	$D_a/D_S>1.05$	良好协同发展制造业主导型
			$0.95\leq D_a/D_S\leq1.05$	良好协同发展同步型
			$D_a/D_S<0.95$	良好协同发展生产性服务业主导型
	$0.7<C\leq0.8$	中级协同发展类	$D_a/D_S>1.05$	中级协同发展制造业主导型
			$0.95\leq D_a/D_S\leq1.05$	中级协同发展同步型
			$D_a/D_S<0.95$	中级协同发展生产性服务业主导型
	$0.6<C\leq0.7$	初级协同发展类	$D_a/D_S>1.05$	初级协同发展制造业主导型
			$0.95\leq D_a/D_S\leq1.05$	初级协同发展同步型
			$D_a/D_S<0.95$	初级协同发展生产性服务业主导型
过渡区间	$0.5<C\leq0.6$	勉强协同发展类	$D_a/D_S>1.05$	勉强协同发展类生产性服务业滞后型
			$0.95\leq D_a/D_S\leq1.05$	勉强协同发展磨合型
			$D_a/D_S<0.95$	勉强协同发展类制造业滞后型
	$0.4<C\leq0.5$	濒临失调衰退类	$D_a/D_S>1.05$	濒临失调衰退生产性服务业滞后型
			$0.95\leq D_a/D_S\leq1.05$	濒临失调衰退磨合型
			$D_a/D_S<0.95$	濒临失调衰退制造业滞后型
不可接受区间	$0.3<C\leq0.4$	轻度失调衰退类	$D_a/D_S>1.05$	轻度失调衰退生产性服务业损益型
			$0.95\leq D_a/D_S\leq1.05$	轻度失调衰退共损型
			$D_a/D_S<0.95$	轻度失调衰退制造业损益型
	$0.2<C\leq0.3$	中度失调衰退类	$D_a/D_S>1.05$	中度失调衰退生产性服务业损益型
			$0.95\leq D_a/D_S\leq1.05$	中度失调衰退共损型
			$D_a/D_S<0.95$	中度失调衰退制造业损益型
	$0.1<C\leq0.2$	重度失调衰退类	$D_a/D_S>1.05$	重度失调衰退生产性服务业损益型
			$0.95\leq D_a/D_S\leq1.05$	重度失调衰退共损型
			$D_a/D_S<0.95$	重度失调衰退制造业损益型
	$0<C\leq0.1$	极度失调衰退类	$D_a/D_S>1.05$	极度失调衰退生产性服务业损益型
			$0.95\leq D_a/D_S\leq1.05$	极度失调衰退共损型
			$D_a/D_S<0.95$	极度失调衰退制造业损益型

二、灰色模型建模机理分析

（一）灰色模型介绍

灰色系统模型是利用原始数据列累加生成的方法，通过建立指标间的关系构建多指标相关模型，GM(r，n）灰色模型是针对 n 个变量用 r 阶微分方程所构建的模型，例如 GM(0，n）灰色模型是用近似多元线性回归模型的方法对 n 个变量进行建模，GM(1，n）灰色模型则是对 n 个变量用 1 阶微分方程建立的模型，本书以 GM(1，n）为例简要介绍其建模过程。

首先对描述系统的变量（指标）x_i 的 N 个数据构成初始的数据列：

$$x^{(0)} = \{x_i^{(0)}(1),\ x_i^{(0)}(2),\ \cdots,\ x_i^{(0)}(N)\},\ i=1,\ 2,\ \cdots,\ n \tag{7-9}$$

i 为指标个数，N 为每个指标的数据个数。然后对各指标的初始数据列 $x^{(0)}$ 做 1 - AGO（一次累加生成）：

$$x_i^{(1)}(k) = \sum_{m=1}^{k} x_i^{(0)}(m);\ x_i^{(1)}(1) = x_i^{(0)}(1) \tag{7-10}$$

然后进一步得到一次累加生成数列 $x^{(1)}$：

$$x^{(1)} = \{x_i^{(1)}(1),\ x_i^{(1)}(1)+x_i^{(0)}(2),\ \cdots,\ x_i^{(1)}(n-1)+x_i^{(0)}(n)\} \tag{7-11}$$

变量 $x^{(1)}$ 与其他变量的 GM(1，n）微分方程的一般形式为：

$$\frac{dx_1^{(1)}}{dt} + ax_1^{(1)} = b_1x_2^{(1)} + b_2x_3^{(1)} +,\ \cdots,\ b_{n-1}x_n^{(1)} \tag{7-12}$$

求解可以得到：

$$\hat{x}_1^{(1)}(k+1) = \left(x_1^{(0)}(1) - \frac{1}{a}\sum_{i=2}^{n} b_{i-1}x_1^{(0)}(k+1)\right)e^{-ak} + \frac{1}{a}\sum_{i=2}^{n} b_{i-1}x_1^{(1)}(k+1) \tag{7-13}$$

将式（7-1）的参数表示为 $\hat{a}=(a, b_1, b_1, \cdots, b_{n-1})^T$，则可以按照最小二乘法求出 $\hat{a}$：

$$B=\begin{bmatrix} -\frac{1}{2}(x_1^{(1)}(1)+x_1^{(1)}(2)), & x_2^{(1)}(2), & \cdots, & x_n^{(1)}(2) \\ -\frac{1}{2}(x_1^{(1)}(2)+x_1^{(1)}(3)), & x_2^{(1)}(3), & \cdots, & x_n^{(1)}(3) \\ \cdots, & \cdots, & \cdots, & \cdots \\ -\frac{1}{2}(x_1^{(1)}(N-1)+x_1^{(1)}(N)), & x_2^{(1)}(N), & \cdots, & x_n^{(1)}(N) \end{bmatrix} \tag{7-14}$$

$$Y_N=(x_1^{(0)}(2), x_1^{(0)}(3), \cdots, x_1^{(0)}(N))$$

$$\hat{a}=(a, b_1, b_1, \cdots, b_{n-1})^T=(B^TB)^{-1}B^TY_N$$

再将 $x^{(1)}$ 代入式（7-1）得到 $\hat{x}^{(1)}$，对 $\hat{x}^{(1)}$ 作一次累减还原，可以进一步得到 $\hat{x}^{(0)}$ 的 GM(1, n) 灰色模型值 $\hat{x}^{(0)}$：

$$\hat{x}^{(0)}(k+1)=\hat{x}^{(1)}(k+1)-\hat{x}^{(1)}(k), \hat{x}^{(0)}(1)=\hat{x}^{(0)}(1) \tag{7-15}$$

最后对 GM(1, n) 灰色模型精度检验：

$$e(k)=x^{(0)}(k)-\hat{x}^{(0)}(k), k=1, 2, \cdots, N \tag{7-16}$$

相对误差向量为：

$$e'=\left(\frac{x^{(0)}(k)-\hat{x}^{(0)}(k)}{x^{(0)}(k)}\times 100\%\right), i=1, 2, \cdots, N \tag{7-17}$$

当 e' 满足一定要求时，$\hat{x}^{(0)}$ 则能够描述变量的动态变化规律。

（二）灰色 GM(1, n) 模型建模思路

在制造业与生产性服务业间的复合系统中两系统及各指标要素之间具有很强的相关性，当两系统或要素间协同演化发展时，其互动状态变化具有一定的规律性，制造业系统的发展会促进生产性服务业系统的发展，生产性服务业系统的壮大会反哺于制造业系统的转型升级。因此，两系统间的状态曲线变动具有一定的相似程度，而各系统状态数据列之间的相关程度能够用来反映出两子系统各要素间的协同发展程度，将所有子系统间要素的协调程度进行综合分析后能够呈现制造业与生产性服

务业系统间的整体协同程度。将制造业与生产性服务业作为一个整体的系统，其研究的重点是如何分析两子系统间的相互作用关系，即两系统之间彼此关联促进的程度。其间需要主要解决两个方面的问题：第一，整体系统在发展过程中两个子系统自身协调性的变化情况；第二，整体系统的协同度变化趋势情况。与此对应，制造业与生产性服务业协同演化发展模型也应该包含两部分内容，即子系统内部自身的协调性和复合系统整体的协同性。

对制造业和生产性服务业整体系统的状态可用两子系统的状态方程描述为：

$$X = F(X_m, X_s); X_i = f_i(X_{ij}) \tag{7-18}$$

$i = m$，s 对应制造业和生产性服务业子系统，$j = k$，l 分别为两个子系统的指标数。作为由两产业组成的复合系统，还应考虑到两子系统间内部指标的关联效应，并在子系统层面上建立各指标间的关系函数：

$$x_{ij} = g_{ij}(x_{i1}, x_{i2}, \cdots, x_{i(j-1)}, x_{i(j+1)}, \cdots, x_n) \tag{7-19}$$

x_{ij}为 i 子系统的 j 项指标；g_{ij}为与 i 子系统的 j 项指标相对应的 i 子系统其他指标的关系函数。根据各原始指标数据的分布规律，选择恰当的 GM 模型，构建各指标的灰色 GM 模型，再得到如公式（7-19）各项指标的关系函数后，将各项指标的原始数据列 $x_{ij}^{(0)}(t)$ 代入所构建的模型中就可以得到每项指标的关系值序列 $\hat{x}_{ij}(t)$，鉴于 $\hat{x}_{ij}(t)$ 测度的是与其他指标之间关系的值，能够反映出与其他指标的协同性，因此本书将 $\hat{x}_{ij}(t)$ 称为指标 j 的协同值序列。与此同时，$x_{ij}^{(0)}(t)$ 既是受到其他指标影响下的数值又包含有其他因素的影响，利用 GM 灰色模型有利于弱化这些因素影响，使 $\hat{x}_{ij}(t)$ 还原后的值 $x_{ij}^{(0)}(t)$ 主要表现为指标之间的相互影响，剔除其他影响因素。

对制造业和生产性服务业两系统的各项指标，均可以通过 GM 灰色模型得到其协同值序列，对于指标 j 和 k，若两指标间的协同性强，则相对应的 $x_{ij}^{(0)}(t)$、$x_{ik}^{(0)}(t)$ $(j \neq k)$ 的关联系数也大。因此，$x_{ij}^{(0)}(t)$、$x_{ik}^{(0)}(t)$ 在 t 时刻的关联系数 $r_{kj}(t)$ 能够用于描述指标 j 和 k 在 t 时刻的协同程度，如果在发展过程中，各项指标均具有较强的协同性，则其关联系数也会较大，同时各子系统对于自身指标的整体协同度的测算可以通过各项指标间关联系数强度大小综合计算得出，若 i 子系统具有 n 项指标，其整体协调度可表示为：

$$D_i(t) = \sum_{k,j=1}^{n} r_{kj}(t) \Big/ \sum_{Z=1}^{n-1} Z \text{ ，} k \neq j \qquad (7-20)$$

其中，$r_{kj}(t)$ 为 t 时刻指标 k 和 j 之间的相关系数，Z 为指标之间的关系数。

在制造业与生产性服务业整体系统中，先计算子系统的综合值序列：

$$X_i(t) = \sum_{j=1}^{m,n,k,l} w_{ij} x_{ij}^{(0)}(t) \qquad (7-21)$$

$X_i(t)$ 为 i 子系统的发展状态综合值；w_{ij} 为 i 子系统中第 j 项指标 $x_{ij}^{(0)}(t)$ 的权重值。由两子系统的发展综合值序列 $X_i(t)$ 构建 GM(1, 2) 模型，在得到两子系统在各时刻协同序列值 $\hat{x}_i(t)$ 后，通过计算 $\hat{x}_i(t)$ 与 $\hat{x}_j(t)$ 累减还原后的值 $\hat{x}_i^{(0)}(t)$ 与 $\hat{x}_j^{(0)}(t)$ 的协同关联系数，从而进一步测得到每个子系统与其他子系统的协同序列 $R_{ij}(t)(i \neq j)$，进而可以得到制造业与生产性服务业间综合协同度序列：

$$D_0(t) = \frac{1}{2} \sum_{k,j=1}^{2} R_{kj}(t) \qquad (7-22)$$

由于 $D_0(t)$ 出发点是制造业与生产性服务业各系统间的协同程度，并没有考虑两系统指标之间的影响，在衡量整个系统的协同发展程度时，应将两子系统指标对相互间的影响考虑进去，综合考虑两产业系统内部指标间的协同性、系统间的协同性以及不同子系统指标之间的协同性，可以将制造业与生产性服务业间协调发展度表示为：

$$C(t) = k_1 \sum^{2} w_i D_i(t) + k_2 D_0(t) \qquad (7-23)$$

其中，w_i 为子系统 i 的权重值，k_1、k_2 分别为制造业与生产性服务业间综合协同度中指标协调与子系统协调的权重调节系数，k_1，$k_2 > 0$，$k_1 + k_2 = 1$，一般情况下可以取 $k_1 = k_2 = 0.5$，如果在制造业与生产性服务业间协同发展过程中为了更好地实现可持续发展而允许优先发展某个产业系统，如果优先发展某产业，再实现两产业系统的协同发展，k_1

和 k_2 取值可以不等。若强调的是两产业目标的同步发展，不提倡优先发展某个产业特色，k_1 和 k_2 取值则相同。

由上述模型构建过程可以看出，建立制造业与生产性服务业间协同发展模型的意义在于能够有效地对两产业间的协同发展演进趋势进行分析，其衡量的表现形式是两产业相关性的变化趋势。因此，研究所关注的重点是两产业相对变化的趋势，此种变化趋势是一种相对的衡量，所以 $C(t)$ 只有在时间变化上的相对意义，而没有绝对意义，因而在判断两产业相关性时只要能满足这种相对意义即可。研究利用灰色关联来分析制造业与生产性服务业各指标间相关程度，能够体现出这种相对意义，在此基础上考虑到不同指标的量纲差异性，对两产业各指标数据列进行初值化处理（其原理与建立 GM 模型中指标数据初值化相同），这样可以得到公共交叉点，同时使：

$$\min_i \min_k |x_0(k) - x_i(k)| = 0 \quad (7-24)$$

这样灰色关联公式变为：

$$\xi_{0i}(k) = \frac{\rho \max_i \max_k |x_0(k) - x_i(k)|}{|x_0(k) - x_i(k)| + \rho \max_i \max_k |x_0(k) - x_j(k)|} \quad (7-25)$$

当 ρ 确定时，$\xi_{0i}(k)$ 取决于 $\max_i \max_k |x_0(k) - x_j(k)|$ 以及 k 时刻两序列的离差 $|x_0(k) - x_j(k)|$，对于所有 k、$\xi_{0i}(k)$ 体现的是两指标状态离差的变化趋势，而无绝对值意义。因此，可以选择灰色关联公式（7-25）来描述对相关趋势变化的衡量。

三、灰色模型建模步骤与算法

根据上面的协同评价模型思路可以给出制造业与生产性服务业间协同演化发展综合评价模型的建模步骤与算法，仍以 GM（1，N）为例。

第一步，对所建立的制造业与生产性服务业间指标体系中各子系统的指标 x_{ij}，收集各指标 2006～2015 年内的初始数据 $x_{ij}^{(0)}(t)$。

第二步，将各指标数据进行标准化处理（初值化）并作一次累加

生成得到 $x_{ij}^{(1)}(t)$；为使指标间具有可比性，对 $x_{ij}^{(0)}(t)$ 做无量纲化（初值化，可以使不同数据列之间具有交叉点 $\bar{x}_{ij}^{(0)}(1)$）处理：

$$\bar{x}_{ij}^{(0)}(1)=x_{ij}^{(0)}(t)/x_{ij}^{(0)}(1) \tag{7-26}$$

对无量纲化后的指标数据列为 1 - AGO（一次累加，为增强数据列的规律性可以进行多次累加）：

$$x_{ij}^{(0)}=(\bar{x}_{ij}^{(0)}(1),\ \bar{x}_{ij}^{(0)}(1)+\bar{x}_{ij}^{(0)}(2),\ \cdots,\ \bar{x}_{ij}^{(0)}(1)+\bar{x}_{ij}^{(0)}(2)+\bar{x}_{ij}^{(0)}(N)) \tag{7-27}$$

第三步，根据原始数据列的 $x_{ij}^{(0)}(t)$ 分布规律，选择恰当的灰色模型利用 $x_{ij}^{(1)}(t)$ 建立各指标与其他指标之间的灰色模型，由模型得到各指标的协调发展值 $\hat{x}_{ij}(t)$。

由 $B=\begin{bmatrix} -\frac{1}{2}(x_1^{(1)}(1)+x_1^{(1)}(2)), & x_2^{(1)}(2), & \cdots, & x_n^{(1)}(2) \\ -\frac{1}{2}(x_1^{(1)}(2)+x_1^{(1)}(3)), & x_2^{(1)}(3), & \cdots, & x_n^{(1)}(3) \\ \cdots, & \cdots, & \cdots, & \cdots \\ -\frac{1}{2}(x_1^{(1)}(N-1)+x_1^{(1)}(N)), & x_2^{(1)}(N), & \cdots, & x_n^{(1)}(N) \end{bmatrix}$ 求得 B，

(7-28)

将 B 与 $Y_N=(x_1^{(0)}(2),\ x_1^{(0)}(3),\ \cdots,\ x_1^{(0)}(N))$ 代入 $\hat{a}=(a,\ b_1,\ b_2,\ \cdots,\ b_{n-1})^T=(B^TB)^{-1}B^TY_N$，得到 $a,\ b_1,\ b_2,\ \cdots,\ b_{n-1}$，写出相应的微分方程：

$$\frac{dx_1^{(1)}}{dt}+ax_1^{(1)}=b_1x_2^{(1)}+b_2x_3^{(1)}+,\cdots,+b_{n-1}x_n^{(1)} \tag{7-29}$$

求出相应函数：

$$\hat{x}_1^{(1)}(k+1)=\left(x_1^{(0)}(1)-\frac{1}{a}\sum_{i=2}^{n}b_{i-1}x_i^{(0)}(k+1)\right)e^{-ak}+\frac{1}{a}\sum_{i=2}^{n}b_{i-1}x_i^{(1)}(k+1);\ i=1,\ 2,\ 3,\ 4 \tag{7-30}$$

GM(0, N) 对应的有：

$$B=\begin{bmatrix} x_2^{(1)}(2), & x_n^{(1)}(2), & 1 \\ x_2^{(1)}(3), & x_n^{(1)}(3), & 1 \\ \cdots, & \cdots, & \cdots \\ x_2^{(1)}(N), & x_n^{(1)}(N), & 1 \end{bmatrix}$$

$$Y_N = x_1^{(1)}(2),\ x_1^{(1)}(3),\ \cdots,\ x_1^{(1)}(N) \tag{7-31}$$

$$\hat{a} = (b_1,\ \cdots,\ b_{n-1},\ a)^T = (B^TB)^{-1}B^TY_N$$

对应的模型方程为：

$$\hat{x}_1^{(1)} = b_1x_2^{(1)} + b_2x_3^{(1)} + ,\cdots, + b_{n-1}x_n^{(1)} + a \tag{7-32}$$

对 $\hat{x}_1^{(1)}$ 做一次累减还原，得到 $x_1^{(0)}$ 的 GM(1，N) 模型值 $\hat{x}_1^{(0)}$：

$$\hat{x}_1^{(0)}(k+1) = \hat{x}_1^{(1)}(k+1) - \hat{x}_1^{(1)}(k),\ \hat{x}_1^{(0)}(1) = x_1^{(0)}(1) \tag{7-33}$$

对模型精度检验：

$$e(k) = \hat{x}_1^{(0)}(k) - \hat{x}_1^{(0)}(k),\ k=1,\ 2,\ \cdots,\ N \tag{7-34}$$

相对误差向量：

$$e' = \left(\frac{x_1^{(0)}(k) - \hat{x}_1^{(0)}(k)}{x_1^{(0)}(k)} \times 100\%\right),\ i=1,\ 2,\ \cdots,\ N \tag{7-35}$$

当 $\max\{e'(k)\} \leqslant 40\%$ 时，（模型精度≥80%）认为模型精度达到要求。

第四步，计算指标协调值 $\hat{x}_{ik}^{(0)}(t)$ 与 $\hat{x}_{ij}^{(0)}(k)$ 的关联系数 $r_{ij}(t)$，由灰色关联系数公式（7－25）可以得到两数据列的关联系数：

$$r_{ij}(t) = \frac{\min|x_i(t) - x_j(t)| + \rho\max|x_i(t) - x_j(t)|}{|x_i(t) - x_j(t)| + \rho\max|x_i(t) - x_j(t)|} \tag{7-36}$$

i 对应制造业和生产性服务业两个子系统；x_j 为 i 系统的第 j 个指标；$t=1,\ 2,\ \cdots,\ N$ 为指标数据数，$\max|x_i(t) - x_j(t)|$（$\min|x_i(t) - x_j(t)|$）为两序列值在 t 上的最大（最小）绝对差值；$\rho \in (0.1,\ 1)$ 为分辨系数，其作用在于提高关联系数之间的差异显著性，当 $\max|x_i(t) - x_j(t)|$ 值较大时，可选择小的 ρ，当 $\max|x_i(t) - x_j(t)|$ 值较小时可选择较大的 ρ，一般情况下取 $\rho=0.5$。

第五步，由指标间的关联系数得到各子系统相对于自身指标的综合

协同度序列 $D_i(t)$：

$$D_i(t) = \sum_{k,j=1}^{n} r_{kj}(t) \Big/ \sum_{Z=1}^{n-1} Z, \ (j \neq k) \tag{7-37}$$

$D_i(t)$ 为描述 i 子系统协调性的协同度序列，n 为 i 子系统的指标数。

第六步，由各子系统指标的原始数据 $x_{ij}^{(0)}(t)$ 以及各指标在子系统中的权重得到各子系统的综合值序列 $X_i^{(0)}(t)$：

$$X_i^{(0)}(t) = \sum^{m} w_{ij} x_{ij}^{(0)} \tag{7-38}$$

第七步，将 $X_i^{(0)}(t)$ 做一次累加生成得到 $X_i^{(1)}(t)$，建立制造业与生产性服务业的 GM(1，2) 模型，由模型得到两子系统的协同发展值 $\hat{X}_i(t)$ 还原后得到 $\hat{X}_i^{(0)}(t)$；计算方法按公式（7-11）。

第八步，计算各子系统协同发展值之间的关联系数 $R_{ij}(t)$；计算方法按公式（7-12）。

第九步，计算制造业与生产性服务业两子系统的综合协同度 $D_0(t)$：

$$D_0(t) = \frac{1}{2} \sum_{k,j=1}^{2} R_{kj}(t) \tag{7-39}$$

第十步，考虑不同子系统间指标的影响，建立制造业与生产性服务业协同发展 C(t) 度模型：

$$C(t) = k_1 \sum^{4} w_i D_i(t) + k_2 D_0(t), \ k_1 = k_2 = 0.5 \tag{7-40}$$

w_i 为运用熵值法所求得的制造业与生产性服务业两系统的权重值。

第三节 制造业与生产性服务业协同演化发展水平实证研究

一、制造业与生产性服务业总体协同演化发展水平研究

利用 Matlab 软件对灰色 GM(1，N) 模型进行求解，分别对产业自

身协调性和产业间的协同演化发展情况进行分析。从表 7 - 2 中可以看出 2006 ~ 2015 年制造业与生产性服务业自身协调发展水平一直保持稳定的增长态势，其中生产性服务业的总体协调发展水平在 2011 年赶超制造业，并于此后一直保持领先优势。从表 7 - 3 制造业与生产性服务业协同演化发展态势中可以看出，2006 ~ 2015 年制造业与生产性服务业间的协同度波动范围在 0.5513 ~ 0.8184 内，其产业互动协同性由初始的勉强协同阶段逐步上升至良好协同发展阶段，并于 2009 年完成了从过渡区间向可接受区间的升级跨越。在此 10 年间，制造业与生产性服务业在实现了自身产业平稳发展的同时两产业间相互作用程度不断深化，其产业间的协同效应也日益增强。

表 7 - 2　　2006 ~ 2015 年制造业与生产性服务业自身协调发展水平

行业分类	2006 年	2007 年	2008 年	2009 年	2010 年	2011 年	2012 年	2013 年	2014 年	2015 年
制造业	0.5620	0.5691	0.5998	0.6203	0.6912	0.7088	0.738	0.7696	0.8174	0.8342
劳动密集型	0.5477	0.5529	0.5693	0.5885	0.6489	0.6837	0.7042	0.7312	0.7836	0.8131
资本密集型	0.5492	0.5601	0.6235	0.6001	0.7180	0.7291	0.6985	0.7394	0.7993	0.8348
技术密集型	0.5638	0.5864	0.6071	0.6391	0.7084	0.7154	0.7485	0.7779	0.8664	0.8540
生产性服务业	0.5393	0.5574	0.5901	0.6251	0.6885	0.7301	0.7702	0.8141	0.8595	0.8606

资料来源：作者计算。

表 7 - 3　　2006 ~ 2015 年制造业与生产性服务业协同演化发展水平

行业分类	2006 年	2007 年	2008 年	2009 年	2010 年	2011 年	2012 年	2013 年	2014 年	2015 年
制造业	0.5513	0.5810	0.6152	0.6393	0.6705	0.6936	0.7225	0.7628	0.7759	0.8148
劳动密集型	0.5249	0.5625	0.6092	0.6381	0.6791	0.6736	0.7049	0.7369	0.7650	0.7833
资本密集型	0.5573	0.5947	0.6137	0.6179	0.6642	0.7012	0.7379	0.7604	0.7955	0.8249
技术密集型	0.5608	0.6248	0.6739	0.6874	0.7278	0.7498	0.7868	0.8142	0.8321	0.8505

资料来源：作者计算。

与此同时，制造业各大类与生产性服务业间的协同互动程度仍具有一定的差异性，其中与生产性服务业协同互动最为紧密的是技术密集型制造业，其次为资本密集型制造业，协同互动程度最低的为劳动密集型制造业。由此可见，技术密集型制造业在生产过程中对技术和知识要素依赖远超过对其他生产要素依赖的产业，而生产性服务业隶属于知识密集型产业，能够契合技术密集型制造业对专业性、科学性和技术性服务的需求，进而加快两产间协同发展步伐。而劳动密集型制造业与生产性服务业间协同互动较前两大类制造业程度弱，这在一定程度上说明劳动密集型制造业产品仍缺乏技术设计和研发优势，现阶段还不能充分利用生产性服务这种高级要素。因此，让生产性服务业与劳动密集型制造业有机结合能够有助于创新资源的相互注入，进而提升此类制造业价值链各环节中技术创新能力，从而进一步促进劳动密集型制造企业转型升级。

二、制造业与生产性服务业协同发展水平行业差异性研究

（一）制造业各行业与生产性服务业协同发展水平差异性分析

如表 7 – 4 所示，2006 ~ 2015 年间制造业各子行业自身协调发展水平除个别年份有小幅度回落，其余总体每年均处于保持稳定的增长状态。与此同时，制造业各子行业与生产性服务业协同程度也逐步增强，但由于不同制造业自身经济基础的不同，其与生产性服务业间协同演化程度却呈现出差异性特征，具体结果见表 7 – 6。

表 7 – 4　2006 ~ 2015 年制造业各子行业自身协调发展水平

分类	产业	2006 年	2007 年	2008 年	2009 年	2010 年	2011 年	2012 年	2013 年	2014 年	2015 年
C13	农副食品加工业	0. 5377	0. 5404	0. 6187	0. 6572	0. 6519	0. 7016	0. 7337	0. 7639	0. 7833	0. 8031
C14	食品制造业	0. 5342	0. 5743	0. 5787	0. 6057	0. 6496	0. 6804	0. 7288	0. 7769	0. 7699	0. 7987
C15	饮料制造业	0. 5214	0. 5841	0. 5836	0. 5907	0. 648	0. 6789	0. 7139	0. 7524	0. 8084	0. 829

续表

分类	产业	2006 年	2007 年	2008 年	2009 年	2010 年	2011 年	2012 年	2013 年	2014 年	2015 年
C16	烟草制品业	0. 5414	0. 5656	0. 6039	0. 6165	0. 6416	0. 6731	0. 7144	0. 7583	0. 7804	0. 8164
C17	纺织业	0. 5776	0. 5998	0. 616	0. 6026	0. 6316	0. 6747	0. 7022	0. 7514	0. 7801	0. 7718
C18	纺织服装业	0. 5715	0. 5874	0. 6216	0. 6496	0. 6449	0. 6703	0. 6974	0. 7366	0. 763	0. 7825
C19	皮、毛、羽制品业	0. 6163	0. 6435	0. 6566	0. 6291	0. 7357	0. 7006	0. 7789	0. 7264	0. 7797	0. 8073
C20	木材加工制品业	0. 5477	0. 5602	0. 5864	0. 6066	0. 6542	0. 7087	0. 7256	0. 7842	0. 8414	0. 8248
C21	家具制造业	0. 5316	0. 5467	0. 5708	0. 5974	0. 618	0. 648	0. 6961	0. 7301	0. 8308	0. 8115
C22	造纸业	0. 5397	0. 5604	0. 5652	0. 5822	0. 6064	0. 6661	0. 6798	0. 7485	0. 7957	0. 819
C23	印刷、媒介复制业	0. 5472	0. 5703	0. 5983	0. 634	0. 6555	0. 6961	0. 7312	0. 7776	0. 8358	0. 8537
C24	文教、工美、体育制造业	0. 5247	0. 5801	0. 5986	0. 627	0. 6316	0. 6812	0. 7173	0. 7548	0. 7937	0. 8366
C25	石油加工业	0. 6476	0. 6753	0. 6947	0. 6775	0. 7014	0. 7256	0. 763	0. 8071	0. 8663	0. 8835
C26	化学原料制造业	0. 5465	0. 5614	0. 5863	0. 6059	0. 6523	0. 6783	0. 7126	0. 7693	0. 8446	0. 8249
C27	医药制造业	0. 5575	0. 5841	0. 5945	0. 5951	0. 6797	0. 7289	0. 7398	0. 7864	0. 8274	0. 8698
C28	化学纤维制造业	0. 5498	0. 5698	0. 6157	0. 6511	0. 6816	0. 7179	0. 7688	0. 7441	0. 781	0. 8035
C29 + C30	橡胶和塑料制品业	0. 5466	0. 5819	0. 592	0. 5703	0. 622	0. 6699	0. 6999	0. 7402	0. 7884	0. 8042
C31	非金属矿物制品业	0. 5421	0. 5581	0. 5689	0. 5886	0. 6192	0. 6389	0. 693	0. 7455	0. 8009	0. 8106
C32	黑色金属制造业	0. 6689	0. 6548	0. 6864	0. 6577	0. 6852	0. 712	0. 7284	0. 7774	0. 8333	0. 8128
C33	有色金属冶制造业	0. 6318	0. 6285	0. 6691	0. 697	0. 7347	0. 7725	0. 7879	0. 8168	0. 8585	0. 8107
C34	金属制品业	0. 5831	0. 6041	0. 6476	0. 6824	0. 7179	0. 7482	0. 7782	0. 8291	0. 8777	0. 939
C35	通用设备制造业	0. 5715	0. 5794	0. 5939	0. 633	0. 6523	0. 6368	0. 6846	0. 7424	0. 8288	0. 8652
C36	专用设备制造业	0. 5377	0. 5529	0. 5739	0. 5963	0. 6247	0. 6697	0. 7319	0. 7887	0. 8581	0. 8825
C37	交通运输设备制造业	0. 5399	0. 5525	0. 5717	0. 6094	0. 6595	0. 6686	0. 7186	0. 7994	0. 8381	0. 7789
C39	电气机械制造业	0. 601	0. 6026	0. 6248	0. 6458	0. 6897	0. 7394	0. 7595	0. 8094	0. 8392	0. 8217
C40	通信电子设备制造业	0. 6465	0. 6706	0. 6978	0. 6414	0. 6689	0. 6982	0. 6936	0. 7516	0. 8316	0. 8026
C41	仪器仪表制造业	0. 6125	0. 5929	0. 6555	0. 7483	0. 7972	0. 8261	0. 8498	0. 8858	0. 9154	0. 8411

资料来源：作者计算。

由表 7－5 中的协同数据能够看出生产性服务业已然渗透到制造行业当中，但制造业各子行业与生产性服务业间的协同发展水平仍存在一定差异。例如 C27 医药制造业、C34 金属制品业、C35 通用设备制造业、C36 专用设备制造业与生产性服务业互动最为密切，呈现出较强的产业发展协同性。相比之下，生产性服务业与部分制造业在产业融合与升级的过程中互动作用并不显著，例如产业协同度排在末尾的是 C15 饮料制造业、C17 纺织业、C21 家具制造业。

表 7－5　2006～2015 年制造业各子行业与生产性服务业协同演化发展水平

行业	产业	2006 年	2007 年	2008 年	2009 年	2010 年	2011 年	2012 年	2013 年	2014 年	2015 年
C13	农副食品加工业	0.5077	0.5719	0.6156	0.6518	0.7056	0.6969	0.7442	0.7725	0.8001	0.8140
C14	食品制造业	0.5264	0.5843	0.6380	0.6624	0.7122	0.7030	0.7269	0.7724	0.7856	0.8261
C15	饮料制造业	0.4808	0.5344	0.5508	0.5443	0.5791	0.6048	0.6207	0.6709	0.7088	0.7543
C16	烟草制品业	0.5502	0.5723	0.6220	0.6322	0.6789	0.7039	0.7452	0.7739	0.7962	0.8486
C17	纺织业	0.4767	0.5241	0.5888	0.5809	0.6053	0.6148	0.6300	0.6613	0.6969	0.7286
C18	纺织服装业	0.5055	0.5604	0.6183	0.6600	0.6590	0.6858	0.6964	0.7233	0.7457	0.7550
C19	皮、毛、羽制品业	0.5613	0.6337	0.6758	0.6368	0.6880	0.7460	0.8026	0.8151	0.7822	0.8151
C20	木材加工制品业	0.4938	0.5663	0.5948	0.6030	0.6791	0.6923	0.7411	0.7541	0.7954	0.7605
C21	家具制造业	0.4602	0.4508	0.4771	0.4935	0.5321	0.5698	0.6135	0.6752	0.7310	0.7828
C22	造纸业	0.5229	0.5675	0.6054	0.5958	0.6290	0.6824	0.7252	0.7457	0.7660	0.8013
C23	印刷、媒介复制业	0.5682	0.6137	0.6531	0.6590	0.6676	0.6875	0.6904	0.7214	0.7627	0.7878
C24	文教、工美、体育制造业	0.4980	0.5465	0.5655	0.6270	0.6828	0.6725	0.6987	0.7240	0.7501	0.7431
C25	石油加工业	0.5351	0.6095	0.5909	0.6375	0.6868	0.7677	0.7557	0.7205	0.7897	0.8226
C26	化学原料制造业	0.5714	0.6241	0.6506	0.6360	0.6701	0.6925	0.7496	0.7922	0.8171	0.8267
C27	医药制造业	0.5944	0.6745	0.7359	0.7563	0.8140	0.7882	0.8239	0.8506	0.9049	0.8745
C28	化学纤维制造业	0.5735	0.5081	0.5655	0.5525	0.6025	0.6469	0.6937	0.7584	0.7883	0.8195
C29 + C30	橡胶和塑料制品业	0.4961	0.5496	0.5933	0.6200	0.6701	0.6634	0.7067	0.7172	0.7504	0.8018

续表

行业	产业	2006 年	2007 年	2008 年	2009 年	2010 年	2011 年	2012 年	2013 年	2014 年	2015 年
C31	非金属矿物制品业	0.5319	0.5799	0.5605	0.5767	0.6014	0.6632	0.7251	0.7501	0.7758	0.7932
C32	黑色金属制造业	0.5638	0.6058	0.6296	0.5982	0.6647	0.6947	0.7372	0.7691	0.7967	0.8205
C33	有色金属冶制造业	0.5496	0.6079	0.6265	0.6042	0.6317	0.6595	0.7086	0.7289	0.7639	0.8018
C34	金属制品业	0.5526	0.6255	0.6979	0.7064	0.7113	0.7507	0.7310	0.7707	0.8471	0.8241
C35	通用设备制造业	0.5578	0.5918	0.6353	0.6821	0.7195	0.7348	0.7931	0.8355	0.8717	0.8902
C36	专用设备制造业	0.5760	0.6150	0.6723	0.6972	0.7316	0.7782	0.7874	0.8161	0.8501	0.9011
C37	交通运输设备制造业	0.5444	0.5836	0.6593	0.7080	0.7305	0.7312	0.7863	0.8310	0.8228	0.8581
C39	电气机械制造业	0.5660	0.6268	0.6758	0.6679	0.6904	0.7439	0.7813	0.7281	0.7933	0.8171
C40	通信电子设备制造业	0.4725	0.5415	0.5392	0.6252	0.6515	0.6539	0.6844	0.7151	0.7969	0.8396
C41	仪器仪表制造业	0.5720	0.6168	0.6571	0.6827	0.6866	0.7050	0.7278	0.7641	0.8352	0.8591

资料来源：作者计算。

为进一步挖掘隐没在产业协同数据中的内在规律与特征，研究采用对数据结构假设较少的层次聚类法进行辅助分析，并运用相对智能的轮廓图法确定最优分割类别数，从轮廓（Silhouette）函数绘制的轮廓图中能够更加直观地判断出合理的分类数，其中轮廓平均值越大证明所对应的分类越合理[①]。如图 7 -1 和图 7 -2 所示，轮廓图平均值在类别数为 3 时最大，其次是类别数为 2 时，最不合理的分类数为 8，综合各个分类中的聚类个数，最终类别数确定为 3 时较为合理。研究利用凝聚层次聚类方法阿根斯（AGENES），自底向上将每个制造业子行业样本点作为单独的一类，为所有不同的无序样本的类间距离构造一个序列，对每一个不同的阈值形成一个样本图，将距离比阈值更近的各对样本合并成一个新的类，反复执行合并直至所有的制造业子行业样本都是图的组成元素为止。

① 轮廓图上第 i 项轮廓值定义为：$S(i)=\frac{Min(b)-a}{Max[a,\ Min(b)]}$，i = 1，…，n，其中 a 为第一个点与同类其他点的平均距离，b 是向量，其元素表示第 i 个点与不同类的类内各点的平均距离。S(i) 的取值范围为 [-1，1]，S(i) 的值越大表明该点的分类越合理。

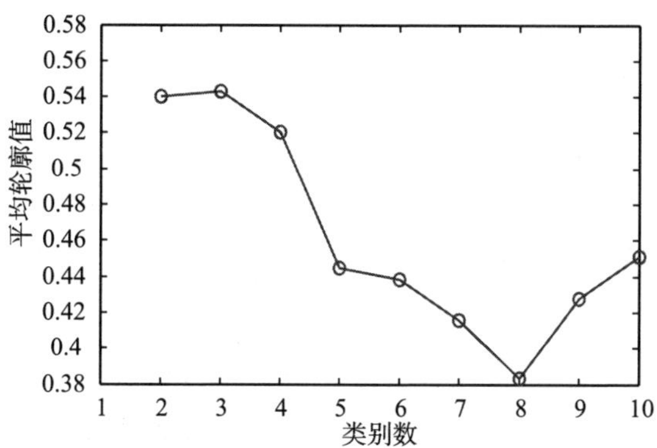

图 7－1　制造业不同类别数对应的平均轮廓值

资料来源：基于 Matlab 软件制作。

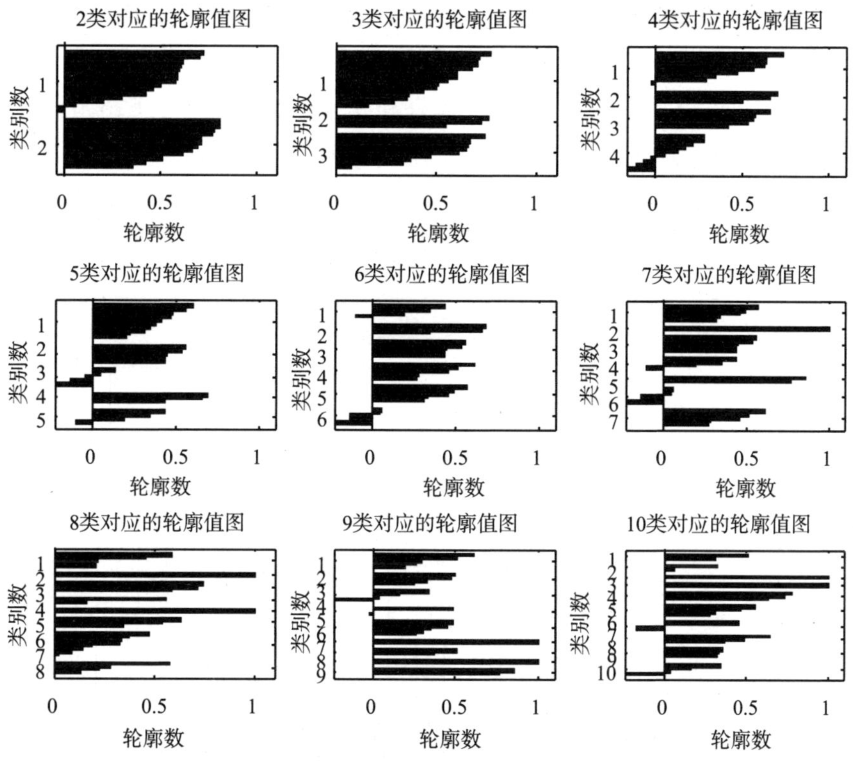

图 7－2　制造业类别数为 2～10 时的轮廓值

资料来源：基于 Matlab 软件制作。

对制造业不同子行业的凝聚层次聚类结果如图7－3所示，图7－4、图7－5所展现的是制造业各子行业层次聚类相关程度和层次聚类结果。如图7－3所示，根据层次聚类结果按与生产性服务业的协同度数值将制造业各子行业总体分为3大类。第一类：C27医药制造业、C34金属制品业、C35通用设备制造业、C36专用设备制造业；第二类：C19皮革、毛皮、羽毛（绒）及其制品业，C23印刷和记录媒介复制业，C25石油加工、炼焦及核燃料加工，C32黑色金属冶炼及压延加工业，C33有色金属冶炼及压延加工业，C37交通运输设备制造业，C39电气机械和器材制造业，C40计算机、通信和其他电子设备制造业，C41仪器仪表、文化办公用机械制造业；第三类：C13农副食品加工业，C14食品制造业，C15饮料制造业，C16烟草加工业，C17纺织业，C18纺织服装、鞋、帽制造业，C20木材加工制品业，C21家具制造业，C22造纸和纸制品业，C24文教、工美、体育和娱乐用品制造业，C26化学原料及化学制品制造业，C28化学纤维制造业，C29－30橡胶与塑料制品业，C31非金属矿物制品业。为进一步探究各不同类型制造业与生产性服务业的协同发展特征以及产业协同演进发展规律，研究从产业

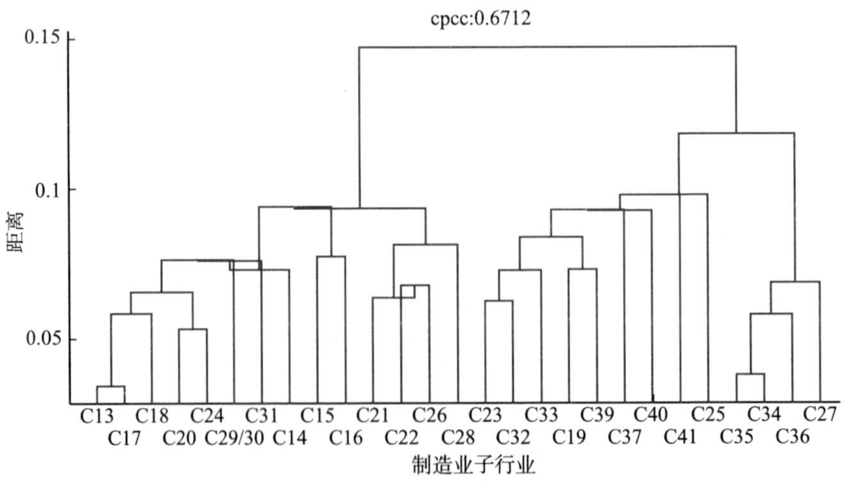

图7－3 制造业各子行业协同度聚类

资料来源：基于Matlab软件制作。

自身协调发展和产业间互动协同发展这两个维度出发，分别以产业间协同演化发展水平作为横坐标，制造业与生产性服务业自身协调发展水平比值作为纵坐标，根据表7－6至表7－8中的数据来绘制图7－6至图7－8，并对各大类制造业与生产性服务业间的协同演进关系进行详细解析。

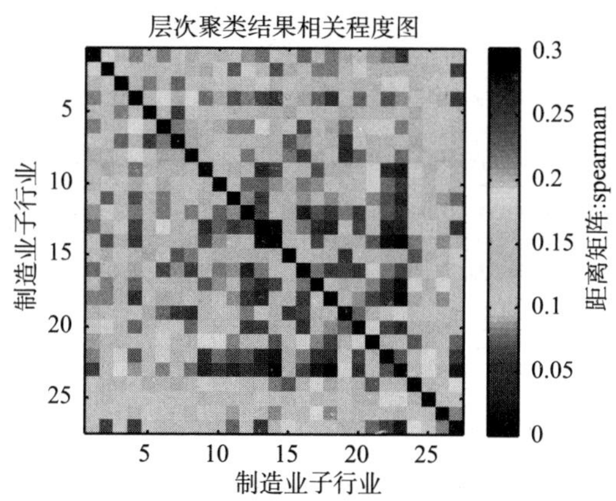

图7－4　制造业各子行业层次聚类相关程度

资料来源：基于Matlab软件制作。

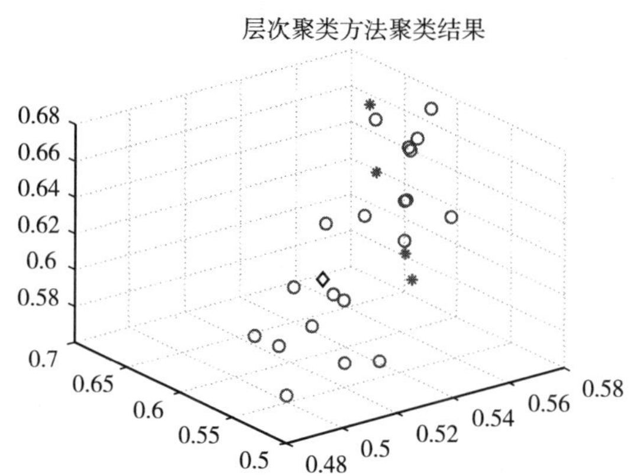

图7－5　制造业各子行业层次聚类结果

资料来源：基于Matlab软件制作。

表 7－6　2006～2015 年各大类制造业与生产性服务业自身协调发展水平比值①

项目	2006 年	2007 年	2008 年	2009 年	2010 年	2011 年	2012 年	2013 年	2014 年	2015 年
D_{mfir}/D_{pro}	1.0429	1.0408	1.0210	1.0026	0.9712	0.9532	0.9525	0.9663	0.9866	1.0331
D_{msec}/D_{pro}	1.1356	1.1145	1.1024	1.0559	1.0212	0.9952	0.9826	0.9761	0.9822	0.957
D_{mthi}/D_{pro}	1.0083	1.0213	1.0054	0.9771	0.9288	0.9282	0.9259	0.9262	0.9276	0.9409

资料来源：作者计算。

表 7－7　2006～2015 年各大类制造业与生产性服务业行业协同演化发展水平②

项目	2006 年	2007 年	2008 年	2009 年	2010 年	2011 年	2012 年	2013 年	2014 年	2015 年
C_{mfir}	0.5702	0.6267	0.6854	0.7105	0.7441	0.763	0.7839	0.8182	0.8685	0.8725
C_{msec}	0.5481	0.6044	0.6341	0.6466	0.6775	0.7099	0.7416	0.7548	0.7937	0.8246
C_{mthi}	0.5139	0.5529	0.589	0.6026	0.6434	0.6637	0.7012	0.7351	0.7648	0.7897

资料来源：作者计算。

表 7－8　2006～2015 年制造业与生产性服务业各子行业自身协调水平③

行业分类	2006 年	2007 年	2008 年	2009 年	2010 年	2011 年	2012 年	2013 年	2014 年	2015 年
F	0.5375	0.5512	0.5941	0.6321	0.6806	0.7316	0.7604	0.7961	0.8435	0.8640
H	0.5417	0.5689	0.5967	0.6264	0.6811	0.7106	0.7530	0.7807	0.8471	0.8425
G	0.5190	0.5418	0.5702	0.6214	0.6933	0.7439	0.7831	0.8240	0.8674	0.8830
J	0.5381	0.5505	0.6152	0.6210	0.6888	0.7402	0.7812	0.8204	0.8609	0.8752
L	0.5537	0.5715	0.6024	0.6309	0.6816	0.7194	0.7519	0.8039	0.8461	0.8536
M	0.5035	0.5382	0.5713	0.6108	0.6841	0.7423	0.7947	0.8317	0.8651	0.8827

资料来源：作者计算。

① D_{mfir}：第一类制造业自身协调水平；D_{msec}：第二类制造业自身协调水平；D_{mthi}：第三类制造业自身协调水平；D_{pro}：生产性服务业自身协调水平。

② C_{mfir}：第一类制造业与生产性服务业协同演化发展水平；C_{msec}：第二类制造业与生产性服务业协同演化发展水平；C_{mthi}：第三类制造业与生产性服务业协同演化发展水平。

③ F：交通运输服务业；G：信息传输服务业；H：批发零售业；L：商业租赁服务业；J：金融服务业；M：科学技术服务业。

由上述分析可知，2006～2015 年间三大类制造业与生产性服务业间协同发展水平逐年稳步提升，但三大类制造业与生产性服务业间每年协同发展的增长幅度以及产业自身协调发展的快慢程度却不尽相同，而制造业与生产性服务业间自身协调发展速度的不均衡也会在一定程度上导致产业间协同发展的差异性变化。从图 7－6 中可以看出第一类制造业与生产性服务业协调发展速度相对均衡，在 2006～2015 年间第一类制造业与生产性服务业间的协同发展水平的差距波动一直保持在 5% 的范围内，整体均处于协同演化同步发展型。在 2006～2009 年间第一类制造业的产业自身协调水平虽略高于生产性服务业，但随着生产性服务业的快速发展，其产业自身协调性不断提升，并于 2010～2014 年内有小幅度的赶超，最终生产性服务业自身协调性虽稍逊于第一类制造业，但第一类制造业与生产性服务业的整体协同性却明显优于其余两类制造业。与此同时，第一类制造业与生产性服务业于 2013 年率先迈入良好协同发展阶段，并一直保有其领先优势，说明生产性服务业能够较好地融入第一类制造业生产链的各个环节中，两产业整体呈现良好的协同演化趋势。

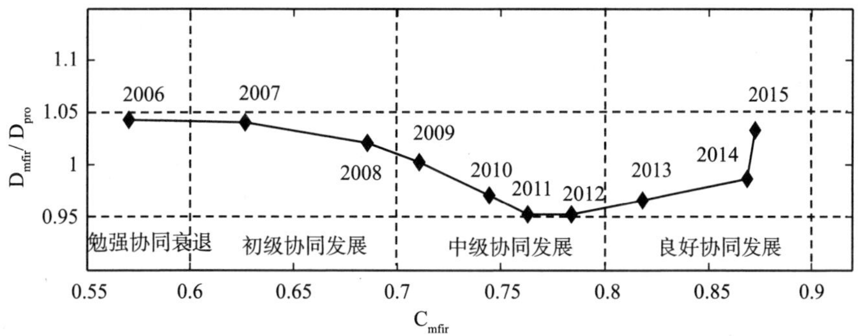

图 7－6　第一类制造业与生产性服务业协同演化发展趋势

第二类制造业除 C19 皮革、毛皮、羽毛（绒）及其制品业和 C23 印刷和记录媒介复制业外均由技术密集型和资本密集型制造业组成。从图 7－7 中可以看出第二类制造业与生产性服务业间的协同发展程度逊于第一类制造业却优于第三类制造业，最终在 2015 年迈入良好协同发展阶段。从产业自身协调性的角度出发，第二类制造业与生产性服务业属于协同演化趋同发展型，2006～2008 年间第二类制造业的产业自身协调发展水平具有明显的主导优势，其与生产性服务业间的协同发展水平的差距高于 10%。而后随着生产性服务业的增速发展，两产业各自的协调发展水平逐渐趋于一致，虽然在 2011 年被生产性服务业反超，但两产间的协同发展水平的差距始终维持在 5% 的同步波动的范围内。

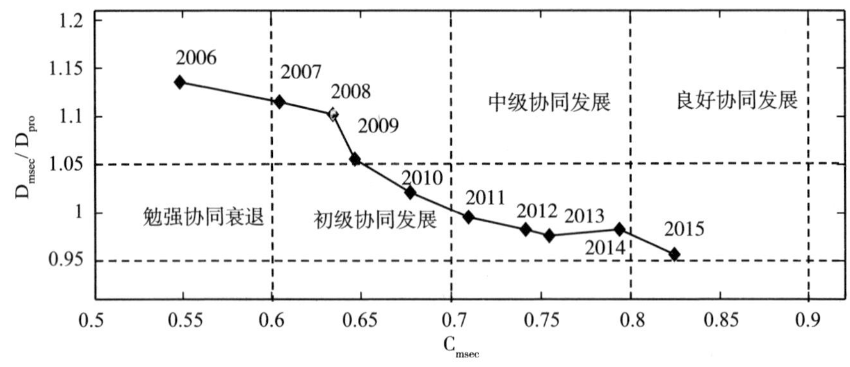

图 7－7　第二类制造业与生产性服务业协同演化发展趋势

第三类制造业主要由劳动密集型制造业和资本密集型制造业所构成，从图 7－8 中可以看出 2006～2009 年间第三类制造业与生产性服务业的协同发展速度相对均衡，在此期间两产业协同发展水平的差距波动处于 5% 左右波动的范围内，而在 2010 年后第三类制造业自身协调增长幅度严重滞后于生产性服务业，此类制造业与生产性服务业属于协同演化趋异发展型。与此同时，第三类制造业与生产性服务业在初级协同—中级协同演进发展的跨阶段时间点均晚于第一类和第二类制造业，两产业间的整体协同性也弱于前两大类。最终，第三类制造业与生产性服务业协同演化值停留在 0. 7897，其与生产性服务业间并未形成良性的协同互动关系。

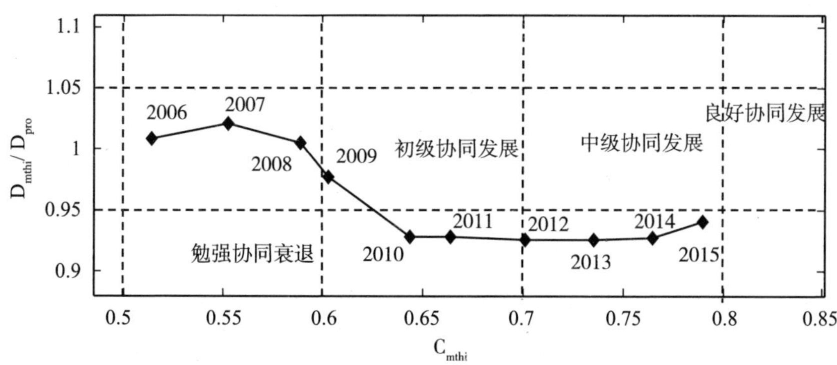

图 7-8　第三类制造业与生产性服务业协同演化发展趋势

（二）生产性服务业各行业与制造业协同发展水平分析

从表 7-8 中可以看出 2006～2015 年间生产性服务业各子行业的自身协调发展水平均呈现出逐年上升趋势，其中批发零售业和商业租赁服务业自身协调发展较比其他生产性服务业每年增长幅度较小，而以科学技术服务业、信息传输服务业为代表的现代生产性服务业每年增长幅度较大。与此同时，生产性服务业各行业与制造业间协同演化发展同样呈现出差异性特征，具体结果见表 7-9。

表 7-9　2006～2015 年制造业与生产性服务业各子行业协同发展变化值

行业分类	2006 年	2007 年	2008 年	2009 年	2010 年	2011 年	2012 年	2013 年	2014 年	2015 年
F	0.5785	0.5922	0.6234	0.6497	0.6874	0.6785	0.7169	0.7493	0.7551	0.7878
H	0.5698	0.6106	0.6305	0.6574	0.6914	0.7032	0.7218	0.7315	0.7519	0.7704
G	0.5543	0.5818	0.6135	0.6359	0.665	0.7062	0.7408	0.7844	0.7925	0.8273
J	0.5397	0.5648	0.579	0.6043	0.6334	0.6764	0.7156	0.7542	0.7734	0.8073
L	0.5572	0.578	0.6025	0.6316	0.6646	0.6906	0.7173	0.7408	0.7633	0.7914
M	0.5342	0.565	0.5952	0.6228	0.6588	0.7181	0.7326	0.7986	0.8176	0.8348

资料来源：作者计算。

在此期间，以科学技术服务业、信息传输服务业为代表的现代型生产性服务业早于传统型生产性服务业于 2011 年率先迈入中级协同发展阶段，随后与制造业间协同演化程度呈不断上升趋势，先后在 2014 年和 2015 年内由中级协同发展阶段步入良好协同发展阶段。其中信息传输服务业与制造业协同度的年均增长率最高为 1.0509，并于 2014 年达到 0.8176 挺进良好协调发展阶段。而金融业与制造业间协同演化程度虽稍逊于科学技术服务业和信息传输服务业，但明显优于传统型生产性服务业，最终于 2015 年迈入良好协同发展阶段。此结果也反映出金融产业净利润与制造业净利润虽然存在长期稳定的均衡性和因果关系（孙国茂、陈国文，2014），但仅能够抵消部分不协调的影响作用，其对制造业信贷、融资等方面仍存在支持效应欠佳的问题。

反观以批发零售业、交通运输服务业、商业租赁服务业为代表的传统型生产性服务业，其与制造业的协同发展程度低于现代型生产性服务业，最终均止步于中级协调发展阶段。其中，交通运输服务业和商业租赁服务业于 2008 年才摆脱过渡区间迈入初级协同发展阶段，而批发零售业更是由于缺乏创新的推广手段而备受电子商务的冲击与挑战，销售总额增速一直呈现放缓态势，致使其与制造业协同度的年均增长率为 1.0341 排在其他生产性服务业末尾。

同样采用对层次聚类法对表 7－9 中制造业与生产性服务业各子行业协同发展变化值进行辅助分析，如图 7－9、图 7－10 所示，生产性服务业轮廓图平均值在类别数为 2 时最大，最终将分类个数确定为 2。对生产性服务业不同子行业的层次聚类结果如图 7－11 所示，图 7－12、图 7－13 分别为生产性服务业各子行业层次聚类相关程度和层次聚类结果的效果图。如图 7－11 所示，根据层次聚类结果按将制造业各子行业总体分为两大类。第一类主要为现代型生产性服务业：信息传输服务业、金融服务业、科学技术服务业。第二类主要为传统型生产性服务业：交通运输服务业、批发零售业、商业租赁服务业。

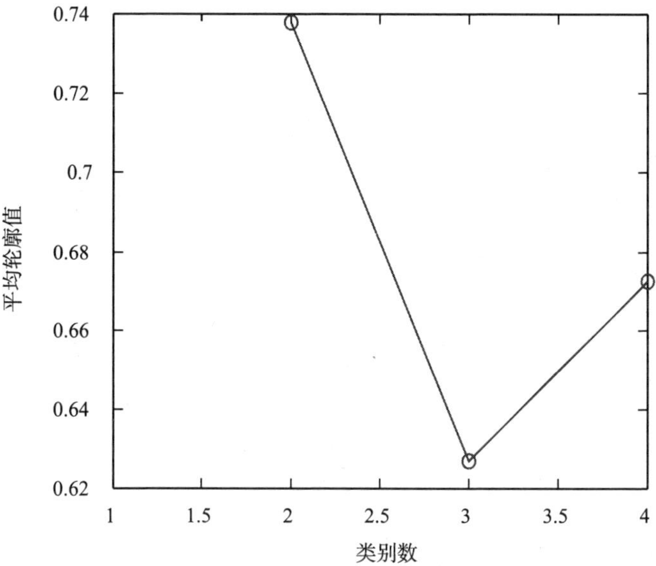

图 7-9 生产性服务业不同类别数对应的平均轮廓值

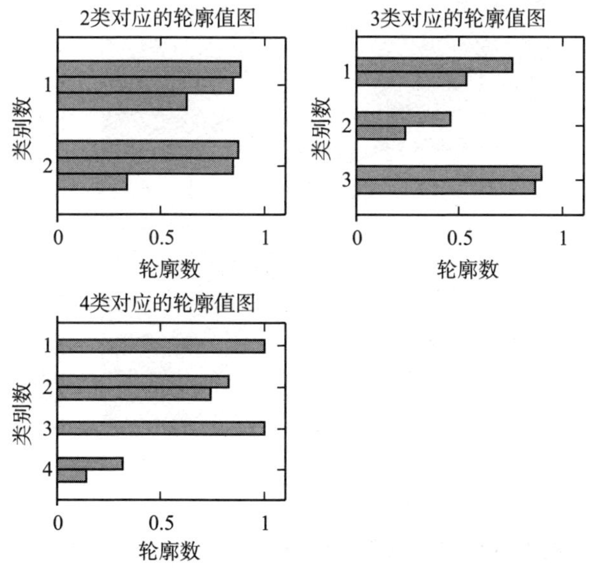

图 7-10 生产性服务业类别数为 2~4 时的轮廓值

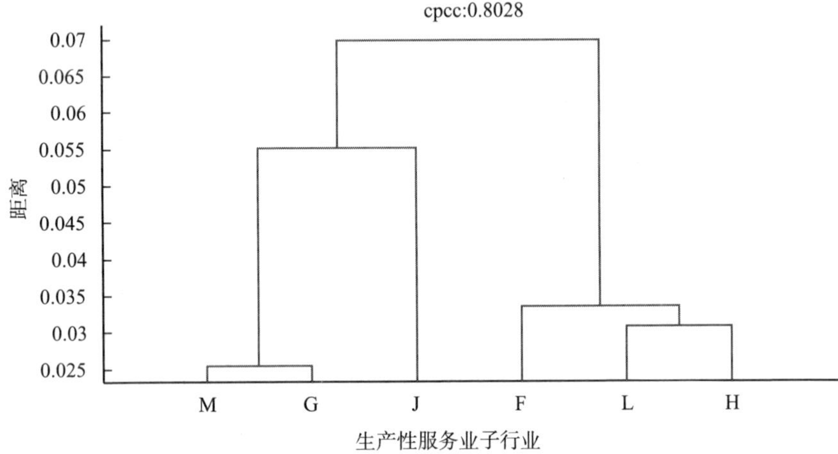

图7-11　生产性服务业各子行业协同度聚类

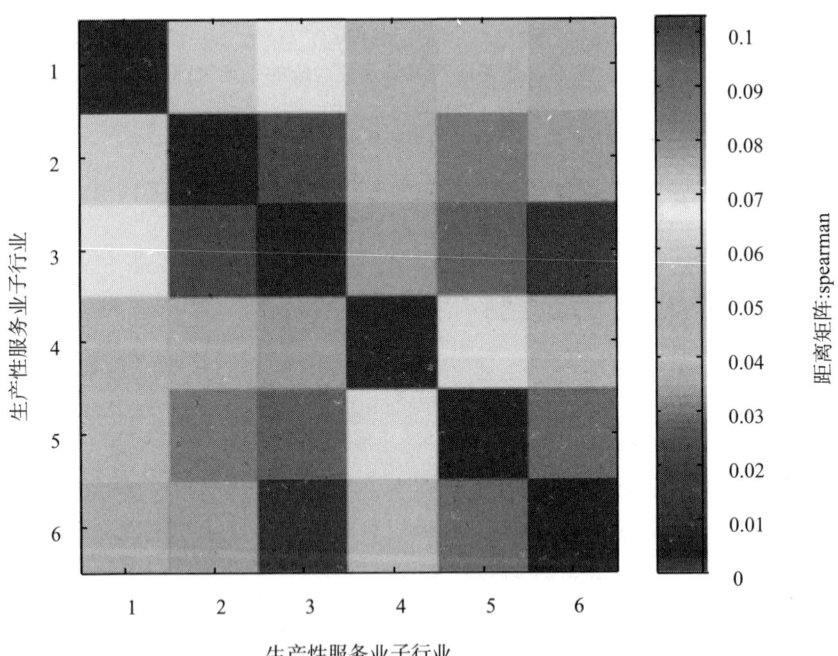

图7-12　生产性服务业各子行业层次聚类相关程度

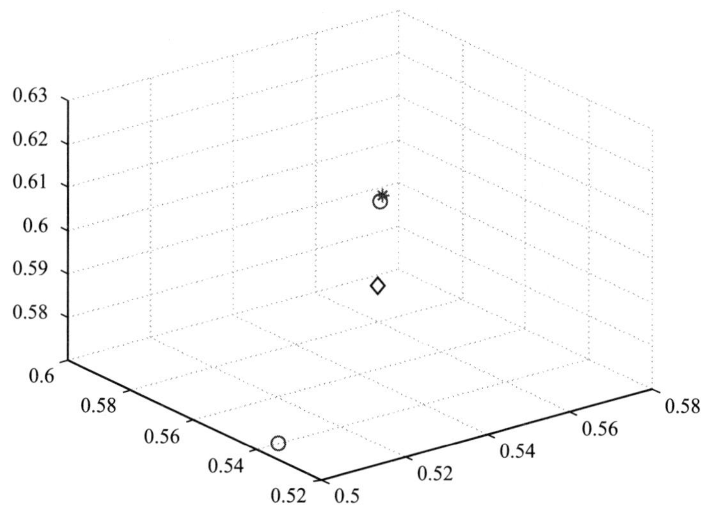

图7－13 生产性服务业各子行业层次聚类结果

研究为进一步探究不同类型生产性服务业与制造业间协同演化发展的共性和差异性特征，同样从产业自身协调度和产业间协同发展水平这两个维度出发，根据表7－7～表7－9中的数据来绘制图7－14～图7－15，对各类生产性服务业与制造业间的协同演进关系做了详细的分析。

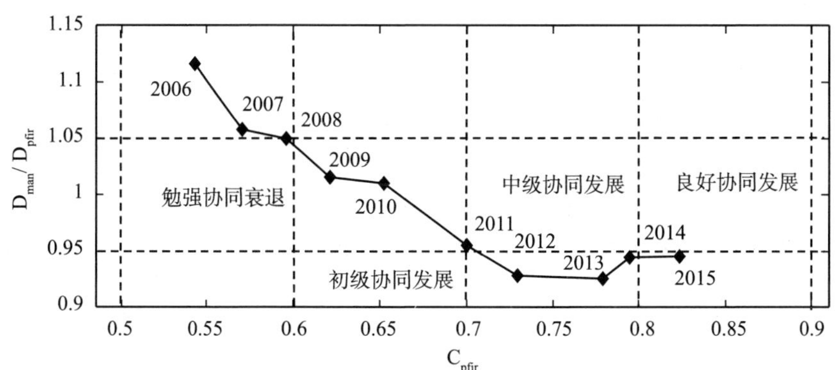

图7－14 制造业与第一类生产性服务业协同演化发展趋势

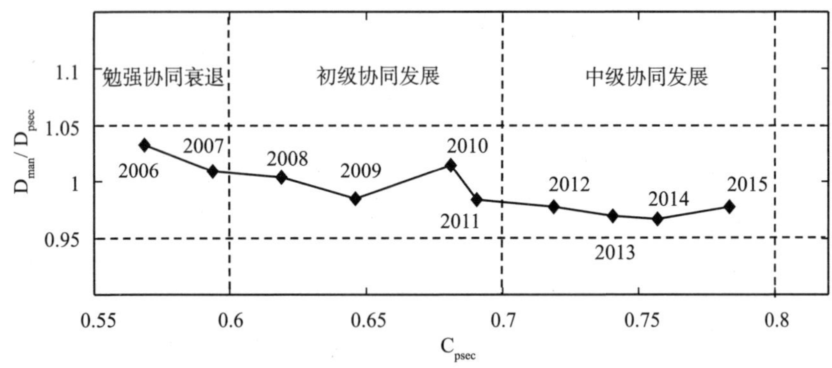

图 7－15　制造业与第二类生产性服务业协同演化发展趋势

综合表 7－10、表 7－11 和图 7－14 可以看出 2006～2010 年第一类生产性服务业自身协调发展水平均略滞后于制造业，而后随着第一类生产性服务业的增速发展，制造业主导优势逐步减弱，在 2011～2015 年期间第一类生产性服务业自身协调水平超过制造业处于主导地位。

在产业自身协调方面，综合表 7－10、表 7－11 和图 7－15 可以看出第二类生产性服务业发展趋势与第一类生产性服务业相似，同样在初始时期低于制造业，并于 2011 年后反超制造业，但两产业自身协调发展水平的差距波动始终保持在 5% 波动的范围内。在产业协同方面，2006～2010 年第一类生产性服务业与制造业协同演化发展水平弱于第二类生产性服务业，在 2011 年之后随着制造业与第一类生产性服务业间的不断融合与互动发展，其产业协同程度优于第二类生产性服务业，最终于 2015 年上升至良好协同发展阶段，而第二类生产性服务业与制造业仅停留在中级协同发展阶段。

表 7－10　2006～2015 年制造业与各类生产性服务业自身协调发展水平比值

协调发展水平比值	2006 年	2007 年	2008 年	2009 年	2010 年	2011 年	2012 年	2013 年	2014 年	2015 年
D_{man}/D_{pfir}	1.1162	1.0574	1.0499	1.0156	1.0104	0.9549	0.9287	0.9253	0.9449	0.9451
D_{man}/D_{psec}	1.0325	1.0093	1.0035	0.9849	1.0148	0.9837	0.9774	0.9698	0.9667	0.9775

资料来源：作者计算。

表 7 – 11　2006 ~ 2015 年各大类制造业与各类生产性服务业行业协同演化发展水平

协调演化发展水平	2006 年	2007 年	2008 年	2009 年	2010 年	2011 年	2012 年	2013 年	2014 年	2015 年
C_{pfir}	0.5427	0.5705	0.5959	0.621	0.6524	0.7002	0.7297	0.7791	0.7945	0.8231
C_{psec}	0.5685	0.5936	0.6188	0.6462	0.6811	0.6908	0.7187	0.7405	0.7568	0.7832

资料来源：作者计算。

这也从侧面反映出在 2010 年之后制造业结束阶段性快速扩张期，对生产性服务业服务质量提出了较高要求，而生产性服务业随着技术、知识等密集性生产要素的投入，制造业与生产性服务业间的互动需求不同于往日对传统型生产性服务业需求占主体的情况，生产性服务业逐渐从产业链末端向前端转移，现代型生产性服务业对制造业的促进影响作用日益增强，进而形成较强的协同发展趋势。以国内知名服装品牌红领西服为例，在以往的日常经营中企业以产品批发服务为代表的生产性服务业多参与其产业链下游的服装商贸活动，与其中上游互动较少。在 2014 年前后，红领集团借助信息技术服务、电子商务支持服务等新兴、新型生产性服务，构建了首个国内服饰行业魔幻工厂，实现了企业的流程再造和柔性化服务，消费者直接着眼于产业链上游的服装设计甚至面辅料生产，私人订制服饰产品，相关生产性服务业全面参与企业的整个生产制造流程。

本部分以制造业与生产性服务业间协同演化为切入点，利用灰色系统模型 GM(1，N) 测度 2006 ~ 2015 年制造业与生产性服务业间的协同发展程度。实证分析结果表明，制造业与生产性服务业间总体协同演化程度呈现出逐年上升的发展趋势，现阶段正处于良好协同发展阶段，但制造业与生产性服务业间各子行业的协同程度却存在差异性。部分行业已渗透到双方产业内部，展现出较强的产业协同性；部分行业在两产业融合和升级过程中仍未能发挥有效作用，致使产业间协同性较低，有待于进一步提升和发展。为更好地推进制造业与生产性服务业协同发展，缩小行业间协同演化发展水平的差异。

第八章

制造业与生产性服务业协同演化对制造效率影响研究

现有研究主要侧重于制造业与生产性服务业间产业关联、融合及互动程度的测算与比较方面，缺乏对研究结果的进一步深入分析。鉴于此，本章在第四章研究结果的基础上进一步探究制造业与生产性服务业间协同演化发展的实际作用意义。研究突破既定的线性单向思维，考虑到两产业间协同演化发展对制造业效率的影响会因为制造业各子行业间的差异性特征而呈现出非线性的阈值效应，运用门槛回归方法，进一步检验这种非线性门槛效应是否源于制造业产业规模、发展水平和创新能力的异质性，为政府制定差异化的产业政策提供参考和理论依据，对于揭示制造业与生产性服务业间协同发展对制造业效率影响的条件特征和阶段性特征具有重要的研究意义。

第一节　制造业效率测度

针对效率的研究最早由杰斐逊等人于 20 世纪 80 年代引入中国，随后引起国内学者的广泛关注，并将研究逐步延伸扩展至不同行业领域和企业的不同层面。现阶段，关于生产效率评价方法大致可以分成有参数和非参数这两类，其中带有参数的生产率测度方法有利用回归生产模型对生产效率进行估计（白重恩、张琼，2015）、随机前沿模型（SFA）（周晓艳、韩朝华，2009），萨拉加里多等（Saragarido et al.）在2012年采用非参数生产率测度方法有DEA，桥本和仁（Hashimoto）和羽田（Haneda）在2008年采用生产率指数法（Malmquist）测度日本产业效率。两种方法均各自存在优势与短板，有参数方法需首先假定生产函数形式，因此可能会产生由于生产函数设定不当而影响测度数据准确性的问题。本书采用非参数生产率测度方法，其优势在于无须对生产函数的设定形式以及分布情况提前做出假设，仅对前沿生产函数和距离函数进行线性优化计算，避免了估计函数因前提假设过于苛责而造成的测度结果误差。鉴于传统的DEA仅能对技术投入资源的截面数据进行效率分析，本书研究采用DEA-Malmquist指数方法基于面板数据从多层面对2005~2015年间制造业各子行业的生产效率进行解析。

一、DEA-Malmquist生产率指数模型构建

DEA是测度产业效率变化的主要方法之一，但查恩斯（Charnes，1978）等人提出的初级模型只能对经济系统中每个不同决策单元的效率进行同期横向式对比，而法勒（Färe，1997）构建的Malmquist指数方法能够有效地弥补这种不足。Malmquist指数的构造基础是距离函数，即各点在同一包络面的距离比值，先假设存在f，1，2，…，F个决策单元，每个决策单元在t=1，2，…，T时通过n=1，2，…，N种资源投入获得了m=1，2，…，M种效益产出，其中：$X_f^t=(x_{1f}^t, x_{2f}^t, \cdots, x_{nf}^t)^T$表示第f个决策单元在t时期的输入指标值；$Y_f^t=(y_{1f}^t, y_{2f}^t, \cdots, y_{mf}^t)^T$表示第f个决策单元在t时期的输出指标值。根据DEA方法的基本原理，在规模报酬不变的条件下，其生产可能集为：

$$H^t(C) = \{(X^t, Y^t) \mid X^t \geqslant \sum_{f=1}^{F} X_f^t \omega_f,\ Y^t \leqslant \sum_{f=1}^{t} y_f^t \omega_f,\ \omega_f \geqslant 0\} \tag{8-1}$$

其中，ω_f表示每个决策单元观察值的权重，(X^t, Y^t)在t期的距离函

数为 $D_0^t(X^t, Y^t)$，在 t+1 期的距离函数为 $D_0^{t+1}(X^t, Y^t)$，令 (X^{t+1}, Y^{t+1}) 在 t 期的距离函数为 $D_0^t(X^{t+1}, Y^{t+1})$，在 t+1 期的距离函数为 $D_0^{t+1}(X^{t+1}, Y^{t+1})$。

在 t 期的技术条件下，从 t 期到 t+1 期的技术效率变化为：

$$M^t = \frac{D_0^t(X^{t+1}, Y^{t+1})}{D_0^t(X^t, Y^t)} \tag{8-2}$$

在 t+1 期的技术条件下，从 t 期到 t+1 期的技术效率变化为：

$$M^{t+1} = \frac{D_0^{t+1}(X^{t+1}, Y^{t+1})}{D_0^{t+1}(X^t, Y^t)} \tag{8-3}$$

运用两个 Malmquist 生产率指数的几何平均值来计算 t 期到 t+1 期的生产率变化为：

$$M_0(X^t, Y^t; X^{t+1}, Y^{t+1}) = (M^t \times M^{t+1})^{\frac{1}{2}}$$

$$= \left[\frac{D_0^t(X^{t+1}, Y^{t+1})}{D_0^t(X^t, Y^t)} \times \frac{D_0^{t+1}(X^{t+1}, Y^{t+1})}{D_0^{t+1}(X^t, Y^t)}\right]^{\frac{1}{2}} \tag{8-4}$$

其分解形式如下：

$$tfpch = M_0(X^t, Y^t; X^{t+1}, Y^{t+1}) \tag{8-5}$$

$$= \left[\frac{D_0^t(X^{t+1}, Y^{t+1})}{D_0^t(X^t, Y^t)} \times \frac{D_0^{t+1}(X^{t+1}, Y^{t+1})}{D_0^{t+1}(X^t, Y^t)}\right]^{\frac{1}{2}} \tag{8-6}$$

$$= effch \times techch$$

$$= \left[\frac{D_0^t(X^{t+1}, Y^{t+1})}{D_0^t(X^t, Y^t)}\right] \times \left[\frac{D_0^t(X^{t+1}, Y^{t+1})}{D_0^{t+1}(X^{t+1}, Y^{t+1})} \times \frac{D_0^t(X^t, Y^t)}{D_0^{t+1}(X^t, Y^t)}\right]^{\frac{1}{2}} \tag{8-7}$$

$$= pech \times sech \times techch$$

公式（8-5）中 tfpch 表示 t ~ t+1 时期内 TFP 的变化程度，若 $M_0 > 1$，代表此产业的 TFP 提升；若 $M_0 < 1$，代表 TFP 退步；若 $M_0 = 1$，代表 TFP 处于不变状态。运用 Malmquist 指数法可将效率分解为技术效率变化指数 effch 和技术进步指数 techch，如公式（8-6）所示。其中

技术效率变化指数 effch 主要用于测度 t ~ t +1 时期内每个决策单元到生产前沿的近似程度，即追赶效应，当 effch >1 时表示决策单位与最优决策单位的生产前沿面的差距在缩小，更接近最优生产状态；当 effch =1 时表示相邻两期的技术效率相同；当 effch <1 时表示决策单位与最优决策单位生产前沿面的差距加大，更偏离最优生产状态。技术进步指数 techch 主要用于测度决策单位从 t ~ t +1 时期生产技术变化程度，即“增长效应”，当 techch >1 时，表示生产边界外移，整体产业技术有所创新呈现出进步状态；当 techch =1 时，表示生产边界不变，产业技术没有改变；当 techch <1 时，表示生产边界向原点移动，整体产业技术呈现衰退趋势。此外，技术效率变化指数 effch 可以进一步细分为纯技术效率变化指数 pech 和规模效率变化指数 sech，如式（8 -7）所示。

本着以科学性、系统性、可测度性为原则，同时考虑到数据的可获得性，本书选取 2006 ~2016 年《中国工业经济统计年鉴》《中国统计年鉴》数据进行制造业各子行业产业效率经行求解分析。研究借鉴宫俊涛等（2008）和刘纯彬（2013）对制造业 TFP 测算中资本投入、劳动投入和总产出变量的选择，考虑到制造业普遍具有固定资本投入以及流动资本需求较高的特点（钱学锋等，2011），计算中选取固定资产净值年平均余额和流动资产年平均余额作为当年的资本投入量；选取从业人员年平均人数作为劳动投入量；选取年度工业销售总产值、营业收入和利润总额作为产出变量。为消除价格因素所带来的影响，工业销售总产值、营业收入和利润总额使用当年各地区工业品出厂价格指数进行折算，固定资产净值年平均余额和流动资产年平均余额分别运用固定资产投资价格指数及资料价格指数进行折算。

二、制造业各子行业 TFP 变化率测算

本书运用 Max6.3 软件对 2005 ~2015 年制造业各子行业投入与产出面板数据进行 DEA - Malmquist 指数分析，制造业各子行业 TFP 变化率测算的具体结果如表 8 -1 所示。

表 8-1　2006 ~ 2015 年制造业各子行业 TFP 变化率测算值

序号	产业	2006 年	2007 年	2008 年	2009 年	2010 年	2011 年	2012 年	2013 年	2014 年	2015 年
C13	农副食品加工业	0. 955	0. 972	1. 000	0. 985	1. 019	1. 117	1. 094	1. 072	1. 164	1. 126
C14	食品制造业	0. 977	0. 958	0. 944	1. 045	0. 987	1. 142	1. 098	1. 121	1. 134	1. 059
C15	饮料制造业	0. 961	0. 957	0. 951	1. 127	1. 079	1. 227	1. 046	1. 163	1. 164	0. 979
C16	烟草制品业	1. 080	1. 006	0. 947	0. 932	1. 052	1. 111	1. 294	1. 170	1. 175	1. 247
C17	纺织业	1. 011	0. 999	1. 019	1. 044	0. 957	1. 133	1. 134	1. 097	1. 092	1. 042
C18	纺织服装业	0. 975	0. 959	0. 940	1. 029	0. 928	1. 170	1. 071	1. 075	1. 028	0. 997
C19	皮、毛、羽制品业	0. 927	1. 000	0. 974	0. 988	0. 950	1. 114	1. 136	1. 053	1. 064	0. 993
C20	木材加工制品业	0. 930	1. 029	1. 024	1. 111	1. 031	1. 117	1. 146	1. 173	1. 246	1. 163
C21	家具制造业	0. 934	0. 968	0. 986	1. 006	0. 956	1. 038	1. 129	1. 026	1. 024	1. 132
C22	造纸业	0. 926	1. 050	1. 014	0. 987	0. 995	1. 040	1. 179	1. 125	1. 169	1. 095
C23	印刷、媒介复制业	1. 071	0. 982	0. 992	1. 047	1. 005	1. 226	1. 143	1. 120	1. 157	1. 126
C24	文教、工美、体育制造业	0. 960	0. 986	0. 925	0. 943	1. 024	1. 115	1. 196	1. 042	1. 023	0. 954
C25	石油加工业	0. 976	0. 973	1. 108	0. 938	0. 987	1. 054	1. 254	1. 176	1. 019	1. 234
C26	化学原料制造业	0. 967	1. 062	1. 028	0. 958	1. 009	1. 095	1. 216	1. 086	1. 164	1. 094
C27	医药制造业	0. 960	0. 983	0. 951	1. 069	0. 995	1. 183	1. 181	1. 089	1. 224	1. 116
C28	化学纤维制造业	1. 008	1. 003	1. 032	0. 984	0. 893	1. 141	1. 196	1. 181	1. 270	0. 949
C29 + C30	橡胶和塑料制品业	0. 869	1. 010	0. 980	1. 030	1. 005	1. 070	1. 120	1. 134	1. 116	1. 087
C31	非金属矿物制品业	1. 006	1. 045	0. 988	1. 066	1. 013	1. 087	1. 178	1. 200	1. 213	1. 168
C32	黑色金属制造业	0. 935	1. 026	0. 909	0. 843	0. 921	1. 157	1. 126	1. 153	1. 277	1. 170
C33	有色金属冶制造业	0. 984	0. 966	0. 985	0. 855	0. 932	1. 168	1. 227	1. 449	1. 122	0. 920
C34	金属制品业	0. 937	0. 983	0. 984	0. 923	0. 926	1. 076	1. 081	1. 105	1. 103	1. 056
C35	通用设备制造业	0. 960	0. 958	0. 954	0. 959	0. 960	1. 155	1. 070	1. 125	1. 083	1. 054
C36	专用设备制造业	0. 936	0. 954	0. 976	1. 035	0. 996	1. 126	1. 099	1. 150	1. 164	0. 999
C37	交通运输设备制造业	0. 994	0. 975	0. 974	1. 065	0. 973	1. 071	1. 146	1. 110	1. 162	1. 000
C39	电气机械制造业	0. 916	1. 004	0. 966	0. 923	0. 933	1. 094	1. 074	1. 162	1. 111	1. 011
C40	通信电子设备制造业	0. 837	0. 980	0. 982	0. 926	0. 969	1. 080	1. 043	1. 138	0. 988	0. 965
C41	仪器仪表制造业	0. 977	0. 968	0. 958	0. 898	0. 893	1. 161	1. 093	1. 088	1. 113	0. 976

资料来源：作者计算。

第二节 模型、变量与检验

一、门槛模型构建

本书欲考察制造业与生产性服务业协同发展对制造效率的影响，设制造业全要素生产率TFP变化率作为被解释变量，制造业与生产性服务业协同发展系数Col作为解释变量，同时考虑到影响制造业效率的其他因素，加入劳动力素质、资本投入、对外开放程度、市场竞争强度、社会贡献程度5项控制变量，构建如下门槛模型：

$$TFP_{it} = \mu_i + \beta_1 lnCol_{it} I(q_{it} \leqslant \gamma) + \beta_2 lnCol_{it} I(q_{it} > \gamma) + \beta_3 lnLab_{it} + \beta_4 lnCap_{it} + \beta_5 lnOpen_{it} + \beta_6 lnCom_{it} + \beta_7 Emp_{it} + \zeta_{it} \quad (8-8)$$

其中，Lab_{it}、Cap_{it}、$Open_{it}$、Com_{it}、Emp_{it}分别表示制造业第i项子行业在t年的动力素质、资本投入、对外开放程度、市场竞争强度、社会贡献程度。μ_i表示行业个体效应，I（·）表示指标函数，q_{it}表示门槛变量，γ表示特定门槛值，ε_{it}表示随机干扰项（$\varepsilon_{it} \sim iidN(0, \delta^2)$）。

二、变量说明

（一）被解释变量

制造业效率。对制造业效率的衡量主要有4种方式：增加值率，即增加值与产值的比率；劳动生产率，即行业总产出与平均就业人数的比值。相对劳动生产率，即行业产出比重与该行业劳动投入比重的比值。全要素生产率，即带有参数随机前沿模型（SFA）和非参数Malmquist生产率指数法。其中全要素生产率指标是生产绩效的集中体现，能够有效度量制造产业资源优化配置程度。因此，研究借鉴刘纯彬（2013）

和刘叶（2016）对变量设置方法，采用制造业全要素生产率变化量 $Tfpch_{it}$ 作为被解释变量。其中，采用非参数的 Malmquist 指数方法测算全要素生产率变化量 $Tfpch_{it}$ 能够有效地反映出制造产业每年效率的增长情况，其具体测算结果如表 8-1 所示。

（二）解释变量

产业协同发展系数 Col。研究采用第四章中灰色 GM(1，N）模型测度的制造业与生产性服务业协同发展系数 Col 作为解释变量，探究其与制造业产业效率之间是否呈现非线性的区间特性，其具体测算结果如表 8-2 所示。

表 8-2　　变量描述性统计

变量	符号	均值	标准差	最小值	最大值
产业经济效率	Tfpch	1.0533	0.0996	0.8370	1.4490
产业协同性	lnCol	0.5185	0.0586	0.3721	0.6474
产业规模	lnScale	9.8526	1.2892	7.4025	13.5226
产业发展水平	lnDev	13.9977	0.9115	12.6019	15.4893
产业创新能力	lnTech	0.1199	0.0683	0.0088	0.3669
劳动力素质	lnLab	10.2490	0.4025	9.3168	11.5459
资本投入	lnCap	8.4470	1.3320	5.8464	12.2041
对外开放程度	lnOpen	7.5090	1.6421	2.9444	11.4112
市场竞争强度	lnCom	7.2158	1.3324	4.0506	10.9678
社会贡献程度	lnEmp	5.0653	1.2034	2.8792	8.5675

注：数据保留小数点后四位。
资料来源：作者计算。

（三）控制变量

1. 劳动力素质

在经典的索罗模型中，人均收入是能够影响产业经济增长的一个重要解释变量，其能够有效刻画产业效率、劳动力素质等基本情况。因此，本书借鉴姚星等（2012）衡量人力资源水平的方法，采用就业人员平均劳动工资来表示制造业劳动素质变化程度。

2. 资本投入

索洛在增长方程中对全要素生产率与资本形成间的关系作以计算，指出资本—产出比与全要素生产率在人均产出不变的条件下呈现此消彼长的关系。虽然资本形成对全要素生产率的影响是正面还是负面仍旧存在争议性，但其对全要素生产率的测算有着重要的影响作用。因此，本书借鉴高觉民（2011）衡量资本投入的方法，采用固定资产投资额来表示制造业资本投入量的变化程度。

3. 对外开放程度

度量贸易开放程度的指标有外贸依存度、有关税率、价格扭曲度、经济自由度、国际化程度等。鉴于数据的可获得性研究采用外贸依存度这个常用指标，即出口交易额占 GDP 比重，此项指标既能够体现行业的外贸市场的开放程度，又能够直接反映外贸出口企业的贸易规模和利益。

4. 市场竞争强度

产业盈利能力是衡量产业市场竞争力最直观有效的方式，盈利能力强的企业能够驱动技术创新动力，从而提升经济效率。产值利润率是衡量工业企业市场竞争力的重要指标，即营业利润总额占总产值比重，通过产值利润率的高低可以初步审视企业的资产增收情况。产值利润率高的企业，其单位产值获利能力强，综合生产效率高，反之则获利能力弱的企业经营状况不佳。

5. 社会贡献程度

产业吸纳就业能力不仅能够客观地反映产业社会服务能力，其就业率指标的高低直接关系到产业未来的发展潜力，就业拉动能力的强弱同样关系到产业发展空间及政策扶持倾向。

（四）门槛变量

1. 产业规模

产业规模的大小能够衡量产业在一定时间范围内全部资产的规模总

量，既能体现产业历史发展的累积性，又能突显产业未来发展的基础性。可用产出总量、企业数量、生产总值等指标衡量。但产业规模扩张不仅仅意味着企业数量上的增加，还应该反映出该产业为实现自身经营发展能够投入的生产资料水平，因此，研究采用制造业工业销售产值作为衡量指标。

2. 产业发展水平

产业发展水平的强弱既能够体现产业整体综合性的经济实力，又能够反映产业盈利能力以及产业经济质量。本书借鉴戴魁早（2015）测度产业发展水平的方法，采用人均工业销售产值作为衡量指标。

3. 产业创新能力

产业创新能力是衡量产业发展潜力的重要指标，其不单要考虑到产业研发活动的总支出强度，更要反映出知识、技术向现实生产力转化的程度。本书采用新产品产值率作为产业创新能力的衡量指标，不仅能够反映科技产出及对经济增长的直接贡献，又能反映出企业技术转化能力和技术应用能力，是技术创新综合实力的体现。

三、样本数据选取

研究中所选取的数据，分别源自《中国工业统计年鉴》《中国统计年鉴》《中国劳动统计年鉴》《中国固定资产投资统计年鉴》以及《中国制造业发展研究报告》的整理，其时间跨度为2006～2015年10年间数据。

上述所涉及的各项指标变量的描述性统计见表8－2。

四、门槛模型检验说明

（一）门槛模型参数估计

门槛模型属于非线性模型，借鉴汉森的面板门槛模型理论估计公式

（8-8）中各参数。首先剔除每个观察值的个体效应 μ_i，即减去模型中的组内平均值，其模型变化为：

$$TFP_{it}^* = \beta_1 lnCol_{it}^* I(q_{it} \le \gamma) + \beta_2 lnCol_{it}^* I(q_{it} > \gamma) + \beta_3 lnLab_{it}^* + \beta_4 lnCap_{it}^* + \beta_5 lnOpen_{it}^* + \beta_6 lnCom_{it}^* + \beta_7 Emp_{it}^* + \varepsilon_{it}^* \quad (8-9)$$

将公式（8-9）改写成矩阵形式：

$$TEP^* = X^*(\gamma)\beta + \varepsilon^* \quad (8-10)$$

其中，$\varepsilon \sim N(0, \delta^2)$，公式（8-10）属于统计学中的经典假设，对其进行估计得到 β 的估计值，即：

$$\hat{\beta}(\gamma) = (X^*(\gamma)'X^*(\gamma))^{-1}X^*(\gamma)'TEP^* \quad (8-11)$$

将 $\hat{\beta}$ 代入公式（8-9）中，计算残差项 $\hat{e}(\gamma)$ 以及残差平方和 $S_1(\gamma) = \hat{e}(\gamma)'\hat{e}(\gamma)$，而不同的门槛值 γ 所对应的残差平方和 $S_1(\gamma)$ 的大小存在差异，所估计的门槛值 $\hat{\gamma}$ 越接近真实值门槛值 γ，其残差平方和 $S_1(\gamma)$ 的数值越小，因此最优门槛值为：

$$\hat{\gamma} = arg_{\gamma} min S_1(\gamma) = arg_{\gamma} min \hat{e}(\gamma)'\hat{e}(\gamma) \quad (8-12)$$

在对门槛值 γ 的估计过程中会根据门槛变量 q_{iy} 的数值大小将样本升序排列，为提高门槛值 γ 的估计精度，剔除门槛变量 q_{iy} 中最小和最大的1%个样本，选取98%的样本列入门槛值的候选范围内。在估计出门槛值 γ 后，可计算出相应参数 $\hat{\beta}$ 及方差 δ^2 的数值，其中 $\delta^2 = N^{-1}\hat{e}(\hat{\gamma})'\hat{e}(\hat{\gamma}) = N^{-1}S_1(\hat{\gamma})$。

（二）门槛效应检验

完成门槛模型的参数估计后，需要进一步对门槛效应进行两项检验。一项是门槛效应显著性检验，其目的在于检验门槛模型中 β_1 和 β_2 之间是否存有显著性差异；另一项是门槛估计值的真实性检验，其目的在于验证门槛估计值与真实值是否一致。针对第一项检验，本书采用适用于检验非线性约束条件的 Wald 检验，先对模型施加 $\beta_1 = \beta_2$ 的约束条件，再构建统计量进行 Wald 检验。如果统计量的置信概率小于5%，拒绝原假设，也就是说 β_1 和 β_2 之间存在显著差异，反之则接受原假设，β_1 和 β_2 之间不存在显著差异，门槛效应并不显著。

针对第二项检验，本书门槛估计值 $\hat{\gamma}$ 真实性检验，借鉴汉森所使用的极大似然法来检验门槛估计值 $\hat{\gamma}$ 真实性。构建原假设为 H_0：$\hat{\gamma}=\gamma$，备择假设为 H_1：$\hat{\gamma}\neq\gamma$，对应的似然统计量为：

$$LR=[S_1(\gamma)-S_1(\hat{\gamma})]/\delta^2(\hat{\gamma}) \tag{8-13}$$

针对 LR 统计量存在非标准正态分布的问题，汉森提出了其置信区间的范围标准，即当 $LR\leq -2\ln[1-\sqrt{1-\alpha}]$ 时，接受原假设 $\hat{\gamma}=\gamma$，α 为显著性水平在 5% 以下。双门槛和多重门槛构建与检验方式与单一门槛的思路基本一致，但对于 $\hat{\gamma}_i$（i = 1，…，n，其中 n 为门槛数）不能同时进行估计，由于渐进分布无效所以不能多个门槛同时估计。一般采用“定点法”进行搜索，即先固定搜索的第一个门槛，再对下一个门槛进行估计，重复搜索直至得到一致优化估计为止。

第三节 实证检验及分析

一、门槛效应检验

（一）门槛数量确定

在构建面板门槛模型的基础上，依次在不存在门槛、存在单一门槛、存在双重门槛和存在三重门槛的假设条件下，对公式（8-8）中模型进行估计，并得到各门槛变量的 F 统计量，再采用“自助法”（Bootstrap）估计出相应的 P 值，具体结果如表 8-3 所示。从表 8-3 中可以看出，对于产业规模门槛变量来说在 1% 的显著性水平下双重门槛模型 LR 统计量为 10.987，P 值为 0.000；在 10% 的显著性水平下，单门槛模型 LR 统计量为 15.302，P 值为 0.054。在产业发展水平门槛变量的检验中，仅有单一门槛变量检验效果非常显著，对应的 LR 统计量为 12.422，P 值为 0.000，双重门槛和三重门槛没有通过 10% 的显著性检验。在产业规模和产业创新能力门槛变量的检验中，单一门槛和双重门槛均通过显著性检验，但三重门槛效果并不显著。而产业创新能力在1%的显著性水平下单一门槛模型LR统计量为22.518，P值为0.002；在5%的显著性水平下，双重门槛模型LR统计量为14.032，P值为0.032。鉴于此，在下文的研究中对产业规模和产业创新能力变量选取单门槛模型，而对产业发展水平变量则选取双门槛模型进行面板门槛回归分析。

表8-3 门槛效果检验

门槛变量	门槛数	统计量		临界值		
		LR统计量	P值	1%	5%	10%
产业规模	单一门槛检验	15.302*	0.054	20.898	16.044	13.022
	双重门槛检验	10.987***	0.000	5.816	0.011	-4.605
	三重门槛检验	0.000	0.906	0.000	0.000	0.000
产业发展水平	单一门槛检验	12.422***	0.000	8.436	5.832	4.889
	双重门槛检验	7.29	0.162	13.889	9.845	8.716
	三重门槛检验	12.859	0.212	6.357	8.712	10.558
产业创新能力	单一门槛检验	22.518***	0.002	19.749	13.714	10.827
	双重门槛检验	14.032**	0.032	18.204	12.759	10.99
	三重门槛检验	0.000	0.202	0.000	0.000	0.000

注：（1）P值和临界值均为采用500次“自抽样”产生的结果；（2）***、**、*分别代表统计值在1%、5%、10%的显著性水平。

资料来源：作者计算。

（二）门槛值估计

在验证门槛显著性的基础上，为更清楚地说明各变量门槛值的搜索过程，分别给出变量门槛值的似然比函数图8-1至图8-3，以便于理解各门槛值的估计和置信区间的构造过程。图8-1至图8-3中的虚线代表所有LR值小于5%显著水平下对应的临界值即7.35，门槛参数的估计值是建立在似然比检验统计量 LR 为零时的取值，当 LR 值取最小时所对应的即为门槛值。结合表 8－4 中的具体数值，对于产业发展水平和产业创新能力门槛变量其取对数后单一门槛值为 14.387 和 0.115，其 95% 置信区间分别为［13.774，14.731］和［0.107，0.208］，对于产业规模门槛变量其取对数后第一个门槛值为 9.875，第

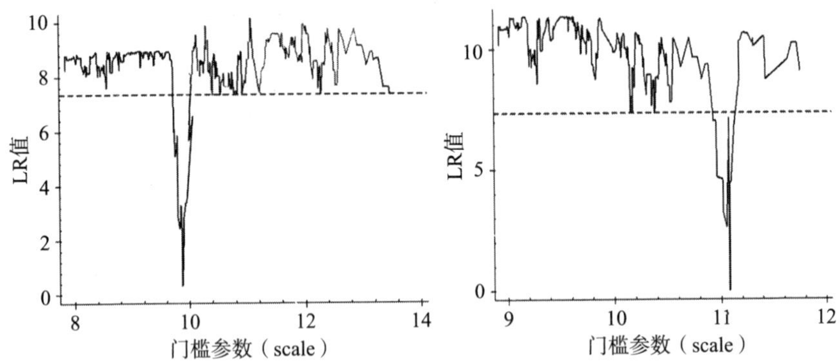

图 8－1　产业规模的双重门槛的估计值和置信区间

资料来源：基于 Stata 软件制作。

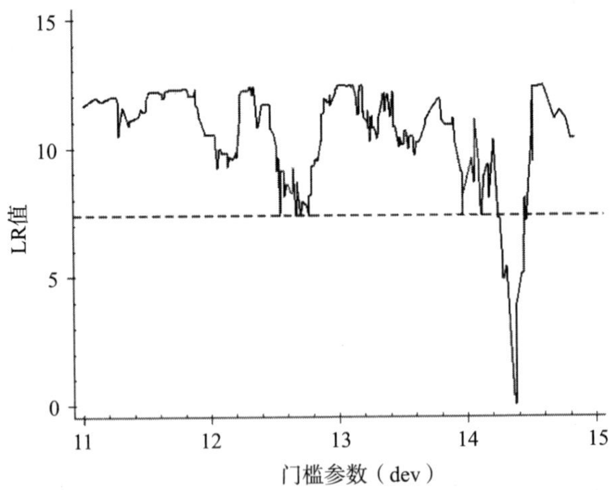

图 8－2　产业发展水平的单一门槛的估计值和置信区间

资料来源：基于 Stata 软件制作。

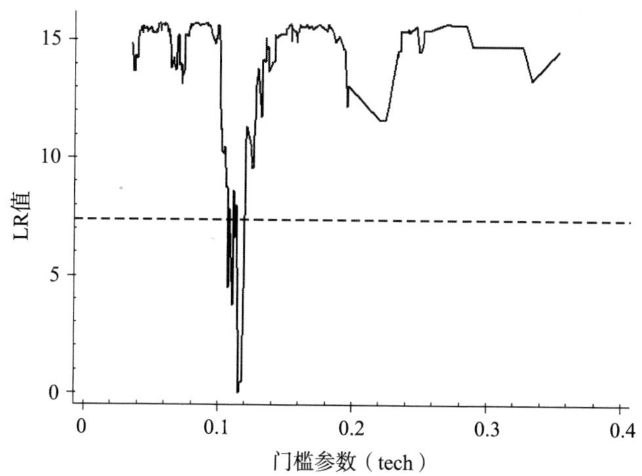

图 8－3　产业创新能力的单一门槛的估计值和置信区间

资料来源：基于 Stata 软件制作。

二个门槛值为 11.085，其 95% 置信区间分别为 [9.754，12.161] 和 [9.731，13.515]。将门槛值的对数还原后，可将制造业各子行业根据产业规模大小分为低产业规模型 [Col(Scale) ≤19438]、中等产业规模型 [19438 < Col(Scale) ≤65186]、高产业规模型 [Col(Scale) >65186]；根据产业发展水平的快慢分为低增长型 [Col(Dev) ≤1770903]、高增长型 [1770903 < Col (Dev)]，根据产业科技创新能力的强弱分为低效率型 [Col(Tech) ≤0.1219]、高效率型 [Col(Tech) >0.1219]。

表 8－4　门槛值的估计结果

门槛变量	门槛值		估计值	95% 置信区间
产业规模	单一门槛检验		9.875	[9.754，12.161]
	双重门槛检验	γ_1	11.085	[9.731，13.515]
		γ_2	9.875	[8.613，11.867]
	三重门槛检验		11.682	[11.645，11.719]

续表

门槛变量	门槛值		估计值	95%置信区间
产业发展水平	单一门槛检验		14.387	[13.774, 14.731]
	双重门槛检验	γ_1	13.778	[13.004, 15.417]
		γ_2	14.387	[14.279, 14.729]
	三重门槛检验		14.758	[13.842, 15.417]
产业创新能力	单一门槛检验		0.115	[0.107, 0.208]
	双重门槛检验	γ_1	0.203	[0.200, 0.211]
		γ_2	0.115	[0.107, 0.119]
	三重门槛检验		0.158	[0.121, 0.194]

注：数据保留小数点后三位。
资料来源：作者计算。

二、门槛模型估计结果分析

各阶段制造业效率具有动态变化的特征，其不仅取决于当期的影响因素，同时还会受到前一阶段影响因素的波及。鉴于此，研究将被解释变量滞后一期的数据作为当期的解释变量，采用动态面板 GMM 方法进行估计分析，从表 8-5 至表 8-7 中可以看出，三组结果中系数联合显著性的 Wald 检验 P 值均为 0，因而拒绝了解释变量系数全部为零的原假设，模型拟合效果良好且整体显著。在 Sargan 检验中 P 值均为大于 0.1，证明 GMM 新增工具变量的有效性，不具有过度识别的问题。与此同时，模型中的残差项均存在一阶序列 AR（1）具有显著的正相关性而二阶序列 AR（2）不相关，进一步说明动态面板 GMM 模型设定的合理性。

表 8-5　　产业规模门槛估计结果

变量	GMM 广义据估计		稳健性检验	
	系数估计	t 值	系数估计	t 值
Tfpch-1	0.162***	2.94	0.160***	3.63
Col（Scale）≤19438（亿元）	0.00437*	1.78	0.000112	0.02

续表

变量	GMM 广义据估计		稳健性检验	
	系数估计	t 值	系数估计	t 值
19438（亿元）< Col（Scale）≤65186（亿元）	0.465***	11.74	0.455***	10.13
65186（亿元）< Col（Scale）	0.00945***	5.53	0.0106***	6.00
lnLabor	0.126***	3.18	0.0681**	2.15
lnCap	-0.579***	-14.05	-0.507***	-12.88
lnOpen	-0.0173	-1.18	-0.0349*	-1.91
lnCom	0.00211	0.27	0.00981	0.73
lnEmp	0.138***	4.01	0.133***	5.07
常数项	-0.695***	-3.31	-0.525**	-2.00
AR（1）	P 值：0.0017	-3.1428	P 值：0.0021	-3.0708
AR（2）	P 值：0.4566	0.74452	P 值：0.4321	0.78557
SARGAN	P 值：0.2684	28.89235	P 值：0.7286	27.69273
Wald	P 值：0.0000	2818.71	P 值：0.0000	1016.04

注：***、**、*分别代表统计值在1%、5%、10%的显著性水平；表中 a：零假设为差分后的残差项不存在一阶序列相关，如果差分后的残差项存在一阶序列相关则 GMM 模型有效；表中 b：零假设为差分后的残差项不存在二阶序列相关，如果差分后的残差项存在二阶序列相关则 GMM 模型无效；表中 c：SARGAN 检验，原假设为所有工具变量均为有效，若 P 值大于 10% 不拒绝原假设。

资料来源：作者计算。

表 8-6　　产业发展水平门槛估计结果

变量	GMM 广义据估计		稳健性检验	
	系数估计	t 值	系数估计	t 值
Tfpch-1	0.0849***	3.59	0.118***	4.92
Col（Dev）≤1770903（元）	0.00659***	7.04	0.00780***	11.72
1770903（元）< Col（Dev）	0.0601***	1.81	0.0709***	2.72
lnLabor	0.337***	8.72	0.197***	9.05
lnCap	-0.368***	-12.55	-0.262***	-10.6

续表

变量	GMM 广义据估计		稳健性检验	
	系数估计	t 值	系数估计	t 值
lnOpen	0.0989 ***	7.76	0.0417 ***	2.62
lnCom	0.0267 ***	4.34	0.0306 ***	5.42
lnEmp	0.202 ***	4.92	0.255 ***	6.4
常数项	-1.673 ***	-9.62	-1.604 ***	-7.23
AR（1）	P 值：0.0005	-3.4848	P 值：0.0004	-3.5219
AR（2）	P 值：0.4538	0.74905	P 值：0.4260	0.79613
SARGAN	P 值：0.2679	28.90433	P 值：0.7107	28.08037
Wald	P 值：0.0000	1172.86	P 值：0.0000	552.76

注：***、**、*分别代表统计值在1%、5%、10%的显著性水平；表中 a：零假设为差分后的残差项不存在一阶序列相关，如果差分后的残差项存在一阶序列相关则 GMM 模型有效；表中 b：零假设为差分后的残差项不存在二阶序列相关，如果差分后的残差项存在二阶序列相关则 GMM 模型无效；表中 c：SARGAN 检验，原假设为所有工具变量均为有效，若 P 值大于10%不拒绝原假设。

资料来源：作者计算。

表 8-7　　产业创新能力门槛估计结果

变量	GMM 广义据估计		稳健性检验	
	系数估计	t 值	系数估计	t 值
Tfpch-1	0.0750 ***	4.46	0.0831	1.28
Col（Tech）≤0.1219	0.514 ***	8.83	0.516 ***	6.31
Col（Tech）>0.1219	0.593 ***	8.07	0.620 ***	4.95
lnLabor	0.335 ***	14.81	0.218 ***	12.79
lnCap	-0.359 ***	-14.03	-0.191 ***	-13.66
lnOpen	0.129 ***	10.88	0.0677 ***	5.41
lnCom	0.0692 ***	8.99	0.0700 ***	8.72
lnEmp	0.125 ***	4.77	0.0869 ***	4.1
常数项	-1.513 ***	-13.35	-1.060 ***	-7.71
AR（1）	P 值：0.001	-3.3	P 值：0.0021	-3.0783

续表

变量	GMM 广义据估计		稳健性检验	
	系数估计	t 值	系数估计	t 值
AR（2）	P 值：0.3448	0.94465	P 值：0.3284	0.9774
SARGAN	P 值：0.3577	26.96272	P 值：0.6508	29.32412
Wald	P 值：0.0000	7455.14	P 值：0.0000	2839.05

注：***、**、*分别代表统计值在1%、5%、10%的显著性水平；表中 a：零假设为差分后的残差项不存在一阶序列相关，如果差分后的残差项存在一阶序列相关则 GMM 模型有效；表中 b：零假设为差分后的残差项不存在二阶序列相关，如果差分后的残差项存在二阶序列相关则 GMM 模型无效；表中 c：SARGAN 检验，原假设为所有工具变量均为有效，若 P 值大于 10%不拒绝原假设。

资料来源：作者计算。

（一）产业规模的门槛效应

从表 8－5 中可以看出，制造业与生产性服务业间良好的协同效应对制造业效率的提升有积极的促进作用，然而，在不同的产业规模区间内两产业间的协同效应对制造业效率的影响仍存在一定的差异性。随着制造业产业规模的逐步扩大，产业间协同效应对制造业效率的促进作用呈现由弱—强—弱的“S”形趋势。

当制造业产业规模偏小时，即产值低于第一个门槛值 19438 亿元时，产业协同效应的系数为 0.0043，产业间协同效应对制造业效率的促进作用较弱。其原因在于刚从初具规模的制造企业中分离出的生产性服务业规模与数量偏小，在服务质量方面未能形成竞争态势，因而服务成本节约空间受限，导致制造业与生产性服务业间未形成良好的协同互动效应，从而降低了对制造业效率提升的促进作用。

在产业规模跨过第一个门槛介于 19438 亿元和 65186 亿元之间时，其产业间协同效应对制造业效率的促进作用最强，系数为 0.465，且通过了 1%的显著性水平检验。随着制造产业规模逐渐增大，必将衍生出对生产性服务业的中间需求，规模化后的生产性服务业其社会化与专业化程度均有提升，从而进一步作用于制造业使两产业间形成良好的协同互动效应，从而节约制造劳动力成本，在一定程度上推动制造业生产要素效率水平的改善。

而产业规模超过 65186 亿元时，其对制造业效率的促进作用随之减弱，系数降至 0.00945，亦通过 1% 的显著性检验。这说明制造业产业规模达到一定阈值时，与之相匹配的生产性服务业同样度过快速发展时期，各类生产性服务产业已基本形成固有的竞争格局，制造业对各种类型的生产者服务业的需求量趋之稳定。制造业与生产性服务业间协同互动效应趋于平稳，制造业借助于生产性服务业能够进一步压缩的成本份额以及利润提升空间有限，致使规模经济效应随之下降，进而降低了对制造业效率的促进作用。

（二）产业发展水平的门槛效应

从表 8－6 中可以看出，在制造产业发展水平处于不同阶段时，产业间协同效应对制造业效率均具有正向的积极促进作用，但其作用强度呈现由弱到强的非线性特征。当制造产业人均产值低于 1770903 元时，产业间协同效应每提升 1 个百分点，制造业效率将会提升 0.659%，而当制造产业人均产值超过 1770903 元时，其制造业效率将会显著提升 6.01%。不难发现，制造产业人均产值一旦跨过门槛值时，其产业间协同效应对制造业效率的促进作用具有显著性跃升。其原因在于当制造产业发展水平较低时，位于产业链两端的生产性服务业并没有从制造业中完全自然分离出来，即存在制造业“服务内置化”现象。随着制造产业发展水平的逐步提升，制造业对各种类型的生产性服务业的需求量也随之增大，多数制造企业内部自我供给不足，需要通过外部市场来购买生产性服务资源。生产性服务业将专业的人力资本和知识资本导入生产过程中，进一步促进制造生产的专业化与资本化，从而提升制造产业效率。

现阶段，仅有少部分制造业的产业发展水平高于门槛值，以 2015 年为例（见表 8－8），27 个制造业中仅有 9 个制造业跨过门槛值，多数制造业的产业发展水平均低于门槛值。这反映出中国制造产业发展水平不高，对生产性服务业的需求体量小，因而不能为两产业间的有效互动夯实基础，制约了产业协同对制造业效率的促进作用。

表 8-8　　制造业各子行业跨越不同门槛值情况

产业规模	2006 年	2015 年
Col（Scale）≤ 19438（亿元）	印刷、媒介复制业，文教、工美、体育制造业，家具制造业，木材加工制品业，化学纤维制造业，烟草制品业，仪器仪表制造业，饮料制造业，皮、毛、羽制品业，食品制造业，医药制造业，造纸业，纺织服装业，专用设备制造业，金属制品业，橡胶和塑料制品业，非金属矿物制品业，有色金属冶制造业，农副食品加工业，通用设备制造业，纺织业，石油加工业，电气机械制造业	化学纤维制造业，印刷、媒介复制业，家具制造业，仪器仪表制造业，烟草制品业，木材加工制品业，造纸业，皮、毛、羽制品业，文教、工美、体育制造业，饮料制造业，食品制造业，纺织服装业
19438（亿元）< Col（Scale）≤ 65186（亿元）	交通运输设备制造业，化学原料制造业，黑色金属制造业，通信电子设备制造业	医药制造业，橡胶和塑料制品业，专用设备制造业，金属制品业，纺织业，石油加工业，有色金属冶制造业，通用设备制造业，非金属矿物制品业，黑色金属制造业，通用设备制造业
65186（亿元）< Col（Scale）	—	电气机械制造业，化学原料制造业，交通运输设备制造业，通信电子设备制造业
产业发展水平	2006 年	2015 年
Col（Dev）≤ 1770903（元）	纺织服装业，文教、工美、体育制造业，印刷、媒介复制业，皮、毛、羽制品业，专用设备制造业，医药制造业，饮料制造业，纺织业，仪器仪表制造业，非金属矿物制品业，家具制造业，食品制造业，木材加工制品业，通用设备制造业，橡胶和塑料制品业，交通运输设备制造业，造纸业，金属制品业，化学原料制造业，电气机械制造业，农副食品加工业，通信电子设备制造业，黑色金属制造业，化学纤维制造业，有色金属冶制造业	皮、毛、羽制品业，纺织服装业，仪器仪表制造业，文教、工美、体育制造业，通信电子设备制造业，印刷、媒介复制业，家具制造业，医药制造业，饮料制造业，橡胶和塑料制品业，专用设备制造业，通用设备制造业，食品制造业，电气机械制造业，纺织业，交通运输设备制造业，造纸业，金属制品业

续表

产业规模	2006 年	2015 年
1770903（元）< Col（Dev）	烟草制品业，石油加工业	非金属矿物制品业，黑色金属制造业，化学纤维制造业，化学原料制造业，农副食品加工业，木材加工制品业，有色金属冶制造业，烟草制品业，石油加工业
产业创新能力	2006 年	2015 年
Col（Tech）≤0.1219	农副食品加工业，石油加工业，皮、毛、羽制品业，纺织服装业，文教、工美、体育制造业，食品制造业，烟草制品业，非金属矿物制品业，金属制品业，家具制造业，印刷、媒介复制业，纺织业，木材加工制品业，饮料制造业，化学原料制造业	农副食品加工业，木材加工制品业，非金属矿物制品业，饮料制造业，食品制造业，皮、毛、羽制品业，文教、工美、体育制造业，石油加工业，家具制造业，印刷、媒介复制业，纺织服装业，金属制品业，橡胶和塑料制品业，黑色金属制造业，造纸业，纺织业
Col（Tech）>0.1219	黑色金属制造业，造纸业，橡胶和塑料制品业，有色金属冶制造业，仪器仪表制造业，化学纤维制造业，医药制造业，通信电子设备制造业，专用设备制造业，通用设备制造业，电气机械制造业，交通运输设备制造业	有色金属冶制造业，化学原料制造业，专用设备制造业，通用设备制造业，烟草制品业，医药制造业，仪器仪表制造业，化学纤维制造业，电气机械制造业，交通运输设备制造业，通信电子设备制造业

资料来源：作者计算。

（三）产业创新能力的门槛效应

从表 8－7 中可以看出，制造业在产业创新能力不同时，产业间协同效应对制造业效率亦存在正向非线性的影响效应，当制造产业新产品产值率低于 0.1219 时，产业协同效应的系数为 0.514，而当制造产业新产品产值率超过 0.1219 时，其系数提升为 0.593。

结合表 8－8 中各制造产业跨越门槛值的情况，低于门槛值的产业多为劳动密集型制造业，在 2008 年前仅有两项劳动密集型制造业（造纸业和橡胶、塑料制品业）跨过门槛值，此后跨过门槛值的产业全部为资本密集型和技术密集型制造业，对于技术密集型制造业除金属制品业外其余产业在2006～2015年间均跨过门槛值。其原因在于相较于劳动密集型制造业，技术密集型制造业和部分跨过门槛值的资本密集型制造业产业创新能力和新产品的转化能力强，对高质量生产性服务具有更强的需求性。高质量生产性服务业能够为企业提供位于技术和知识服务链前端的产品和服务，有助于创新资源的相互注入，进而提升制造业价值链各环节中技术创新能力，助推制造业向产业链高端攀升，从而提高制造产品在生产过程的效率性。

（四）控制变量

综合分析表8-5～表8-7各控制变量系数符号及显著性，仅有对外开放这一变量在产业规模门槛模型中的系数为负相异于其余两个门槛模型，但并未通过10%的显著性检验，而此变量在其余两个门槛模型中均通过1%的显著性检验。其结果虽有较小波动但其结果基本一致，属于实证研究中可接受范围，更进一步证明本书所构建的门槛面板模型的合理性。

（五）稳健性检验

为进一步确保估计结果的有效性，本书采用制造业劳动生产率替换解释变量中的制造业全要素生产率对实证结果进行检验。从表8-5～表8-7中能够看出，稳健性检验结果与实证结果系数符号一致，主要区别在于稳健性检验结果与实证结果回归系数值和显著性的较小差异，但稳健性检验结果与实证研究结论基本保持一致。这说明前文对制造业与生产性服务业间产业协同发展对制造业效率影响的主要研究结论具有较好的可靠性和稳健性。

（六）研究启示

本书基于2005～2015年制造业各子行业面板数据，采用Malmquist指数模型测度制造业各子行业的生产效率变化水平，分别以制造业产业规模、发展水平和创新能力作为门槛变量构建面板门槛回归模型，并利用动态 GMM 估计方法分析制造业与生产性服务业间协同发展对制造业生产效率影响的门槛效应。研究结果表明：（1）2006～2015 年期间，制造业与生产性服务业间良好的协同效应对制造业效率的提升有积极的促进作用，但由于制造业各子行业间发展的差异性致使两产业间协同效应对制造业效率的影响表现出非线性特征。（2）随着制造业产业规模的逐步扩大，产业间协同效应对制造业效率的促进作用呈现由弱—强—弱的“S”形趋势，当产业规模保持在 19438～65186 亿元范围内时，产业间的协同效应对制造业效率的促进作用最强；当制造产业发展水平较低时，其产业间协同效应对制造业效率的促进作用较弱，而当制造产业发展水平一旦跨过门槛值时，其促进作用具有显著性跃升；对于创新能力处于不同阶段的制造产业，其产业间的协同效应对制造业效率作用强度呈现由弱到强的非线性特征，其中低于门槛值的产业多为劳动密集型制造业。

鉴于此，本书基于以上研究结论衍生出以下四点重要启示。

1. 加强产业间协同效应，进一步促进制造业提质增效

鼓励引导制造企业围绕产品功能进一步扩展检测检验、远程咨询、在线商店、电子商务等专业性增值服务，以延长制造产业链、构建全寿命周期服务等方式来提升制造业对生产性服务业需求的拉动力，同时将专业化的生产性服务渗入到制造生产和商业拓展过程中，有利于制造企业及时跟进外部生产技术变革，快捷地掌握外部先进技术、市场信息与创新资源，进一步提升制造产业效率，增强产业市场竞争能力。在保持政策统一性的前提下进一步完善分类税收体制建设，适当调整服务业中生产性服务业、消费性服务业和政府—公共服务业的税收分配比例，通过适当减免相应税收等引导性政策进一步加强制造业与生产性服务业互动发展，利用税收优惠政策为产业协同互动发展营造良好的外部环境。

2. 加快推进制造产业集群升级，发挥产业集聚规模效应

鼓励制造产业集群积极嵌入到全球产业价值链中，在对现有产品、技术、工艺细节进行模仿改进的基础上，形成具有独立知识产权的产品创新能力，从而促进产业集群制造产品技术升级、技术改造，寻求制造

业产业集群转型升级途径。借助与生产性服务业协同发展这一有利契机进一步提升制造业产业集群的附加值和市场竞争力，扩大制造业产业集群对生产性服务业的有效需求体量，充分发挥制造产业集群规模效应。

3. 加快制造业“主辅分离”，尽快“裂变”专业优势

制造业在提升自身产业发展水平的过程中，应积极推进制造企业内置服务市场化、自由化。引导制造业企业通过业务流程再造，逐步将发展重点集中于市场拓展、技术研发和品牌运作方面，以核心竞争优势整合配套企业的服务供给能力。鼓励制造企业让渡不具备优势的科技研发、工业设计、物流运输等服务环节，降低生产成本，集中精力发展主业，向社会释放服务需求。支持大中型制造业将生产流程中非核心但具有比较优势的服务环节分离出来，为整个行业提供专业化、社会化的生产性服务。借助“营改增”的政策契机，打通制造业与服务业的税收抵扣链条，一次性从根本上解决重复征税问题，为实施“主辅分离”扫清了税制障碍。

4. 加大制造企业技术创新力度，提升科技创新成果转化能力

尽快消除制造业在创新能力方面所存在不平衡问题，重点加快劳动密集型、资本密集型制造业与生产性服务业间的产业协同合作，提升劳动密集型、资本密集型制造业的资源利用效率以及产品科技含量，推进其稳步向资本—技术密集型或劳动—技术密集型产业转型。与此同时，加大对制造产业技术创新人力、财力、物力的投入，强化对引进技术的消化吸收和再创新能力，增强新产品的研发与成果转化效率，提升知识产权创造与运用能力，高效创新为制造业产业升级和良好发展提供技术支持平台。强化制造产业各科技创新平台间的有机互动联系，进一步增强对制造科技企业加速器、孵化器的支持力度，为制造业产业升级和良好发展提供技术支持平台。

第九章

制造业与生产性服务业协同演化影响因素研究

通过前面几章的分析，深入探讨了制造业与生产性服务业间协同演化机理、演化趋势、发展水平以及作用意义，指出制造业与生产性服务业间良好的协同效应对制造业效率的提升具有积极的促进作用。然而，在制造业与生产性服务业协同演化发展过程中必然会受到各种影响因素的促进或阻滞作用，如何促进两产业间协同演化发展也随之成为现阶段亟待解决的关键问题，对制造业与生产性服务业间协同演化发展影响因素的分析则是解决这一问题的重要前提基础。因此，本章在第四章研究结果的基础上，探索性的采用基于 PLS－SEM 实证分析制造业与生产性服务业协同演化进程中的影响因素及影响作用路径，以期为应对之策提供理论借鉴。

第一节　制造业与生产性服务业协同演化影响因素测度方法选择

王海丽（2011）基于 31 个省份的 2003～2009 年面板数据，通过线性回归模型验证技术进步水平、制造业规模和城市化水平对制造业和生产性服务业的影响，指出 3 项指标均具有显著的影响作用。李秉强（2015）同样运用回归模型分析影响制造业与生产性服务业间耦合协调发展因素，指出市场动力和内生动力对两产业间耦合协调发展影响作用较大。吉亚辉和甘丽娟（2015）利用垂直关联模型对制造业与生产性服务业协同集聚的影响因素进行实证检验，指出生产性服务业各细分子行业对两产业间的协同集聚影响存在差异。张幅（2017）基于多维邻近视角，通过时间序列数据分别解析不同邻近视角下制造业与生产性服务业间互动影响力的大小，指出在技术邻近、制度邻近和认知邻近这3项指标中技术邻近对两产业互动的作用影响力更强。綦良群等（2017）基于扎根理论方法，从全球价值链（GVC）视角出发系统的定性分析了中国装备制造业与生产性服务业间互动融合影响因素，指出在全球价值链下融合意愿、融合能力、融合环境和融合资源是影响中国装备制造业与生产性服务业互动的4个最主要因素。桂黄宝等（2017）利用探索性因子分析方法对制造业与生产性服务业间互动发展影响因素进行探究，指出产品研发水平、企业创新能力、政府政策、产业竞争力是影响两产业间有效互动的主要因素，但4项指标的影响程度却不尽相同。

纵观现有文献，有关制造业与生产性服务业间协同演化影响因素分析的实证研究仍具有一定的局限性。第一，从研究视角方面，多数研究均针对制造业和生产性服务业单产业发展影响因素研究，仅有少量文献关注制造业与生产性服务业间产业融合、互动、协同集聚及耦合协调的影响因素分析。第二，从研究方法方面，多数研究采用传统的回归分析对少量影响因素变量进行验证，并在计算影响系数的过程中并未考虑其他因变量的影响作用；部分研究采用多层统计分析来综合评价制造业与生产性服务业间互动发展的各影响因素指标，虽在一定程度上扩充统计样本量，但未能很好地考虑误差项，其所选的变量可能受主观因素的影响致使评价结果出现很大的误差，测度结果可能会存在不真实性。而SEM是一种基于变量协方差矩阵来分析变量之间关系的一种统计方法，既能够同时考虑和处理多个因变量，又能够充分兼顾到测量误差，弥补了传统分析方法的缺陷。考虑到制造业与生产性服务业协同演化影响因素的复杂性和相互关联性的特点，研究采用结构方程模型来分析处于转型期的制造业与生产性服务业间协同演化影响因素，并以此为据提出促进制造业与生产性服务业良好协同发展的合理政策建议。

第二节　SEM 构建

一、SEM 介绍

SEM 主要由两部分所构成，一个是由各个潜变量所组成的结构模型（structural model），另一个是由潜变量与其显变量所组成的测量模型（measurement model）。SEM 能同时处理多个显变量及潜变量，其不仅能够分析各潜变量之间的复杂因果关系，还能容许因变量和自变量在运算过程中存在一定范围的测量误差，从而弥补传统方法中不能测量潜变量及忽略误差的缺陷。研究中所涉及的因变量为制造业与生产性服务业间协同演化程度，可用第四章中灰色 GM(1, N) 模型测得的数据表示，而因变量如制造业产业规模、生产性服务业发展水平、制造业科技创新能力、生产性服务业效率、政府规制均不能直接测量，可通过观测变量反映。而观测变量数据获取的过程中不可避免地会存在一定程度的误差，因此将采用结构方程的思想来建立模型。

SEM 是一种综合性的统计方法，同时是对路径分析、多元回归分析、验证性因素分析等方法的综合运用及改进提高，是基于联立方程求解且包含面很广的数学模型。总体上，SEM 可以分为内部模型（结构模型）和外部模型（测量模型）这两部分。

第一，内部模型。内部模型又称结构模型，是描述 SEM 中各潜变量之间的关系，如制造业产业规模与生产性服务业发展水平之间的关系：

$$\eta = B\eta + \Gamma\xi + \zeta \tag{9-1}$$

其中，η 表示内生潜变量组成的向量；ξ 表示外源潜变量组成的向量；B 表示内生潜变量之间的关系；Γ 表示外源潜变量对内生潜变量的关系；ζ 表示内部方程的残差项组成的向量，反映潜变量 η 在内部方程中剩下的未能被解释的部分。

第二，外部模型。外部模型又称测量模型，描述潜变量与各测量指标之间的关系，如企业单位数、资产总计、工业总产值等指标与制造业产业规模的关系；其之间的关系可以用以下方程式表示：

$$x = \Lambda_x \xi + \delta \tag{9-2}$$

$$y = \Lambda_y \eta + \varepsilon \tag{9-3}$$

其中，x 和 y 分别表示外源指标、内生指标组成的向量；Λ_x 和 Λ_y 则分别表示外源潜变量与外源指标之间的关系矩阵、内生潜变量与内生指标之间的关系矩阵，它们又被称为各指标在对应变量上的因子载荷矩阵；ξ 和 η 是外源潜变量组成的向量、内生潜变量组成的向量；δ、ε 表示相应变量的误差项。

二、模型参数估计

SEM 参数估计的方法主要包括两种方法，线性结构关系（linear structural relationship，LISREL）和偏最小二乘法（partial least squares，PLS）。运用 LISREL 进行参数估计的基本思路是要根据预先设定的理论模型求出测量变量的协方差矩阵，而后再选择极大似然估计法（ML）来与实际样本的协方差进行拟合。PLS 能够将主成分分析与多元回归结合起来进行迭代估计，被称为“第二代回归方法”，其参数估计的基本思路是分别在潜变量和观测变量中提取主成分，而后做潜变量与主成分的回归分析。

采用 LISREL 作为参数估计的方法主要存在以下三点局限性：①各观测值之间必须是相互独立。②观测值需要呈现出正态分布状态。③模型识别问题，采用 LISREL 方法计算过程中需要人为限制某些参数，当参数估计值唯一时模型才能通过识别。而 PLS 方法建模的原理则是以方差为基础，基于残差方差最小为模型构建条件，并不要求强制限定观测变量的分布形态，同时也不涉及模型识别问题，即运用 PLS 作为参数估计的方法能够有效避免 LISREL 的三个局限性。

除此之外，PLS 方法还具有以下三点优势：第一，PLS 方法侧重于对数据点的分析，不需要过多的理论知识表述，对观测变量协方差矩阵的对角线元素拟合较好；第二，PLS 方法采用的是非参数推断，对数据的分布并没有严格的假定设置，适用于数据分布有偏的情况；第三，PLS 方法对样本量没有特定的要求，具有适用于小样本研究的优势。鉴于此，本书采用基于 PLS 的 SEM 作为本书的数据分析方法。

三、基于 PLS 的 SEM

（一）建模原理

PLS 回归方法是通过提取成分来实现模型构建。为了研究因变量与自变量之间的因果关系，设有 p 个自变量和 q 个因变量，并对因变量和自变量都分别获取了 n 个样本观测量，组成了因变量的数据向量 $Y=\{y_1, y_2, \cdots, y_q\}$ 和自变量的数据向量 $X=\{x_1, x_2, \cdots, x_p\}$，PLS 回归方法按照下列的三个要求，首先分别在数据集 Y 和 X 中提取成分 u_1 和 t_1：

（1）t_1 是 $x_1, x_2, \cdots, x_p$ 的线性组合，u_1 是 $y_1, y_2, \cdots, y_q$ 的线性组合。

（2）t_1 和 u_1 应尽可能大地携带它们各自数据向量中的变异信息。

（3）t_1 和 u_1 应该保持相当大程度的相关性。

在此之后，对 X 和 Y 分别建立对 t_1 的回归方程，而后做方程的显著性检验，当方程在精度上已达到了满意的程度，则停止算法。否则，在 X 被 t_1 解释后的残余信息以及 Y 被 t_1 解释后的残余信息中做第二次的成分提取，并重复上述步骤，直到回归方程达到了一个满意的效果为止。

（二）参数估计

PLS 是一种数学优化技术，它通过赋初值迭代的算法对潜变量进行估计，在此过程中结合潜变量的迭代数值和观测变量数值来构建模型，从而形成潜变量之间以及潜变量与观测变量之间的关系方程，而后分别对所形成的方程参数进行估计，其中包括对因子载荷和潜变量之间的路径系数、各观测变量的权重系数以及隐含自变量对隐含因变量的总体效应系数的估计。

（三）模型检验

由于PLS属于非参数的推断方法，其检验方法也区别于基于参数推断方法。模型主要的拟合优度指标有平均提取方差（AVE）、R^2 值和组合信度系数（composite reliability），而模型的显著性检验方法主要是Bootstraping方法。

AVE表示因观测误差造成的隐含变量从其对应的观测变量处获取能够得到解释的方差总量，主要用于判断方程隐含变量的可靠性。一般认为，当AVE数值大于0.5其方程所选的隐含变量是合理的，即表明有50%以上的观测变量的方差信息得到了有效利用，AVE值越大，表明利用效果越好。

R^2 值主要是用来评价结构模型的解释能力，数值一般至少为0.65，其主要表明结构方程中因变量信息能够被自变量所解释的程度，当结构方程解释能力比较强时，说明整体的显著性良好，因此数值越大越好。

组合信度系数主要针对个别项目的信度系数，是对整个模型的一致性检验，若组合信度系数高则表示各隐含变量对应测量值一致性程度高。反之，则对应测量值一致性程度低。组合信度系数值介于0至1之间，系数大于或等于0.7才能表明使用的测量工具是可靠的。

第三节 制造业与生产性服务业协同演化影响因素分析及假设提出

一、影响因素分析及模型假设

（一）动力因素分析

陈菲等（2017）指出制造业在提升产业竞争力、降低制造成本和交易成本的整个过程中需要先进技术的输入，同时也要依靠大量的知识资本和高级人力资本的投入。生产性服务业作为知识资本和人力资本这种高级要素的主要载体，能够将先进的生产技术和服务融入制造生产的整个过程中，从而逐渐改善制造产品的生产工艺、技术路线以及营销方式，提升制造产品的生产效率。在这种持续的技术创新动力的驱动作用下，制造业与生产性服务业间的交流活动更为频繁，互动程度加深。因此，制造业技术创新需求能够驱动两产业不断地进行生产技术、研发技术、信息技术的交流与合作，从而促进制造业与生产性服务业进一步地协同互动。

假设 H1：制造业科技创新对制造业与生产性服务业协同演化发展起到正向直接影响作用。

（二）需求因素分析

自 2001 年我国加入世界贸易组织以后，制造业开始嵌入全球化产业链条中并开始了阶段性的快速扩张期。而随着制造产业规模的不断扩大以及制造分工的逐步细化，进一步加剧了对生产性服务业的需求，并为生产性服务业的快速发展提供了广阔的市场空间（王晓红、王传荣，2013）。与此同时，制造业与生产性服务业间的互动也随之日益紧密，生产性服务业更多地参与制造企业产品创新、技术研发、工艺流程改进等整个生产过程中，帮助制造企业更好地适应快速发展的市场经济环境，从而进一步提升市场竞争实力（魏江、周丹，2010）。由此可见，制造业产业规模的扩张在带动生产性服务业发展的同时有助于两产业间良性的互动发展。

假设 H2：制造业规模对制造业与生产性服务业协同演化发展起到正向直接影响作用。

（三）基础因素分析

汉莫瑞（Hameri，2011）指出生产性服务业依靠自身专业化优势和技术知识密集的特点，能够嵌入制造业全产业链中，实现制造业竞争力的提升以及价值链的攀升。在此期间，随着生产性服务业发展水平的不断提高，其对制造业转型升级的促进作用也随之增强，并不断融入制造业使之逐渐呈现出服务化的发展趋势，是支撑两产业协同演化发展的基础性影响因素。此外，生产性服务业能够为制造业提供更加专业化的生产服务，有效降低制造业中间投入制造成本与交易成本，使制造业随之获得规模经济效应，有助于制造产业的发展扩张（Hayakawa & Matsuura，2017）。与此同时，生产性服务业能够将高级人力资本和知识资本引入制造生产过程中，改变制造业产品的技术路线，有助于制造企业创新能力的提升（王辉，2015）。

假设 H3：生产性服务业发展水平对制造业与生产性服务业协同演化发展起到正向直接影响作用。

假设 H4：生产性服务业发展水平对制造业规模扩张起到正向直接影响作用。

假设 H5：生产性服务业发展水平对制造业科技创新起到正向直接影响作用。

（四）条件因素分析

刘纯彬和杨仁发（2013）指出生产性服务业的发展速度取决于其自身产业效率的高低。从行业内部角度分析，生产性服务业效率的提高可以降低运行成本、增加利润，从而扩大生产性服务业的资本积累，而资本存量的增加能够反哺于生产性服务业，进一步促进其产业发展水平的提高，并对制造业与生产性服务业协同演化发展产生间接的影响作用（江静等，2007）。生产性服务业产业效率的提升能够有助于人力资本和知识资本等高级要素有效载入，从而降低制造业生产成本和交易成本，提升制造产品的附加值，在促进制造业发展的同时对制造业与生产性服务业协同演化发展产生间接的影响作用（楚明钦、刘志彪，2014）。

假设 H6：生产性服务业效率通过生产性服务业发展水平对制造业与生产性服务业协同演化发展起到正向直接影响作用。

假设 H7：生产性服务业效率通过制造业规模对制造业与生产性服务业协同演化发展起到正向直接影响作用。

（五）环境因素分析

制造业是推动中国实体经济增长的重要动力来源，同时也是主要的高耗能产业。近 30 年来，随着工业化进程的快速发展，制造业已然成为中国实体经济增长的重要来源，同时也成了主要的高耗能产业（唐晓华等，2018）。因此，强化环境规制、保护生态环境是大势所趋，但部分学者认为环境保护是以厂商的实际利益为代价，环境规制趋紧会增加企业成本支出，降低制造业技术创新能力（Jorgenson & Wilcoxen，1990；Brännlund et al.，1998）。然而环境规制的趋紧是否会通过制造业对其与生产性服务业协同演化发展起到反向间接影响作用，同样是研究所要考虑的一项重要因素。

假设 H8：环境规制通过制造业科技创新对制造业与生产性服务业协同演化发展起到负向间接影响作用。

其影响制造业与生产性服务业协同演化发展的动力、需求、基础、条件和环境的五因素驱动结构模型假设如图 9－1 所示。

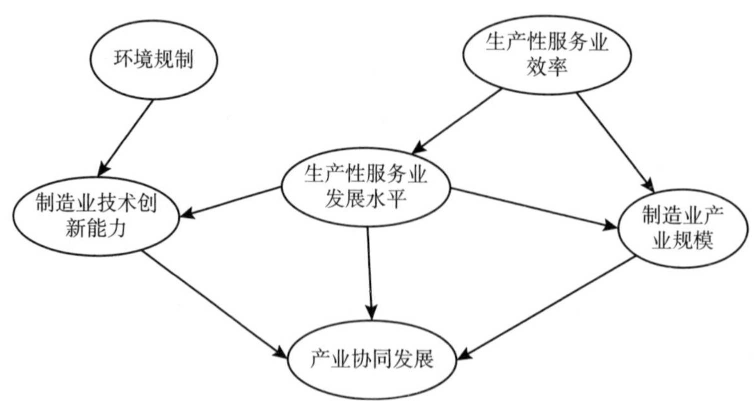

图 9－1　制造业与生产性服务业协同演化发展结构模型假设

二、变量说明

（一）指标设计

鉴于“制造业科技创新能力”潜变量能够反映出制造企业科技创新的活跃性程度及技术转化、应用能力，其主要从 R&D 投入强度、有效发明专利数、新产品产值比重、R&D 人员全时当量这 4 个方面衡量（李廉水等，2015）；“生产性服务业发展水平”潜变量能够客观反映出产业的经济创造能力，其主要从固定资产投资额、增加值产业、利税总额这 3 个方面衡量（杨珂玲等，2014）；“生产性服务业效率”潜变量能够反映产业发展的效益质量，其主要从劳动生产率、增加值占 GDP 比重、增加值增长率这 3 个方面衡量（韩德超和张建华，2008；）；“制造业产业规模”潜变量能够反映制造业在一定时间范围内全部资产的规模总量，其主要从企业单位数、资产总计、工业总产值、平均用工人数这 4 个方面来衡量（李廉水等，2014）；“环境规制”潜变量能够反映政府对制造业固体、液体、气体废弃物排放量治理实施情况，其主要从固体废物综合利用量、工业废水治理运行费用、工业废气治理费用这 3 个方面衡量（蒋伏心等，2013），具体指标设计如表 9－1 所示。

表 9－1　制造业与生产性服务业协同演化影响因素指标设计

潜变量	变量	观测指标	单位	属性	代码
制造业科技创新能力	zp1	R&D 投入强度	%	正向	zp11
		有效发明专利数	个	正向	zp12
		新产品产值占工业总产值比重	%	正向	zp13
		R&D 人员全时当量	万人·年	正向	zp14
生产性服务业发展水平	zp2	固定资产投资额	亿元	正向	zp21
		增加值	亿元	正向	zp22
		利税总额	亿元	正向	zp23

续表

潜变量	变量	观测指标	单位	属性	代码
制造业产业规模	zp3	企业单位数	个	正向	zp31
		资产总计	亿元	正向	zp32
		工业总产值	亿元	正向	zp33
		平均用工人数	万人	正向	zp34
生产性服务业效率	zp4	劳动生产率	元/人	正向	zp41
		增加值占 GDP 比重	%	正向	zp42
		增加值增长率	%	正向	zp43
环境规制	zp5	固体废物综合利用量	万吨	逆向	zp51
		工业废水治理运行费用	万元	逆向	zp52
		工业废气治理费用	万元	逆向	zp53

资料来源：作者计算。

（二）数据来源及变量描述性统计

研究中所选取的数据，分别源自 2007～2016 年的《中国第三产业统计年鉴》《中国工业统计年鉴》《中国税务年鉴》《中国统计年鉴》《中国环境统计年鉴》以及《中国制造业发展研究报告》的整理。为了更加全面了解数据的基本信息，一般在分析初期需要对数据进行描述性统计分析。通过的指标均值和方差了解样本分布集中离散状态。本书采用 SPSS 17.0 软件计算相关变量的均值和方差，具体统计结果，如表 9－2 所示。

表 9－2　变量描述性统计

变量	N	全距	极小值	极大值	均值	标准差	方差
C	10	0.2635	0.5513	0.8148	0.6827	0.0872	0.0076
p11	10	140304	272989	413293	344548	46231	2137318941
p12	10	567684	214838	782522	489053	199522	39808987980

续表

变量	N	全距	极小值	极大值	均值	标准差	方差
p13	10	717744	271618	989362	650621	261123	68185368646
p14	10	2645	6205	8850	7860	858	736333
p21	10	71593	17622	89214	46732	23834	568062080
p22	10	155337	47461	202798	117760	52566	2763193885
p23	10	37223	10240	47463	27133	11974	143378562
p31	10	1898981	621993	2520974	1686567	708922	502569698447
p32	10	527911	28168	556079	221079	175779	30898387873
p33	10	0. 036	0. 1153	0. 1513	0. 1321	0. 012	0. 0001
p34	10	0. 0055	0. 0081	0. 0136	0. 0098	0. 0017	0. 000
p41	10	341292	225340	566632	415641	110798	12276244957
p42	10	1. 9471	6. 1259	8. 073	7. 2473	0. 7374	0. 5438
p43	10	0. 2188	0. 1027	0. 3215	0. 1767	0. 0662	0. 0044
p51	10	41054	42130	83184	67043	15276	233357674
p52	10	3266070	2501237	5767307	4384889. 8	1147941	1317768487291
p53	10	7247429	3182168	10429597	6438776. 9	2338068. 6	5466564600791

资料来源：作者计算。

从表 9 - 2 中的统计数据来看，所有测量的各指标数据没有特别明显的极端异常数值。由此可见，样本分配集中并且离散状态良好，适合进行下一步分析。

第四节　制造业与生产性服务业协同演化影响因素实证研究

一、模型的参数估计

研究运用 SmartPSL3. 0 软件对 SEM 进行参数估计，所测得的参数不仅能够反映各潜变量之间以及潜变量与观测变量之间的解释程度，同时还能够再次对所构建的 PLS－SEM 模型进行评估。其各潜变量间路径系数的参数估计和路径系数图如表 9－3 所示。

表 9－3　　　　潜变量路径系数的参数估计

参数变量	C	P1	P2	P3	P4	P5
C	0	0	0	0	0	0
P1	0.268	0	0	0	0	0
P2	0.687	0.324	0	0.840	0	0
P3	0.060	0	0	0	0	0
P4	0	0	0.955	0.143	0	0
P5	0	－0.660	0	0	0	0

资料来源：作者计算。

当外部模型因子载荷系数大于 0.7 时，才说明观测指标能够较好地反映出所对应的潜变量（黄永春等，2012）。从表 9－3 中能够看出，在 17 个显变量中，仅有 1 个显变量的载荷系数未达到 0.6 的标准值，即反映制造业产业规模的企业数量指标 zp11（0.345），其余载荷系数均大于 0.6 达到可接受水平，总体上的测量效果比较理想。

二、模型显著性检验

（一）效度分析

PLS－SEM 方法一般通过 AVE 来评价外部测量模型，AVE 能够体现出因测量误差造成的潜变量从其观测变量中所获得解释时的方差总量，从而检验潜变量的可靠性。AVE 数值越大表明检验效果越好，一般将 0.5 设为 AVE 的检验临界值，大于 0.5 则表明有 50% 以上的观测变量方差信息得到了有效利用。从表 9 -4 中可以看出，各潜变量指标的 AVE 均大于0.5，表明各潜变量从对应的观测变量中能够获得较高程度的变异信息，并对各自的测量变量具有较好的反应效果，整个模型的外部测量模型估计效果比较好。

表 9 -4　　　　平均提出方差

潜变量	AVE
C	1
P1	0.749252
P2	0.980224
P3	0.76065
P4	0.735696
P5	0.833854

资料来源：作者计算。

（二）估计参数的显著性检验

本书利用 SmartPLS 软件中的 Bootstrapping 方法来对 SPL - SEM 模型中的因子载荷系数和路径系数进行显著性检验。其基本原理是：从给定的样本数据中随机抽取一定数量的样本数据，并组成新的样本数据，而后利用测算出的估计值重复上述步骤，不断抽取新样本并测算估计值，最后将测算的全部估计值组成一个新的数据集，通过数据集来反映抽样的分布情况。研究设定每一组再抽样的样本数与初始样本的样本数值相等，再抽样的次数为 500 次，其显著性检验结构如表 9 -5 和表 9 -6 所示。从表 9 -5 和表 9 -6 中能够看出，在 Bootstrapping 显著性检验中原始样本估计值（original sample）和重新抽取的样本估计值（sample mean）误差不大，说明两者所携带的变异信息基本一致。

表 9 – 5　　路径系数的 Bootstrapping 显著性检验结果

路径	Original Sample (O)	Sample Mean (M)	Standard Deviation (STDEV)	Standard Error (STERR)	T Statistics (｜O/STERR｜)	P 值
P1 -- > C	0. 267907	0. 26282	0. 313904	0. 313904	8. 53467 ***	0. 000
P2 -- > C	0. 687008	0. 664953	0. 274792	0. 274792	25. 001 ***	0. 000
P2 -- > P1	0. 324433	0. 498902	0. 885286	0. 885286	1. 92509 *	0. 083
P2 -- > P3	0. 840208	0. 881166	0. 383338	0. 383338	21. 91817 ***	0. 000
P3 -- > C	0. 142687	0. 142950	0. 174737	0. 174737	2. 85044 **	0. 017
P4 -- > P2	0. 954647	0. 847156	0. 462814	0. 462814	20. 62701 ***	0. 000
P4 -- > P3	0. 944687	0. 95025	0. 391074	0. 391074	3. 64859 ***	0. 004
P5 -- > P1	-0. 659986	-0. 683245	0. 683866	0. 683866	0. 91947	0. 163

注：***、**、*分别代表统计值在 1%、5%、10% 的显著性水平。
资料来源：作者计算。

表 9 – 6　　外部模型因子载荷系数的 Bootstrapping 显著性检验结果

路径	Original Sample (O)	Sample Mean (M)	Standard Deviation (STDEV)	Standard Error (STERR)	T Statistics (｜O/STERR｜)	P 值
ZC < -- C	1	1	0			
Zp11 < -- P1	0. 345499	0. 261236	0. 416073	0. 416073	1. 836381 *	0. 526
Zp12 < -- P1	0. 979203	0. 98108	0. 010723	0. 010723	91. 31987 ***	0. 000
Zp13 < -- P1	0. 980529	0. 98218	0. 010682	0. 010682	91. 78877 ***	0. 000
Zp14 < -- P1	0. 978449	0. 968767	0. 035631	0. 035631	27. 4606 ***	0. 000
Zp21 < -- P2	0. 985751	0. 986598	0. 006523	0. 006523	151. 1112 ***	0. 000
Zp22 < -- P2	0. 989061	0. 991155	0. 003977	0. 003977	248. 7207 ***	0. 000
Zp23 < -- P2	0. 995351	0. 995129	0. 002854	0. 002854	348. 7057 ***	0. 000
Zp31 < -- P3	0. 950933	0. 956872	0. 021091	0. 021091	45. 08651 ***	0. 000
Zp32 < -- P3	0. 970891	0. 975264	0. 009971	0. 009971	97. 36668 ***	0. 000

续表

路径	Original Sample (O)	Sample Mean (M)	Standard Deviation (STDEV)	Standard Error (STERR)	T Statistics (|O/STERR|)	P 值
Zp33 <-- P3	0.902751	0.877951	0.096543	0.096543	9.35077***	0.000
Zp34 <-- P3	0.61704	0.594624	0.309796	0.309796	1.991761*	0.074
Zp41 <-- P4	0.909464	0.809519	0.44021	0.44021	2.065975*	0.066
Zp42 <-- P4	0.91933	0.802812	0.442803	0.442803	2.076159*	0.065
Zp43 <-- P4	0.731298	0.669974	0.255159	0.255159	2.866051**	0.017
Zp51 <-- P5	0.94866	0.957525	0.0341	0.0341	27.82026***	0.000
Zp52 <-- P5	0.821473	0.810858	0.185925	0.185925	4.418312***	0.001
Zp53 <-- P5	0.962698	0.968636	0.013519	0.013519	71.21205***	0.000

注：***、**、*分别代表统计值在1%、5%、10%的显著性水平。
资料来源：作者计算。

从表9－5中的检验数据能够看出绝大多数的路径系数具有较高的T统计量，且通过了显著性检验，仅有P5→P1路径的T统计量为0.91947小于自由度为9的$|t_{\alpha/2}|=1.833$，未通过显著性检验。而表9－6中全部观测变量路径系数均通过显著性水平为0.1的T检验，由此可以看出模型整体的显著性良好，总体估计的精度较高，从而进一步证明了模型中的潜变量对其观测变量具有很好的解释能力。

三、模型结果分析

本书采用PLS分别对SEM的观测模型和结构模型进行参数估计，表9－7为测量模型的参数估计结果，能够反映各观测变量对其相应的潜变量的解释程度。在综合了表9－3中各潜变量路径系数的参数估计后，计算出各潜变量的总体效应系数，如表9－8所示。

表9-7　　观测变量路径系数

路径	影响系数	路径	影响系数
ZC <--C	1	Zp32 <--P3	0.971
Zp11 <--P1	0.345	Zp33 <--P3	0.903
Zp12 <--P1	0.979	Zp34 <--P3	0.617
Zp13 <--P1	0.981	Zp41 <--P4	0.909
Zp14 <--P1	0.978	Zp42 <--P4	0.919
Zp21 <--P2	0.986	Zp43 <--P4	0.731
Zp22 <--P2	0.989	Zp51 <--P5	0.949
Zp23 <--P2	0.995	Zp52 <--P5	0.821
Zp31 <--P3	0.951	Zp53 <--P5	0.963

资料来源：作者计算。

表9-8　　总体效应系数

潜变量	C	P1	P2	P3	P4	P5
C	0	0	0	0	0	0
P1	0.268	0	0	0	0	0
P2	0.824	0.324	0	0.84	0	0
P3	0.06	0	0	0	0	0
P4	0.796	0.309	0.955	0.143	0	0
P5	-0.177	-0.66	0	0	0	0

资料来源：作者计算。

结合表9-7和表9-8及上文的参数显著性检验结果，对本书的研究假设做出以下判断：

第一，制造业科技创新对制造业与生产性服务业协同演化发展的影响系数0.268，并在0.001的统计水平上显著，说明制造业科技创新能力的提升在一定程度上对两产业间的协同演化发展产生积极的直接影响作用，假设H1也得到验证。从表9-7能够看出有效发明专利数、新产品产值占工业总产值比重、R&D 人员全时当量对制造业科技创新的影响程度比较大，影响系数分别为0.979、0.981、0.978，而R&D 投入强度观测指标对制造业科技创新的影响程度较小仅为0.345。

第二，从表9-8中能够看出制造业产业规模虽能够对制造业与生产性服务业协同演化发展起到正向促进作用，假设H2虽得到验证，但与其余潜变量相比影响作用最弱仅为0.060，说明制造业产业规模的扩张并不是影响两产业良好协同发展的关键变量。此外，企业单位数、资产总计、工业总产值三项指标对制造业产业规模的影响系数均超过0.9，对其影响程度最大，平均用工人数指标的影响系数为0.617，则对制造业产业规模的影响作用相对较弱。

第三，生产性服务业发展水平对制造业与生产性服务业间协同演化发展的影响力系数最大，为0.824。表明生产性服务业发展水平的高低是促进两产业协同演化发展的关键因素。其中生产性服务业发展水平所起到直接影响因素为0.687，通过制造业规模和制造业科技创新所起到间接影响因素分别为0.087和0.050，且均通过显著性检验，假设H3-5都得到有效验证。而三项观测变量对生产性服务业发展水平的路径影响系数均超过98%，侧面说明所选择的观测变量对潜变量具有极好的反映效果。

第四，生产性服务业效率虽然没有直接对制造业与生产性服务业协同演化发展起到直接的影响作用，但能够通过生产性服务业发展水平和制造业规模分别对产业协同演化发挥重要的间接促进作用，其间接影响系数分别为0.787和0.009。而在假设H6和H7成立的同时又能够对制造业产业规模产生0.309的正向影响，进一步体现出生产性服务业效率影响范围之广。

第五，从表9-8中能够看出环境规制对制造业科技创新的直接影响系数为-0.66，对制造业与生产性服务业协同演化发展的间接影响系数为-0.177，但根据表9-5中所呈现的路径系数显著性检验结果来看，P5→P1路径的T统计量并未通过最基本的显著性检验，假设H8验证不成立。说明环境规制并未对制造业科技创新能力产生阻滞作用，同样也没有对制造业与生产性服务业协同演化发展起到负向的影响效果。

第五节　制造业与生产性服务业协同演化影响因素总结

制造业与生产性服务业协同演化发展进程绝非是简单的线性递进关系，而是一个复杂、全面、综合性的系统工程。本书基于 PLS - SEM 模型形象地描述了制造业与生产性服务业协同演化结构模型中各个要素的关联特点，详细解析各潜变量对两产业协同演化发展的影响作用强度，主要提出以下三点结论：

第一，生产性服务业发展水平内生变量的综合影响系数最高为 0.824，说明其对制造业与生产性服务业协同演化发展影响程度最大，而生产性服务业效率虽然发挥着间接的影响作用，但综合影响系数仅次于生产性服务业发展水平，高达 0.796 处于第二位。总体来说，生产性服务业良好的发展态势对制造业与生产性服务业间协同演化发展将起到积极推动作用。

第二，制造业科技创新、制造业产业规模变量虽均能通过显著性检验，但对制造业与生产性服务业协同演化发展所起到正向的影响作用相对较弱。其中制造业产业规模的影响系数仅为 0.06，说明制造业生产规模的发展与壮大并不是能够促进两产业间协同发展的重要前提条件。因此，制造业应必须避免盲目遵从规模速度型的产业发展方式，合理调整制造业存量资源，在去产能、去库存、去超建、去风险的基础上深度挖掘蕴含在产业存量资源的经济潜力，利用增量盘活存量有效化解产能过剩。现阶段以做优存量为主，培育增量为辅，将更有利于促进制造业与生产性服务业间优质的协同发展。

第三，环境规制潜变量则未通过显著性检验，说明严格的环境规制措施并未对制造业科技创新能力产生显著的抑制作用，同样也不会负向影响制造业与生产性服务业协同演化发展。现阶段中国正处于经济转型和产业升级的机遇期，应制定适宜的环境规制政策以实现环境保护和技术创新的“双赢”局面。

第十章

促进制造业与生产性服务业协同发展的对策建议

第一节　提升制造业与生产性服务业协同发展的创新驱动力

一、知识与技术协同的创新驱动

随着信息和科学技术的快速发展，知识和技术对经济社会发展的作用不断凸显，知识创新和技术创新能够为产业发展提供源动力支撑。过去我国制造业和生产性服务业的发展依托于土地、资源以及低劳动成本等生产要素，而对于知识和技术等要素的应用能力缺失，在很大程度上阻碍着两大类产业的各自发展及协同演进。为了突破这一困境，必须利用知识和技术协同的创新驱动力，实现两大类产业的高质量融合发展。知识创新一般指依靠科学研究及发现，获得新知识并进行扩散与应用。技术创新通常指应用创新的知识和新兴技术，依托相关的生产和经营管理方式，研发新产品并提升产品质量，从而实现产品市场价值。知识和技术协同的创新驱动是一个复杂的过程，一般以发现科学知识为源头，以知识孵化成新技术为过程，最终以新技术的应用和扩散作为创新驱动力。

制造业和生产性服务业均以当代信息技术作为发展动力，因此两大类产业对知识和技术协同的创新驱动要求有内在同一性。一方面，制造业通过知识创新和技术创新，能够提升对新知识和新技术的开发和掌握，开发出新产品，然后将这些新技术和新产品融入生产性服务业中，带动其发展。生产性服务业的反馈效应也能间接改变制造业知识技术和产品的创新发展路径。另一方面，生产性服务业通过知识创新和技术创新，能将其服务能力渗透到制造业的发展中，降低制造业的生产成本，扩大利润空间，增强其核心竞争力。在协同发展的过程中，两类产业知识与技术协同的创新还能够促使市场结构发生改变，为两者的融合发展带来新的市场需求点。综上，知识和技术协同创新能够实现两类产业的知识与技术融合，消除两者的产业壁垒，促使两类产业形成相近或相同的技术基础及发展路径，最终实现两类产业的协同发展。

知识创新是技术创新的基础，有助于推动生产性服务业发展。而技术创新是知识创新的支撑，对制造业发展起到关键性作用。知识创新转变为新发明和新技术能够推动技术创新的进步，促使新技术、新工艺以及新产品的不断出现，而新技术、新工艺及新产品的应用，会在市场中形成示范效应，企业的模仿应用能够带来技术创新的传播和扩散。新技术、新工艺及新产品的应用同时也会衍生出新知识。在这一过程中，政府部门、企业、高校和科研组织以及中介机构作为重要的参与主体，各自发挥作用。其中，政府起到对知识和技术协同创新的引导和调控作用；企业作为技术创新的主体，是技术协同创新的重要出发点和落脚点；高校和科研组织作为知识创新主体，具有原始创新能力和关键技术创新能力，能够为制造业和生产性服务业的技术协同创新提供技术支持和人才培养等动力源泉；中介机构一般在政府和企业中起到调节和互补作用。

支持自主创新资源产业化建设，构建以市场经济为导向、制造企业为创新成果转化主体、高校科研机构为培养基础、客户应用为中心的

"产学研用"的协同自主创新体系。提升科技中介的服务质量，充分调动科技中介在"产学研用"过程中的协调作用。以品牌建设为引领、品牌技术为纽带，重点扶持技术含量与附加值高、有市场潜力的龙头企业，对品牌创立、管理与延伸进行战略规划，形成研发、销售一体化的生产组织型发展模式，创建优势口碑制造企业从而实现由制造商向品牌商的华丽转身。

切实深化供给侧结构改革，充分发挥政府在制造业与生产性服务业协同发展中的引领作用。应立足于长远，科学规划制造业和生产性服务业的产业布局，加强两产业间的协同性，提升制造业产业结构层次。以延长制造产业链、优化价值链等方式来提升制造业对生产性服务业需求的拉动力，促进制造企业在产业链中上下游企业间的合作。鼓励制造企业在保留核心技术环节的基础上，让渡非核心价值环节的服务部分给专业的第三方生产性服务企业，为推进制造业和生产性服务业进一步协同发展营造良好的外部环境。

此外，在推动制造业和生产性服务业的知识技术协同创新时，要格外注重对于关键技术的研发及应用，关键技术通常对产业自身及协同发展起到引领及决定性作用。国家主席习近平曾多次公开指出，把关键技术掌握在自己手里的重要意义。因此，制造业和生产性服务业的协调发展需全面充分整合各类型创新资源，发挥比较优势，突破关键技术缺失问题。一方面，对于制造业而言，需积极突破先进控制优化技术、人工智能以及功能安全等关键共性技术。另一方面，生产性服务业要加快研发先进制造业支撑的关键技术，例如工业智能控制软件、计算机辅助软件以及业务运营管理软件等。同时，两大产业还需创新和完善关键技术的成果转化的体系。

二、人才培育协同的创新驱动

习近平主席多次强调，人才是当代经济发展资源的第一位，同样也是实现产业高质量发展的重要支撑。产业融合趋势意味着未来对于精通跨领域人才的需求量激增。在推动制造业和生产性服务业协同发展中，融合型人才培育是重要的创新推动力。高端人才能够为两类产业协同发展提供高水平的研发设计能力、服务能力以及操作能力等。相反，高端人才缺失会导致产业技术创新的低效率，减缓产品生产技术的智能化发展进程，使得制造业和生产性服务业的协同发展受到阻碍。因此，制造业和生产性服务业应基于国家关于产业人才培养战略，在其各自发展领域的各个环节创新培育融合型人才，具体措施可从如下三个方面着手：

第一，将传统“产学研”合作模式，与我国制造业和生产性服务业的融合发展现状相结合。围绕我国制造业的轨道交通、高端船舶和海洋工程、智能机器人及高端医疗器械和药品等国家重点建设领域，及与这些领域相关配套的生产性服务业。联合国内知名高等院校及职业技术院校调整教学大纲及专业设置，并尽可能引用国际上高水平的产业融合型人才。从而建立由新型“产学研”模式所引导的先进技术和知识的人才培育基地，培育出一批能够突破智能制造等关键共性技术的高技术人才，以及一批精通产业及企业管理和服务的高端复合人才。鼓励制造企业建设各类研究开发机构，增加科技投入，使企业成为研究开发投入的主体，支持制造企业与科研机构、研究高校组建各种形式的战略联盟，在关键领域形成自主知识产权的核心专利和技术标准，增强企业技术集成与产业化能力，促进制造业与生产性服务业间知识流动与技术转移。在这一过程中，政府部门需起到引导和牵头作用，金融机构要对两产业协同发展中人才培育进行信贷支持。

第二，生产性服务业所培育出的具备先进知识储备和高端技术储备的人才，可投放到与之相关的制造业生产研发等核心部门。这些人才通过与制造业原有员工之间的交流和学习，能够将其技术和知识应用到制造业的技术及产品研发中，从而提高制造业产品的适用性与技术性，提升产品在市场中的需求量，从而促使制造业企业获利能力不断提升。同时，制造业企业也需对提供高端人才的生产性服务业给予补贴和优惠待遇，从而实现两类产业中人才培育协同的良性创新驱动力。

第三，行之有效的激励措施能够进一步激发人才协同的创新驱动力，制造业和生产性服务业中的各领域需将人才的薪金与工作职责、岗位绩效以及实际贡献直接联系起来，推行以实际工作绩效作为核心考核标准的人才激励措施，同时也要注重公平性、自主性和灵活性。要根据企业发展的不同发展阶段制定长期稳定高效的创新人才引进、储备计划，采用分层次、分步骤的逐步引进模式，加强实质引进，逐步减少柔性引进比例，增强引进人才效益，实现人才资源的合理化配置。政府一方面应与制造企业共同搭建一个完善的人才引进、储备体系，搭建专业的人才信息数据库，实时关注制造企业人才需求及人才供给的匹配情况，及时发布人才需求信息，同时确保引进外来人才充分享受到当地所提供的各项优惠和福利政策，配合制造企业构建吸引人才、用好人才、留住人才的长效机制。另外，政府要积极促进校企联盟机制，将高校与科研院所等纳入政府的人才支持管理体系中，制定相关鼓励政策，做好高校、科研院所与制造企业高端人才需求的对接工作，加大对高校、科研院所人才引进的扶持力度。

三、本土产业链协同的创新驱动

以往我国制造业对于国外服务业较为依赖，而且多涉及研发设计、品牌市场等价值链高附加值环节。例如，我国信息与通信技术（ICT）领域的发展一直以来都依靠美英等国家的芯片制造厂商和算法架构厂商货源供应。这样的发展模式虽然使得我国制造业总量快速增长，但却限制了本土生产性服务业的高水平演化进程，同时也抑制了本土产业的创新能力和研发水平。缺乏本土生产性服务业的协同支撑，使得我国制造业只能被迫处在全球价值链的中低端位置。基于外部需求的国际代工模式，无论是在经济逻辑上，或是在世界各国的实践中，均被证明是一条不可持续的产业发展道路。因此应加强本土产业链协同的创新驱动力，实现本土制造业和本土生产性服务业的协同演化发展。制造业长期依赖国外生产性服务业的根本原因在于我国生产性服务业的整体实力不强。发达国家的服务业比重一般占 GDP 总量的 70%，其中生产性服务业大约占服务业的70%，与之相比我国的生产性服务业提升空间还很巨大。因此，需要引领我国生产性服务业的高端发展，为制造业提供有力支撑，重点考虑如下三个方面的措施。

一是持续推进生产性服务业各领域的供给侧改革。扩大生产性服务业的实际供给，逐步提高生产性服务业在经济增长中的地位。通过政策指引、体制机制创新、构建完备供应链和产业链、重构专业分工体系等举措，加快建设制造业和生产性服务业协同发展的生态模式。扩大生产性服务业中以技术、品牌、服务为核心的领域优势，推动生产性服务业高端化转型。鼓励规模较大、服务能力较为出众的生产性服务业，通过与国内外企业的并购重组、联盟合作等方式进一步扩大其市场份额，发挥其对于行业发展及与制造业融合发展的带头引领作用，从而提升国内产业链协同的整体水平。

二是提升生产性服务业的竞争优势。我国各地区要加强对生产性服务业新行业和新业态的培育力度，形成相应的发展战略部署。从设计研发服务、信息服务、创新工艺服务、外部服务、绿色化服务以及供应链服务等领域着手，持续壮大生产性服务业的规模。加快对人工智能、物联网以及现代医疗等新技术和新领域的建设。同时也要强化科技创新能力，尽快将大数据应用到制造业的研发设计、生产制造以及市场销售等环节，推动科技成果的转化。实现供应链、价值链和产业链三者之间的深度融合。

三是建成便捷高效的国内供应物流体系。建立多维集聚、安全迅捷、绿色环保的现代交通运输体系。建设国际级的机场群、港口群以及海陆空联运体系，打造成高水平的国际交通设施网络。同时也要合理规划物流业空间布局，构建以核心城市为节点，不同层级物流纽带为依托，以及各类物流示范园区为基础的系统物流体系。推动全国物流供应体系协同发展，并发挥区域辐射作用，增强对“一带一路”等重要产业战略规划的物流体系建设力度。此外，还要提升我国生产性服务业物流的整体竞争力，建成一批具备较强的供应链整合能力的商业型物流企业群，提高对制造业企业的智能化、信息化及绿色化服务能力。

四、制度保障协同的创新驱动

在推动制造业和生产性服务业协同演进时，制度保障协同创新能够发挥其重要的支撑作用。制度保障协同创新是指在充分理解现有制度的基础上，引入符合实际情况的创新理念，在政策制度、体制机制、法律法规等方面制定出更为有效和更具激励作用的产业融合行为规制。之前的知识和技术协同、人才培育协同以及构建本土产业链协同等措施均具有显著的外溢效应，缺乏创新性的制度保障会产生低效率，例如高等院校和科研系统的创新性技术成果以及企业的技术研发成果将极易被模仿和抄袭。同时，受经营状况、技术研发风险、法律法规以及市场风险等多方面因素的影响，企业技术研发的投入产出关系会存在不确定性，导致企业对技术创新的投入未必能获得预期收益。此时，仅依靠市场激发所组建的“产学研”合作模式的运行效率会降低且缺陷被放大。因此，政府的介入将会为制造业和生产性服务业的协同演进，提供制度保障的创新驱动力。

一方面，优化两大产业协同发展的外部制度环境。政府部门应重视创新成果，推出创新发展政策，给予大力创新企业直接和间接补贴、税收优惠待遇、区别性定价等，从而使制造业和生产性服务业成为极具创新优势和国际影响力的部门，也要对新兴行业和新兴领域加强监管。此外，有关部门应推动社会整体的创新氛围，树立全民创新面貌，鼓励各行各业形成创新创业的发展精神。

另一方面，消除影响创新驱动因素流动的政策性障碍。创新驱动要素是指投入在企业创新行为中，对产出成果和创新活动有重要支撑功能的资源，包括知识和技术资本、人力资本、创新环境等。以人力资本为例，有关部门应处理好，限制人力资本自由流动的障碍因素，形成跨区域和跨领域的人才流动保障制度，满足人才在市场中自由流动的愿景，降低各地区之间创新型人才的流动成本。同时，也要解决阻碍资金自由流动的障碍性因素，提高对于创新型活动的资金投入力度和流通速度，政府部门要对创新型资金正确引导和监督，减少创新型资金的低效投入行为，发挥创新型资金的正向带动作用。综上，创新要素对于制造业和生产性服务业的协同演进意义重大，能有效提升两大类产业的竞争力和国际地位。因此，政府部门应该积极促使创新要素在不同产业及不同行业间的自由流动，发挥创新要素的激励作用。

第二节　促进制造业和生产性服务业区域协同聚集发展

一、提升制造业和生产性服务业的聚集效应

制造业和生产性服务业均具有显著的区域聚集效应，区域聚集为两类产业融合提供空间载体。制造业集聚为生产性服务业提供大量需求，生产性服务业的集聚也能带动制造业高质量转型。由于两类产业的生产要素成本和交易成本存在较大差异，产业聚集也表现出双向效应。生产性服务业对交易成本的高敏感度，使其倾向在城市核心地区聚集，而制造业对生产要素成本的敏感性，使其在城市周边区域聚集。政府要通过对产业发展的合理布局，发挥制造业和生产性服务业的协同演进效应以及聚集效应，可从如下三个方面着手开展。

一是激励生产性服务业集聚。指引各地区因地制宜地建设多种类型的生产性服务业园区。对生产性服务业的地价、电价以及其他费用出台优惠减免政策，这一方面带动制造业的高质量发展，同时也推进区域城市化进程。

二是提高生产性服务业产业园区的支持力度。对东部发达地区而言，要在产业园区完善信息流动服务和金融服务等。而对中西部欠发达区域，应完善产业园区的基础设施功能。同时，注重可持续发展战略，坚持产业园区绿色发展，争取对周边城市及区域的发展产生绿色外溢效

应。此外，对于生产性服务业的高水平人才应给予奖励和福利待遇。对物流业和金融业等关键性服务行业给予一定的补贴，并在所得税方面给予一定减免。

三是指引生产性服务业围绕当地制造业发展。坚持以重点产品、重点产业以及生产性服务业群的配套发展，吸引国内外优秀的配套企业入驻，并积极融入全球产业链和供应链体系。提高产业内部关于制造业和生产性服务业协同发展的思想意识，引导两类产业的龙头企业组成联盟，通过企业联盟的上下游配套和延伸，形成区域内部完备的产业链模式，从而促进制造业和生产性服务业企业融合演进发展。

二、构建制造业和生产性服务业协同发展的创新平台

建立制造业和生产性服务业的互动平台，最根本的是要处理好信息沟通问题，政府要发挥引导作用，产业部门应作为平台的主要运行主体。创新平台的功能主要有收集和分类信息、分析信息并传出信息。信息交流创新平台需要涵盖制造业和生产性服务业的各个细分领域，收集制造业的技术研发信息、市场供求信息以及政府政策信息等，对生产性服务业则侧重收集服务信息，并在互利共赢的基础上，对产业信息尽可能地互动和交换。收集信息后的工作是对信息的分析，在对制造业和生产性服务业相关信息整理的基础上，应对整个信息分析过程进行有效监管，以保证信息创新平台的高效运行。最后要对信息进行整合和输出，尽可能为制造业和生产性服务业的协同发展提供真实有效的信息，对企业的反馈问题和建议要及时调整和改进，不断完善信息创新平台的服务功能。通过信息平台带动产业、企业、中介服务平台以及外界环境之间的资源和信息良性互动发展。

建立涵盖大量制造业企业和生产性服务业企业的中介服务创新平台，在两类产业之间建立便捷的交流渠道，并在后续合作中加强反馈。中介服务平台的主要目的是为企业寻求最优质的合作企业，进而接受、分析及传递产业融合发展的相关政策和信息。中介服务平台的首要任务

是对产业和企业融合发展业务上的创新资源和生产要素进行整合，消除两者自行融合时的不必要成本，提高协同发展效率。在这样的背景下，服务平台需根据搜集到的数据、两类产业的细分标准以及企业市场客户需求，制定科学合理的匹配程序，并根据客户需求不断优化匹配程序。此外，中介服务平台还需要对两类产业的融合过程进行监控，不断提升服务水平和服务能力。

构建以电子商务为引领的平台应用型发展模式。例如钢铁在线交易领域中的东方钢铁电子商务有限公司和在企业信息化领域中的上海理想信息产业（集团）有限公司，综合展现企业应用服务产品，并实现 PC、PAD、手机“三屏联动”的业务形态，为中小企业信息化发展提供“一揽子”综合服务，政府也应鼓励企业构建相关产业间互动信息平台，加强信息共享与交流，形成制造业与生产性服务业互动发展网络体系。

开辟多样式的融资模式和渠道。随着互联网科技快速发展，制造企业不能再局限于向金融机构借款、企业内部集资、向社会发行债券和股票等传统的融资模式，可以探索性尝试 P2P 金融、金融租赁等更快捷新型互联融资模式。同时，鼓励制造企业创建专项产业金融服务公司，例如上汽通用汽车金融有限公司，通过拓展末端产业链为客户提供从产品—贷款—保险的一条龙服务，既解决企业部分融资性问题又拓宽企业业务领域，提升制造业企业的综合竞争实力。

三、提升知识密集型生产性服务业的聚集服务能力

我国生产性服务业的发展经历了由资源密集阶段向劳动密集阶段，以及现阶段知识密集阶段的转变。知识密集型服务业具有很强的外溢效应，能够带动制造业高质量转型升级。因此，要大力推动知识密集型生产性服务业的服务功能，考虑从如下三个方面开展。

首先，政府部门要增强引导和支持。政府的运营管理模式在很大程度上决定知识密集型生产性服务业对制造业高质量转型升级的外溢效应。政府制定与产业协同演化规律相悖的产业政策，或是过度参与融合

进程，会产生不必要的管理成本，甚至带来市场行为扭曲以及信息不对称等负面影响，从而导致政府的保障功能偏离预期目标，引发政府失灵。政府在服务经济发展过程中，应寻求公共服务等社会交易成本的最小化，而不应直接通过行政手段干预生产性服务业和制造业的融合过程，还需要在知识密集生产性服务业发展的不同阶段给予支持。具体引导路径为保护、扶持、引导发展以及规范市场四个阶段。在区域集聚的发展初期，政府部门应注重改善区域内交通运输、信息流通等基础设施，同时培育生产性服务业的外部性。在协同聚集发展到一定阶段，生产性服务业的外部需求会迅速增长，区域内集聚的企业竞争不断涌现，此时政府部门需要扶持生产性服务业领域的龙头企业，使其向差异化创新驱动模式转型，提高其竞争力。同时，也要积极引导知识密集生产性服务业通过加入产业协会、组成企业联盟等方式，构建企业资源共享平台和公共服务创新平台等模式，促进生产性服务业与制造业之间开展创新协调合作，维护产业内及产业间的公平竞争局面，形成良性互动、优势互补的产业链格局。在进入产业区域集聚成熟期时，市场需求日益复杂。政府部门要积极规划区域内的产业结构，开展产业调整和产业转移，加强培育品牌效应。同时还要引导区域内企业加强交流合作，创造良好的产业集聚氛围和伙伴关系，引导本土知识密集生产性服务业向国外先进服务企业学习创新能力和发展经验，从而在根本上提高知识密集生产性服务业的可持续发展水平。

其次，扩展投融资渠道。知识型服务业随着技术不断进步，越发依赖于资金的可得性，这在重点发展知识密集型生产性服务业的区域和工业化程度较高地区更为显著。知识密集型生产性服务业属于轻资产产业，无形资产所占比重较大且难以作为抵押品，当遇到资金困境时生产性服务业的发展转型会受到限制。拓宽投融资渠道可以考虑如下三方面措施。其一，持续优化信贷政策支持。在知识密集型生产性服务业的聚集地，大型国有商业银行、股份制商业银行以及城商行等间接融资部门需充分考虑当地生产性服务业的实际情况，开发并创新多种类型的信贷产品和服务。可视具体情况开展低息、免息的贷款政策。对发展空间大、信誉能力强的生产性服务业，办理轻资产抵押业务。区域内保险公司也要尝试对生产性服务业开展保险业务。其二，利用好区域内资本市场的直接融资功能。当地政府和证监会可尝试将一批竞争力强的服务企业进行公开募集融资，充分利用三板四板和科创板等融资渠道。对一部分信用能力突出的企业，还可尝试发行企业债和公司债。做大做强一批跨行业大型知识密集服务团队。其三，正确引导社会资本支持。各地区政府可主动设立知识密集型生产性服务业的创投基金。适当放宽进入门槛，鼓励各类资本以直接项目、间接项目以及兼并收购等渠道进入知识密集型生产性服务业。加强对中小型生产性服务业的转型升级。形成区域内混合产业结构及各类主体公平竞争的市场格局，从而促进知识密集型生产性服务业与制造业集聚发展。

最后，协调区域内的创新资源。进一步完善产业集聚区内城市群创新资源的空间布局，形成以区域中心城市为主导、工业化程度高的城市为主要支撑的创新资源布局，从而实现区域内生产性服务业的最优化发展。要根据城市的不同类型和层级推动多规模、多层次的创新资源集聚。对工业化程度较高的城市区域，应该避免其形成独立的科技创新结构，注重与其他城市互补协作。对同属省辖范围内的城市，省政府应该根据各地区实际情况，统一出台关于产业领域、金融机构、科研机构及高等院校等部门协同发展的创新规划布局政策，注重各地区产业分批次转移和差异化发展。对工业基础雄厚的城市要注重提升基础创新能力，吸引知识创新生产性服务业的企业进入。为实现这一目的，一是应出台关于土地供应的优惠政策，促进强工业基础的城市群中的科研机构和高等院校向区域内产业园区集聚。二是对属于不同省辖范围内的区域进行聚集，例如粤港澳、珠三角、长三角、京津冀以及环渤海等经济区。在充分尊重市场运行规律的基础上，由这些经济区域的中心城市引导，构建省际的长效合作机制和协调发展机制。打造区域合作交流及矛盾磋商机制、区域产业协同发展基金筹资机制以及各地区政府间的协调发展机制等。在基本资源充分共享的基础上，加强人才和知识技术等先进资源的交流合作，真正实现各经济区域知识创新的辐射和带动作用，有机整合各城市区域空间发展，从而促进各经济区的知识密集型生产性服务业高质量发展。

四、推动制造业向服务化转型

在与生产性服务业融合发展的过程中，制造业也需要提升自身的服务化能力。服务化是指制造业企业将生产环节内的非核心业务进行独立和外置，使企业分工更加细致和深入，从而有效降低企业成本、提高产业链整体水平、加强核心竞争力。制造业的服务化外包进程可分为知识外包、技术外包以及企业业务运作流程外包。根据外包业务来源，可划分为离岸外包和在岸外包。对我国而言，要积极把握国际市场中的趋势和机遇，深度挖掘国内市场潜力，利用多渠道商业模式发展制造业的外包服务，从而突破传统制造业转型的瓶颈，让中国制造业在世界保持一流竞争力。

首先，我国制造业要积极承担制造业发达国家的离岸业务。发达国家的离岸服务以金融、信息通信以及 IT 等技术密集产业为主。承接这些离岸服务能够显著带动我国技术密集制造业发展。其次，积极挖掘国内服务外包市场。内需式外包服务内容更为多元、涉及行业众多，而且受国际市场环境因素影响较小，因此表现出更强的稳定性和更巨大的发展空间，是中国制造业优化资源配置、降低发展成本的有效渠道。与此同时，我国有关部门应该鼓励外资来华设立服务外包中心，既能增加地区就业、提高制造业服务化水平，还能优化地区投资环境、降低企业生产成本。此外，政府部门还要充分发挥中国制造业企业的竞争优势，为其在国际市场中寻求合作伙伴、结成跨国企业联盟、在海外设立分公司以及兼并收购等方式均是提升我国制造业服务水平的有效渠道。制造业的服务能力是制造业企业适应商业环境变化的重要创新渠道，这一过程会使得制造业企业由原有供应有形产品为主的生产模式，转变为以“产品—服务外包”的生产模式。制造企业通过利用知识、产品以及服务等包装整合起来的企业高核心业务价值，成为其产品附加值提升的重要来源。具体而言，制造业企业可以通过投入服务阶段、产出服务阶段、投入产出服务阶段以及完全去制造化四个发展阶段实现其服务化转型过程。

投入服务阶段为制造业企业服务的前期投入，提升信息、技术、金融以及物流等服务型生产要素的投入比重，并逐渐占据企业整体生产要素的主导地位。一方面，制造业企业加强对产业链上游的投入，通过科技研发提高其产品的技术优势，从而强化企业整体竞争优势。另一方面，制造业企业积极发展产业链下游的产品销售设计、资讯规划等服务业务，实现多元化发展。充足的资金和高端人才以及对失败的承受能力等，均是制造业实现服务化转型的重要条件。

产出服务阶段是从营销、管理以及售后等方面介入客户服务，从而提升服务业在制造业企业的产出值比重。企业应加强品牌管理并树立品牌形象等措施，给予客户从售前、销售以及售后全方位的服务。与客户形成良好关系是制造业服务转型的关键途径，此种途径具有风险较小、要求较低、可操作性较强的特点。

投入产出服务阶段是指为客户提供覆盖产品全生命周期的服务，制造业企业应依托更广的范围，以低成本、快速响应等方式满足客户的多元化需求。同时，注重向价值链两端的拓展。在实现服务化转型的每一个发展阶段都要主动发现服务机会，寻求客户利益增加及所需解决的问题，为客户提供完整的解决方案。

最后的完全去制造化阶段是指制造业企业完全突破原有的单一生产制造业务，专门提供服务业务。在基于以往开展服务业务的经验积累基础上，不断探索成熟的服务经验、专业技术优势，从而不断地向价值链两端迈进。注重提升对服务化产品的创新力度，为其他企业和客户解决重要问题提供整套的服务方案。该阶段对于制造业企业的要求极高，企业在转型时面临的风险也最大，适合制造业产业链中发展潜力较高的企业。

第三节 为制造业和生产性服务业协同发展营造良好的外部环境

一、正确发挥政府和市场的协同支撑环境

政府需要对制造业和生产性服务业融合发展进行有效监管，弄清监管职责所在，整合市场中的监管资源，从根本上处理好政府监管中重复管理、多方管理以及责任不清等低效率行为。同时，政府部门也要尽量减少对制造业和生产性服务业的行政审批手续及审批环节，降低两类产业融合的生产成本和交易成本，从而实现高质量协同发展。制造业和生产性服务业均属于政策敏感度高的行业，因此构建一个公正有序、高效开放的市场竞争环境，对于两类产业各自发展以及高质量协同能产生显著促进作用。两大类产业要充分利用市场竞争机制，分析市场中消费需求的变动，形成以市场需求为导向的产业协同发展模式，同时也要激发市场中各类行业及各类型竞争主体的活力，从而实现两类产业融合水平不断提高。放宽市场准入机制是提高市场效率的一个重要途径。在推动制造业和生产性服务业融合发展方面也要注重扩大市场覆盖面积，可以从以下四个方面着手考虑。

其一，大力推动制造业和生产性服务业中的垄断行业改制，形成多元化的市场竞争主体。我国目前的生产性服务业中的铁路公路等基础设施业以及通信业，均保持着极高规模的国有资产比重，民营资本很难涉足其中，应当考虑对这些行业适当放宽市场准入门槛，引导民营资金进入。另外，在我国一些地区还存在严重的地方保护主义，政府和企业勾结现象长期突出存在，从而形成行业进入壁垒。为解决好这一问题，政府必须提高对垄断行业的改制效率，在保证公平、公正和公开的市场进入机制基础上，逐步降低行业进入门槛，为我国非公有制经济体创造良

好的产业协同发展环境。同时，也要充分调动社会各界力量，鼓励各类资本积极投资于两大类产业的融合发展，特别要注重对民营资本的正确引导。

其二，积极消除各地区的产业壁垒，形成全国生产性服务业市场。逐步消除各地区市场准入的限制性和障碍性管理条例，允许各类型的组织和机构以及生产性服务业的产品在市场中自由流动。实现创新要素和生产要素在全国范围自由流动，不断优化资源配置能力。在放宽市场门槛标准的同时也要注重提升监管力度，维护公正高效的市场竞争格局，不断优化生产性服务业的市场化改革路径，优化其服务质量，提高服务效率，从而实现制造业和生产性服务业的良性融合。

其三，积极培育发展新兴知识密集型生产性服务业，大力发展金融服务、现代物流、信息服务、科技服务等现代生产性服务业，建立产业间互动信息平台，加强信息共享与交流，形成制造业与生产性服务业互动发展网络体系。扶持一批具有战略主导特色的新型先进生产性服务业，发挥其在技术进步、节能降耗、信息集成等关键制造环节的服务效应，使其成为助推制造业转型升级的有力手段。与此同时，通过制造业与生产性服务业的协作与联盟，形成利益共同体，共同规划产业链条，使生产性服务业成为推动和加快新型工业化体系建设的有力支撑。

其四，积极促进协调制造业与生产性服务业间的关系，重点加快劳动密集型、资本密集型制造业与生产性服务业的各部门产业间的关联合作，提升资源利用率和产品科技含量，确保劳动密集型、资本密集型制造业稳定健康的发展。针对劳动与资本密集型制造业，通过引入新技术投资、鼓励业务培训、合理资金补贴等激励政策，提高产业资源利用效率与产品科技含量，推进其稳步向资本—技术密集型或劳动—技术密集型产业转型，为生产性服务业与制造业间能够实现良性协同演化发展奠定笃实基础创造必要的发展空间。

此外，制造业和生产性服务业的高质量融合，需要各个细分行业的共同努力才能实现。为此，各行各业均需要构建公平公正的市场环境，激发企业活力。考虑从以下两个方面优化我国制造业和生产性服务业的市场环境，形成主体多元化的公平竞争格局。

第一，保证市场中各主体的地位平等。一直以来，我国实行公有制为主体、多种所有制经济共同发展的格局。这样的格局使得国有企业无论是在上市融资、发行债券以及吸引人才等方面，都具备天然优势。然而，公平公正的市场竞争格局，要求进入市场中的各类所有制经济组织在法律法规、准入门槛等方面保持公平竞争。为此，应在制造业和生产性服务业协同演进中，逐步修正现行法律法规，抛弃与公平的市场竞争格局相违背的制度，建成公正高效的市场经济法律体制。

第二，实现制造业和生产性服务业外部平等性。逐步缩小制造业和生产性服务业在土地、水电和融资等方面的政策差异。保证两类产业在税费、待遇方面尽可能平等。此外，要认识到市场公平竞争是一个相对公平的环境，难免会存在市场失灵现象，并且在一些对国民经济有重点推动作用的行业领域，市场发挥作用可能会不足。因此，要重视政府对产业协同发展的调控，弥补市场失灵。

二、优化产业协同发展的人才环境

无论是制造业的升级转型，还是生产性服务业的高质量发展，或是两大类产业的协同发展均离不开知识和技术创新以及高素质专业人才的支撑。因此，应加速建立多层次人才培养和系统性人才储备体系以及与之相配套的人才流动体系和人才激励制度，从而为制造业和生产性服务业的融合提供关键性知识保障。做好这一方面工作可围绕以下三点展开。

一是创新改革我国的教育体制。老师、家长和学生均需要转变过去以被动接受知识和应付考试为目的的教学模式。鼓励学生自行思考，对学生各方面的综合素质进行考察。对高等院校的教学特别要注重培养学生的创新思维意识以及创新能力。突出对跨学科不同领域知识的相互渗透、融合及互补，从而培养出一批能够为制造业和生产性服务业融合发展提供原始创新动力的高端人才。同时，也要大力加强我国的职业教育，以职业教育的社会贡献为导向，面对市场人才需求创设教学专业，加强学校与企业和产业的合作，有计划地为市场中人才稀缺领域提供补充。

二是提高对教育部门的投入力度。在保持对高等院校的教育投入力度稳步提升基础上，重视对职业院校的财力投入。设立长期、中期和短期的教育培训，不断提升制造业和生产性服务业的从业人员综合素质能力，从而适应市场不断变化带来的压力，勇于迎接挑战和主动寻求创新。此外，也要注重引进国际顶尖人才和人力资源机构，弥补本土产业中的人才缺口。

三是要对人才开展有效的激励和管理。建立科学高效的人才激励制度，激发出高层次人才的持续创造能力，通过培养、考核、选拔、激励、淘汰五个环节筛选出为两大类产业融合提供切实需要的尖端人才，同时也需要不断更新人才库，调整人才库中合理的年龄分配结构，始终保持高层次人才团队的竞争力。此外，还要鼓励我国优秀人才出国进行深造，吸收国外先进发展经验，回国后引领制造业和生产性服务业协同演进步伐。

三、为生产性服务业创立良好的开放环境

持续提升生产性服务业的对外开放力度，改变以往制造业“两头在外”的产业链模式。将国际上高端生产服务业的要素引入到国内市场，同时也要积极引入国际直接投资（FDI）对国内生产性服务业的支持。通过这些举措，一方面可以促进本土生产性服务业的产业素质提升，另一方面也能带动本土制造业企业全要素生产效率的提高。一直以来，我国生产性服务业整体水平都处在世界较低的行列中，相应的对外开放程度也有不足。我国的服务贸易长期保持逆差，其中金融保险服务贸易、知识产权服务贸易以及运输服务贸易等领域均是我国生产性服务业逆差的重要来源，由此导致我国生产性服务贸易的国际竞争力长期不强。与此同时，我国生产性服务业利用外资结构存在不合理性，外商直接投资

偏向于短期回报较高的房地产行业、零售和批发业等，而对知识密集和技术密集的生产性服务业涉及较少。因此，扩大生产性服务业的对外开放力度是壮大生产性服务业实力的必要途径。积极提高对外开放能力，让我国生产性服务业处在世界发展前列，才能从根本上实现制造业和生产性服务业的高质量融合发展。

首先，应积极引导外资进入我国知识密集和技术密集生产性服务业，进一步完善外资准入条例，降低外资进入门槛限制，简化外资审批手续和章程，将事先审批程序转化为事中和事后的监管，另外对进入技术密集生产性服务业的外资要给予差别优惠待遇。

其次，结合国际生产性服务业的发展状况及趋势，在充分考虑我国生产性服务业历史背景的基础上，对国内生产性服务业市场实行渐进性、有差别性的开放。可优先对东部沿海具备发展条件地区的高端生产性服务业先行开放，采用自由贸易区等试点方式，积累开放经验和教训，待发展模式成熟后，再向我国中西部地区大面积铺开。

最后，要平衡好对外开放和监管之间的关系。加强对高风险行业领域的监管力度，优化和创新监管模式，维护好国家产业安全。在涉及国家经济安全的领域，要通过建立严格风险监控体系和风险预警的方式，对外资的进入和使用等过程进行有效追踪和监督，对于国际地位不高的本土生产性服务业领域，应通过减税和融资等方式给予外资支持，从而促进我国生产性服务业的高质量发展，以实现其与制造业的良性协同。

第四节 提升制造业和生产性服务业协同发展的基础制度支撑力

一、加强信用制度建设

生产性服务业中存在许多与人接触的环节，与制造业相比，更依赖于对制度环境的需求。由于生产性服务业形成服务经济的过程，对分工体系、自由公正竞争以及创新等因素有较高要求，而这些因素发挥作用又取决于基础制度环境。因此，优化基础制度环境，并在关键基础制度上有所突破，对降低我国生产性服务业发展所需的交易成本和集聚成本，以及充分发挥生产性服务业对制造业高质量转型的外溢效应具有重大意义。加强对我国信用制度的建设，是实现上述发展目标的重要途径。生产性服务业是由原制造业企业中的服务部门剥离出来后形成的独立产业。目前，生产性服务业通过与制造业签订市场契约的形式为其提供服务。但是，服务品与制造业生产品之间存在的特性差异，导致签订契约更为复杂。又由于我国生产性服务业的生产和交易环节涉及较多的复杂性契约安排，且契约密集度高的产业一般对于契约制度保持极强的敏感性。因此，为保持契约制度的完善性，建立良好的信用制度是十分有必要的，这也将推动生产性服务业和制造业的高质量协同发展。有关部门需要考虑以下四个方面的工作。

一是持续加强征信立法工作力度，注重提升信用往来规则和信用秩序的合理性、公开信用信息并对信用中介机构进行立法管理，从而逐步提升信用立法的层次性、规范性以及权威性。

二是依托公共信用征信平台，加强对信用的开放和共享力度。从中央到地方层面，逐步推动信用征信共享体制的建设，完善信息公共征信系统。地方政府注重发挥自身的积极性，构建以区域和经济圈为核心的多层次信用征信体系，增强对信用信息的整合和开放力度。

三是加强对信用服务市场的建设，大力发展信用交易。考虑建立以政府和企业联盟、行业协会以及信用联合管理部门结合的“四位一体”信用市场体系，加强企业对外部信用活动的监管。政府有关部门需加强对信用服务市场建设的引导，提升信用产品的使用范围，并继续深化和引导信用中介服务机构的健康规范发展，支持市场中的信用服务中介机构不断扩大对新型信用产品的研发和应用。

四是有关部门加强对信用制度建设的宣传力度，促使社会各类主体提升信用思维意识，从而实现整个社会的信用思想氛围。

二、创新突破金融监管体制

金融服务业作为生产性服务业的重要部门，对于制造业转型升级具有显著的外溢效应，其关键在于逐步消除外溢效应传导的制度阻碍和缺陷。而在金融众多服务部门中，要注重补齐发展短板，加强对资本市场的改革建设和监管，不断扩大制造业企业的融资渠道，使其在健康发展中实现高质量转型升级。改革和健全我国的资本市场是促成这一发展目标实现的重要路径。

首先，要认清楚我国现阶段制造业企业上市难、发行股票难等现象的根源在于我国上市门槛较高，而国外发达资本市场的做法是保证企业上市过程宽松，但在上市后保持严格监管。未来，我国的证券市场也需要逐步简化上市审批手续，逐步向注册制过渡，重视对制造业企业的事后监管。尽快建成对已通过发行审核并处于排队等待发行阶段制造业企业的财务动态审查机制。在确保券商保荐、会计师事务所及律师事务所等机构对拟上市制造业企业定期审查的基础上，由证监会和各地方的派出机构组织系统性检查工作，依据相关法律条例对发行阶段存在违法违规行为的制造业企业，及时进行警告和处理，对合谋造假、恶意隐瞒、虚假欺诈等情节严重的企业撤销上市申请，从而在源头上提升制造业企业的资本市场融资能力。

其次，借鉴国外发达国家资本市场发展经验，引入集体性诉讼制度。一旦投资者发现任意上市公司出现虚假和欺诈等行为，可主动聘用律师启动集体诉讼，向上市公司进行索赔。这一机制能够有效提高各方参与违约行为的成本，改善上市企业违法经营现象。还要完善我国二级资本市场中的对冲机制。从国外发展经验看，利用二级市场做空股票市场，是一种行之有效的监管措施，能够发挥市场对政府监管效力不足的作用，有效约束上市企业的合法性。我国自融资融券改革以来，虽然改变了以往股票市场只能做多而不能做空的交易制度，但做空机制发挥的效果仍十分有限。因此，今后应进一步完善股票二级市场的做空机制。

再次，逐步消除区域性股权市场发展的政策障碍，针对我国目前区域股权交易中的交易制度不合理、股东人数限制不合理等问题，在保证现有交易制度和投资者教育程度规范发展的基础上，可考虑逐渐放松管制，促使地区性股权融资平台真正发挥其效应。

最后，对于新型的金融服务业态也要给予大力支持。例如，近年来在基于充分利用信息技术，形成的数字化网络金融模式。可考虑对其开展金融监管认定模式，打造从企业电商、贷款申请，以及贷款使用全流程的网络监管流程，并稳步扩大推行范围。同时也要注重对融资需求量较小的制造业企业提供更为灵活和便捷的信贷服务，与传统的融资模式形成互补，促成生产性服务业和制造业的高水平协同演进。

三、加强对知识产权的保护和运用

加强对于知识产权的保护并对其进行有效运用，提高知识产权基础制度的效率，从而为保障制造业和生产性服务业高水平协同发展具有重要作用。考虑以下两方面的制度完善。

一方面，加强对新产业和新业态的创新性制度保护。目前，国内知识产权法包括对专利、外观及商标等保护权，而缺乏互联网、生物制药技术等新兴领域的技术和成果保护，严重制约国内制造业和生产性服务业的创新能力，因此，有关部门需要出台有关法律法规对这些新领域的新成果加以保护。制造业和生产性服务业自身也需要提升知识产权管理意识，实现从版权知识、商标专利以及行业机密等方面的信息安全控制，从而在多方面优化制造业和生产性服务业对于知识产权的控制能力。同时，商业保险机构也需要加强对知识产权在保险市场中的培育，探索知识产权盗用险、侵权险等险种业务，增强产业部门对于知识产权可能存在侵权风险的预防能力。

另一方面，通过制度建设平衡垄断权利与知识成果共享之间的关系。知识产权保护为产业知识和技术创新的专有权提供保障和激励作用，但是垄断问题却限制知识的传播和扩散，妨碍其他领域对信息的获取。有关部门应当以适度的激励制度，引导产业部门共享创新成果，从而构建科学有效的现代知识产权制度。建立健全不同类别知识产权的交易市场和交易平台，形成便捷高效的知识产权信息发布系统和电子交易系统，并重视发现市场价格，提升知识产权的交易效率。此外，有关部门也要积极建设知识产权评估机构。

第十一章

结论与展望

第一节　本书主要结论

本书以制造业与生产性服务业间产业协同性研究为主线，首先基于演化共生理论利用 Logistic 模型分析制造业与生产性服务业协同演化的作用机理，其次运用灰色系统模型 GM(1，N）测算制造业与生产性服务业协同演化的发展水平，最后分别采用门槛回归模型和 PLS - SEM 模型考察了制造业与生产性服务业协同演化的作用意义及影响因素，主要取得以下研究成果：

第一，2000 ~ 2015 年制造业与生产性服务业总体经历了由寄生模式向非对称型互惠共生模式转变的过程。在 2000 ~ 2005 年生产性服务业寄生于制造业，其产业发展更多收益于制造业的需求拉动效应，在一定程度上竞争和消耗制造业资源。而后随着生产性服务业的快速发展，两产业间的演化模式在 2006 年发生质变，由寄生转变为以制造业为主导的非对称型互惠共生模式，并随着共生作用系数 $\alpha_{12}(t)$ 的不断提升，制造业与生产性服务业最终在 2013 ~ 2015 年处于以生产性服务业为主导的互惠共生模式。与此同时，劳动密集型、资本密集型、技术密集型制造业与生产性服务业总体同样呈现出由寄生模式向互惠共生模式转变态势，其中生产性服务业寄生于资本密集型、技术密集型制造业的时间较短，对资本密集型、技术密集型制造业的发展具有较强的促进作用，最终均处于以生产性服务业为主导的互惠共生模式。而生产性服务业不仅寄生于劳动密集型制造业的时间最长，且后期一直与劳动密集型制造业处于以制造业为主导的互惠共生模式，由此可以看出生产性服务业对劳动密集型制造业的影响作用强度相对较低。

第二，研究通过对共生作用系数 $\alpha_{12}(t)$、$\alpha_{21}(t)$ 的赋值仿真模拟，发现当制造业与生产性服务业处于反向共生模式时双方产业彼此竞争阻碍，致使两产的发展均会受到影响。当制造业与生产性服务业处于反向偏利共生模式或寄生模式时，总有一方产业会受到不同程度的损失，因此这两种模式同样不利于制造业与生产性服务业的良性发展。相较而言，正向偏利共生模式下两产业中的一方产值虽能够突破独立发展时的最大产出量，但其最大产值水平低于互惠共生模式下的产值水平。在对称型互惠共生模式中，制造业与生产性服务业间对彼此的贡献相近，其产业间相互促进作用均衡，总体的共生稳定性高于非对称型模式，是能够推进制造业与生产性服务业有效协同发展的最优模式。

第三，2006~2015 年，制造业与生产性服务业在实现了自身产业平稳发展的同时两产业间互动程度不断增强，产业间总体协同演化程度呈现出逐年上升的发展趋势，现阶段正处于良好协同发展阶段，但制造业与生产性服务业间各子行业的协同程度却存在差异性。部分行业已渗透到双方产业内部，展现出较强的产业协同性；部分行业在两产业融合和升级过程中仍未能发挥有效作用，致使产业间协同性较低，有待于进一步提升和发展。在此期间，技术密集型制造业在生产过程中对技术和知识要素依赖远超过对其他生产要素的依赖，其与生产性服务业协同互动最为紧密，其次为资本密集型制造业，协同互动程度最低的为劳动密集型制造业。而以科学技术服务业、信息传输服务业为代表的现代型生产性服务业则早于传统型生产性服务业率先迈入中级协同发展阶段，并先后于 2014 年和 2015 年内由中级协同发展阶段步入良好协同发展阶段。反观以批发零售业、交通运输服务业、商业租赁服务业为代表的传统型生产性服务业，其与制造业的协同发展程度低于现代型生产性服务业，最终均止步于中级协调发展阶段。

第四，制造业与生产性服务业间良好的协同效应对制造业效率的提升有积极的促进作用，但由于制造业各子行业间发展的差异性致使两产业间协同效应对制造业效率的影响表现出非线性特征。随着制造业产业规模的逐步扩大，产业间协同效应对制造业效率的促进作用呈现由弱—强—弱的“S”形趋势，当产业规模保持在19438亿~65186亿元范围内时，产业间的协同效应对制造业效率的促进作用最强。而当制造产业发展水平较低时，其产业间协同效应对制造业效率的促进作用较弱，而当制造产业发展水平一旦跨过门槛值时，其促进作用具有显著性跃升。对于创新能力处于不同阶段的制造产业，其产业间的协同效应对制造业效率作用强度呈现由弱到强的非线性特征，其中低于门槛值的产业多为劳动密集型制造业。

第五，生产性服务业发展水平对制造业与生产性服务业间协同演化发展的影响力系数最大，高达0.824，而生产性服务业效率潜变量虽未产生直接影响作用，但其间接影响系数值仅次于生产性服务业发展水平潜变量，总体影响效力处于第二位，表明生产性服务业发展水平和生产性服务业效率的高低均是促进两产业协同演化发展的关键因素。制造业科技创新、制造业产业规模变量虽均能通过显著性检验，但对制造业与生产性服务业协同演化发展所起到正向的影响作用相对较弱。而环境规制潜变量则未通过显著性检验，说明严格的环境规制措施不会负向影响制造业与生产性服务业协同演化发展。

第二节　进一步研究展望

本书以协同理论为基础，主要就制造业与生产性服务业间协同发展演化作用机制、稳态性、动态水平、作用意义、影响因素等问题进行了研究，虽然取得了一些研究成果，但仍存在一些不足以及可进一步探讨之处，以期在日后的研究中不断完善。总体而言，有关制造业与生产性服务业协同发展研究可以进行深入探讨的有：

第一，研究基于产业共生视角，采用 Logistic 模型探究制造业与生产性服务业间动态的演化过程，对 2001 ~ 2015 年两产业间的协同模式演进变化做了详细分析。与此同时，动态模拟未来 60 年内两产业间的演化发展路径，发现两产业在长期的协同演化发展过程中对称型互惠共生模式最有利于制造业与生产性服务业有效协同发展，但如何才能尽快促使两产业向对称型互惠共生模式演进将是下一步研究的方向。

第二，制造业与生产性服务业间协同发展评价是一个系统工程，通过指标构建协同发展统计量，虽能够在一定程度上反映两产业间协同发展关系，但无因果效应的识别。在日后的研究中，可尝试运用系统动力学根据制造业与生产性服务业各组成要素互为因果的反馈特点分析两产业间的协同性，能够进一步增进制造业和生产性服务业间互动发展关系的认知。

第三，本书仅选取 2006 ~ 2015 年 10 年的宏观数据来分析制造业与生产性服务业间协同发展关系，并进一步分析产业协同的作用意义。而时间序列数据的统计特征会较多受到趋势性、周期性因素的影响，除此之外，制造业与生产性服务业发展的相互促进作用可能具有时间上的滞后性。仅使用 10 年时间序列数据构造了两产业间发展的协同指数，在统计证据上有一定的局限性。因此，应扩展时间区间，以便更好地剖析两产业间协同互动作用。

附　　录

附表 1　2000～2015 年劳动密集型制造业产业独立发展状态下最大环境容量

	最大环境容量	2000 年	2001 年	2002 年	2003 年	2004 年	2005 年	2006 年	2007 年
A_1	$N_{m1}(t)$	85837	97107	110904	149873	160483	176435	198196	256809
	最大环境容量	2008 年	2009 年	2010 年	2011 年	2012 年	2013 年	2014 年	2015 年
	$N_{m1}(t)$	299074	347153	409306	441723	471702	526375	557921	590802
A_2	最大环境容量	2000 年	2001 年	2002 年	2003 年	2004 年	2005 年	2006 年	2007 年
	$N_{m1}(t)$	13953.59	15205.11	19074.39	21732.81	30994.60	30331.48	44138.89	53003.80
	最大环境容量	2008 年	2009 年	2010 年	2011 年	2012 年	2013 年	2014 年	2015 年
	$N_{m1}(t)$	66775.03	71377.60	84114.69	92103.70	113108.28	128463.19	153177.84	190685.70
B_1	最大环境容量	2000 年	2001 年	2002 年	2003 年	2004 年	2005 年	2006 年	2007 年
	$N_{m1}(t)$	38762.35	43694.95	54377.47	61093.81	73866.92	92316.63	119712.66	152443.72
	最大环境容量	2008 年	2009 年	2010 年	2011 年	2012 年	2013 年	2014 年	2015 年
	$N_{m1}(t)$	189008.72	213074.54	265775.48	317979.30	382126.26	466586.82	547465.73	671874.56
B_2	最大环境容量	2000 年	2001 年	2002 年	2003 年	2004 年	2005 年	2006 年	2007 年
	$N_{m1}(t)$	9753	11366	13455	17022	20034	27253	33201	42989
	最大环境容量	2008 年	2009 年	2010 年	2011 年	2012 年	2013 年	2014 年	2015 年
	$N_{m1}(t)$	49296	53676	61569	70280	83475	97426	111272	156110
C_1	最大环境容量	2000 年	2001 年	2002 年	2003 年	2004 年	2005 年	2006 年	2007 年
	$N_{m1}(t)$	1759.38	2060.80	2189.60	3951.15	2867.71	2792.36	2966.33	3275.93
	最大环境容量	2008 年	2009 年	2010 年	2011 年	2012 年	2013 年	2014 年	2015 年
	$N_{m1}(t)$	3680.81	3451.12	3931.04	4167.80	4947.54	5396.45	6009.70	7164.07
C_2	最大环境容量	2000 年	2001 年	2002 年	2003 年	2004 年	2005 年	2006 年	2007 年
	$N_{m1}(t)$	1165.85	1424.93	2242.03	3697.43	4318.82	4626.13	5326.33	5731.12
	最大环境容量	2008 年	2009 年	2010 年	2011 年	2012 年	2013 年	2014 年	2015 年
	$N_{m1}(t)$	6294.19	6942.49	7624.42	8571.73	11520.75	13472.32	15121.55	17282.19

附表 2　2000～2015 年资本密集型制造业产业独立发展状态下最大环境容量

	最大环境容量	2000 年	2001 年	2002 年	2003 年	2004 年	2005 年	2006 年	2007 年
A_1	$N_{m1}(t)$	30286	32038	37474	36069	43815	47370	49060	58592
	最大环境容量	2008 年	2009 年	2010 年	2011 年	2012 年	2013 年	2014 年	2015 年
	$N_{m1}(t)$	61981	72949	85471	93417	105789	129765	137270	157270
A_2	最大环境容量	2000 年	2001 年	2002 年	2003 年	2004 年	2005 年	2006 年	2007 年
	$N_{m1}(t)$	15837.02	18388.38	26502.56	34596.47	41392.51	53570.95	67841.18	79435.40
	最大环境容量	2008 年	2009 年	2010 年	2011 年	2012 年	2013 年	2014 年	2015 年
	$N_{m1}(t)$	94854.12	117351.01	148397.46	161411.83	178593.44	206957.24	225441.59	273715.34
B_1	最大环境容量	2000 年	2001 年	2002 年	2003 年	2004 年	2005 年	2006 年	2007 年
	$N_{m1}(t)$	29763.39	34410.88	57461.14	67520.63	78752.34	90760.33	117683.39	127806.14
	最大环境容量	2008 年	2009 年	2010 年	2011 年	2012 年	2013 年	2014 年	2015 年
	$N_{m1}(t)$	148572.65	180901.21	212714.84	259509.73	314068.73	391470.08	537107.54	641795.75
B_2	最大环境容量	2000 年	2001 年	2002 年	2003 年	2004 年	2005 年	2006 年	2007 年
	$N_{m1}(t)$	17982	19329	23462	29736	35479	37348	50594	61214
	最大环境容量	2008 年	2009 年	2010 年	2011 年	2012 年	2013 年	2014 年	2015 年
	$N_{m1}(t)$	74001	86901	97129	108655	121393	141643	157545	179406
C_1	最大环境容量	2000 年	2001 年	2002 年	2003 年	2004 年	2005 年	2006 年	2007 年
	$N_{m1}(t)$	792	748	953	1353	1627	1695	1727	1970
	最大环境容量	2008 年	2009 年	2010 年	2011 年	2012 年	2013 年	2014 年	2015 年
	$N_{m1}(t)$	2067	2219	2440	2614	2748	2951	3120	3372
C_2	最大环境容量	2000 年	2001 年	2002 年	2003 年	2004 年	2005 年	2006 年	2007 年
	$N_{m1}(t)$	2219.48	2682.96	4286.93	5181.61	6805.73	7759.18	8507.66	10676.58
	最大环境容量	2008 年	2009 年	2010 年	2011 年	2012 年	2013 年	2014 年	2015 年
	$N_{m1}(t)$	13568.78	16181.99	19208.36	24256.20	29062.68	33092.21	39407.48	43576.71

附表 3　2000～2015 年技术密集型制造业产业独立发展状态下最大环境容量

	最大环境容量	2000 年	2001 年	2002 年	2003 年	2004 年	2005 年	2006 年	2007 年
A_1	$N_{m1}(t)$	62934	66477	70125	69529	80007	94662	110808	147646
	最大环境容量	2008 年	2009 年	2010 年	2011 年	2012 年	2013 年	2014 年	2015 年
	$N_{m1}(t)$	189285	201935	365207	402006	422079	397817	451395	495671
A_2	最大环境容量	2000 年	2001 年	2002 年	2003 年	2004 年	2005 年	2006 年	2007 年
	$N_{m1}(t)$	13927.24	15458.30	21803.59	26964.09	30069.27	37321.74	44937.72	62603.05
	最大环境容量	2008 年	2009 年	2010 年	2011 年	2012 年	2013 年	2014 年	2015 年
	$N_{m1}(t)$	80966.47	98142.76	102800.61	134091.41	167233.24	194293.14	213383.02	237241.76
B_1	最大环境容量	2000 年	2001 年	2002 年	2003 年	2004 年	2005 年	2006 年	2007 年
	$N_{m1}(t)$	46812.41	50008.06	61072.16	67398.47	82227.34	104470.90	140884.55	202903.24
	最大环境容量	2008 年	2009 年	2010 年	2011 年	2012 年	2013 年	2014 年	2015 年
	$N_{m1}(t)$	276577.24	352091.93	490715.07	557816.58	724851.08	906139.25	1159924.68	1421893.76
B_2	最大环境容量	2000 年	2001 年	2002 年	2003 年	2004 年	2005 年	2006 年	2007 年
	$N_{m1}(t)$	17294	18579	24671	28787	32824	42240	49641	64558
	最大环境容量	2008 年	2009 年	2010 年	2011 年	2012 年	2013 年	2014 年	2015 年
	$N_{m1}(t)$	79228	86692	95606	103801	121673	135606	147087	172199
C_1	最大环境容量	2000 年	2001 年	2002 年	2003 年	2004 年	2005 年	2006 年	2007 年
	$N_{m1}(t)$	1435.52	1600.69	1988.27	2405.62	2785.05	2956.95	3163.28	4060.05
	最大环境容量	2008 年	2009 年	2010 年	2011 年	2012 年	2013 年	2014 年	2015 年
	$N_{m1}(t)$	5101.03	5841.14	6380.32	7518.61	7908.97	9148.44	9765.04	10325.69
C_2	最大环境容量	2000 年	2001 年	2002 年	2003 年	2004 年	2005 年	2006 年	2007 年
	$N_{m1}(t)$	3083.76	2527.98	5023.74	6963.68	7158.30	8373.16	8149.70	9046.00
	最大环境容量	2008 年	2009 年	2010 年	2011 年	2012 年	2013 年	2014 年	2015 年
	$N_{m1}(t)$	11353.35	13472.42	16021.29	19462.26	25328.20	28250.26	31416.53	38847.26

附表 4　2000～2015 年劳动密集型制造业共生发展状态下最大环境容量

	增长率和容量	2000 年	2001 年	2002 年	2003 年	2004 年	2005 年	2006 年	2007 年
A_1	$\lambda_1(t)$	0.0823	0.1181	0.1153	0.1493	0.2136	0.1836	0.2423	0.3075
	$M_1(t)$	19598	31797	35448	62048	95066	89824	133160	218975
	增长率和容量	2008 年	2009 年	2010 年	2011 年	2012 年	2013 年	2014 年	2015 年
	$\lambda_1(t)$	0.3390	0.3990	0.3688	0.3776	0.4124	0.3997	0.4245	0.4333
	$M_1(t)$	281153	384101	418656	462574	539457	583475	656767	709910
A_2	增长率和容量	2000 年	2001 年	2002 年	2003 年	2004 年	2005 年	2006 年	2007 年
	$\lambda_1(t)$	0.2191	0.2707	0.2785	0.3544	0.4019	0.4161	0.4317	0.4518
	$M_1(t)$	6732.17	9060.66	11694.26	16955.80	27421.93	27784.72	41948.49	52724.66
	增长率和容量	2008 年	2009 年	2010 年	2011 年	2012 年	2013 年	2014 年	2015 年
	$\lambda_1(t)$	0.4773	0.5080	0.5394	0.5720	0.5874	0.5863	0.6395	0.6203
	$M_1(t)$	70167.06	79830.00	99888.89	115982.75	146284.83	165806.36	215651.68	260389.72
B_1	增长率和容量	2000 年	2001 年	2002 年	2003 年	2004 年	2005 年	2006 年	2007 年
	$\lambda_1(t)$	0.1379	0.1422	0.1251	0.1156	0.2648	0.2822	0.3142	0.3543
	$M_1(t)$	12966.99	15078.33	16506.72	17139.93	47466.08	63217.42	91282.30	131069.75
	增长率和容量	2008 年	2009 年	2010 年	2011 年	2012 年	2013 年	2014 年	2015 年
	$\lambda_1(t)$	0.3787	0.4064	0.4443	0.4872	0.5115	0.5291	0.5765	0.5838
	$M_1(t)$	173685.26	210155.68	286540.73	375935.46	474341.85	599040.15	765868.64	951866.34
B_2	增长率和容量	2000 年	2001 年	2002 年	2003 年	2004 年	2005 年	2006 年	2007 年
	$\lambda_1(t)$	0.0846	0.1015	0.1549	0.1787	0.1915	0.2013	0.2154	0.231
	$M_1(t)$	3165	4424	7995	11669	14722	21055	27435	38106
	增长率和容量	2008 年	2009 年	2010 年	2011 年	2012 年	2013 年	2014 年	2015 年
	$\lambda_1(t)$	0.2512	0.2908	0.3154	0.3384	0.3481	0.3563	0.3697	0.3642
	$M_1(t)$	47516	59896	74518	91258	111500	133196	157829	218128
C_1	增长率和容量	2000 年	2001 年	2002 年	2003 年	2004 年	2005 年	2006 年	2007 年
	$\lambda_1(t)$	0.0779	0.1386	0.3001	0.3136	0.3594	0.4844	0.5545	0.4982
	$M_1(t)$	232.53	484.48	1115.05	2102.43	1748.70	2294.95	2791.01	3324.90
	增长率和容量	2008 年	2009 年	2010 年	2011 年	2012 年	2013 年	2014 年	2015 年
	$\lambda_1(t)$	0.6492	0.6777	0.7167	0.7276	0.7410	0.8002	0.8219	0.8259
	$M_1(t)$	4054.63	3968.18	4780.18	5145.63	6220.82	7327.20	8380.49	10039.49

续表

	增长率和容量	2000 年	2001 年	2002 年	2003 年	2004 年	2005 年	2006 年	2007 年
C_2	$\lambda_1(t)$	0. 1321	0. 2143	0. 2711	0. 3398	0. 3988	0. 5557	0. 6404	0. 7375
	$M_1(t)$	208. 01	412. 40	821. 01	1696. 89	2326. 15	3471. 56	4606. 58	5708. 58
	增长率和容量	2008 年	2009 年	2010 年	2011 年	2012 年	2013 年	2014 年	2015 年
	$\lambda_1(t)$	0. 9738	1. 1059	1. 1176	1. 1178	1. 1698	1. 1937	1. 1592	1. 3496
	$M_1(t)$	8277. 56	10368. 68	11508. 17	12940. 16	18201. 04	217190. 51	23673. 67	31499. 83

附表 5　2000～2015 年资本密集型制造业共生发展状态下最大环境容量

	增长率和容量	2000 年	2001 年	2002 年	2003 年	2004 年	2005 年	2006 年	2007 年
A_1	$\lambda_1(t)$	0. 0091	0. 0092	0. 0129	0. 0185	0. 0221	0. 0252	0. 0310	0. 0304
	$M_1(t)$	9985	10733	17557	24186	35037	43265	55072	64559
	增长率和容量	2008 年	2009 年	2010 年	2011 年	2012 年	2013 年	2014 年	2015 年
	$\lambda_1(t)$	0. 0317	0. 0331	0. 0320	0. 0334	0. 0335	0. 0327	0. 0346	0. 0374
	$M_1(t)$	71238	87510	99673	113022	128423	153903	172505	213518
A_2	增长率和容量	2000 年	2001 年	2002 年	2003 年	2004 年	2005 年	2006 年	2007 年
	$\lambda_1(t)$	0. 0897	0. 1185	0. 1595	0. 1896	0. 2167	0. 2418	0. 2654	0. 2931
	$M_1(t)$	6207. 06	9522. 99	18469. 01	28672. 79	39201. 64	56618. 06	78685. 5	101758. 58
	增长率和容量	2008 年	2009 年	2010 年	2011 年	2012 年	2013 年	2014 年	2015 年
	$\lambda_1(t)$	0. 3040	0. 3369	0. 3246	0. 3353	0. 3498	0. 3495	0. 3749	0. 3685
	$M_1(t)$	126011. 55	172775. 61	210549. 13	236509. 88	273022. 81	316075. 16	369341. 61	440819. 46
B_1	增长率和容量	2000 年	2001 年	2002 年	2003 年	2004 年	2005 年	2006 年	2007 年
	$\lambda_1(t)$	0. 1671	0. 1893	0. 2400	0. 2203	0. 3515	0. 3768	0. 4287	0. 4670
	$M_1(t)$	12490. 12	16359. 83	34633. 56	37357. 13	69520. 77	85883. 21	126707. 51	149920. 23
	增长率和容量	2008 年	2009 年	2010 年	2011 年	2012 年	2013 年	2014 年	2015 年
	$\lambda_1(t)$	0. 4789	0. 4603	0. 5098	0. 5804	0. 6151	0. 6432	0. 7336	0. 7465
	$M_1(t)$	178697. 38	209124. 75	272340. 40	378294. 72	485193. 94	632407. 82	989590. 06	1203381. 44

续表

	增长率和容量	2000年	2001年	2002年	2003年	2004年	2005年	2006年	2007年
B_2	$\lambda_1(t)$	0.0978	0.1228	0.1804	0.1915	0.2177	0.2268	0.2473	0.2627
	$M_1(t)$	7097	9575	17075	22985	31165	34186	50481	64901
	增长率和容量	2008年	2009年	2010年	2011年	2012年	2013年	2014年	2015年
	$\lambda_1(t)$	0.2791	0.3015	0.3124	0.3388	0.3487	0.3583	0.3718	0.3701
	$M_1(t)$	83354	105737	122430	148546	170827	204783	236354	267972
C_1	增长率和容量	2000年	2001年	2002年	2003年	2004年	2005年	2006年	2007年
	$\lambda_1(t)$	0.0761	0.1027	0.1982	0.2173	0.2304	0.2335	0.2672	0.2754
	$M_1(t)$	255	326	800	1246	1589	1677	1956	2299
	增长率和容量	2008年	2009年	2010年	2011年	2012年	2013年	2014年	2015年
	$\lambda_1(t)$	0.2845	0.2954	0.3034	0.3172	0.3250	0.3514	0.3689	0.3793
	$M_1(t)$	2492	2778	3137	3515	3785	4396	4877	5420
C_2	增长率和容量	2000年	2001年	2002年	2003年	2004年	2005年	2006年	2007年
	$\lambda_1(t)$	0.0925	0.1647	0.3142	0.3403	0.3944	0.4571	0.4697	0.5868
	$M_1(t)$	413.71	890.29	2713.79	3552.18	5407.37	7145.61	8050.79	12621.21
	增长率和容量	2008年	2009年	2010年	2011年	2012年	2013年	2014年	2015年
	$\lambda_1(t)$	0.7361	0.7742	0.7767	0.8020	0.8388	0.8660	0.8561	0.9865
	$M_1(t)$	20122.43	25240.13	30058.12	39190.36	49109.74	57734.85	67969.00	86607.78

附表6　2000~2015年技术密集型制造业共生发展状态下最大环境容量

	增长率和容量	2000年	2001年	2002年	2003年	2004年	2005年	2006年	2007年
A_1	$\lambda_1(t)$	0.0283	0.0307	0.0374	0.0490	0.0630	0.0673	0.0742	0.0754
	$M_1(t)$	30035	34351	44136	57422	84936	107394	138479	189970
	增长率和容量	2008年	2009年	2010年	2011年	2012年	2013年	2014年	2015年
	$\lambda_1(t)$	0.0711	0.0852	0.0958	0.1039	0.0986	0.0830	0.0807	0.0823
	$M_1(t)$	246031	289955	589323	703415	701168	556547	613405	687738

续表

	增长率和容量	2000年	2001年	2002年	2003年	2004年	2005年	2006年	2007年
A_2	$\lambda_1(t)$	0.1181	0.1880	0.2970	0.3703	0.4054	0.4334	0.4744	0.4926
	$M_1(t)$	4398.04	7769.01	17309.68	26692.94	32587.27	43241.73	56994.07	82448.31
	增长率和容量	2008年	2009年	2010年	2011年	2012年	2013年	2014年	2015年
	$\lambda_1(t)$	0.5291	0.5935	0.5897	0.5945	0.6076	0.6030	0.6292	0.6223
	$M_1(t)$	114534.05	155722.33	162052.17	213099.10	271636.06	313219.00	358915.86	394680.62
B_1	增长率和容量	2000年	2001年	2002年	2003年	2004年	2005年	2006年	2007年
	$\lambda_1(t)$	0.1732	0.1962	0.2279	0.2825	0.3750	0.3988	0.4237	0.4405
	$M_1(t)$	23005.47	27828.76	39482.84	54010.51	87474.45	118197.02	169354.52	253526.31
	增长率和容量	2008年	2009年	2010年	2011年	2012年	2013年	2014年	2015年
	$\lambda_1(t)$	0.4700	0.4389	0.5117	0.6383	0.7180	0.8512	0.8489	0.8251
	$M_1(t)$	368792.30	438417.39	712274.75	1010076.81	1476454.10	2188074.71	2793425.91	3328233.49
B_2	增长率和容量	2000年	2001年	2002年	2003年	2004年	2005年	2006年	2007年
	$\lambda_1(t)$	0.1009	0.1255	0.1683	0.1924	0.2028	0.2328	0.2484	0.2722
	$M_1(t)$	7958	10640	18946	25268	30366	44857	56267	80163
	增长率和容量	2008年	2009年	2010年	2011年	2012年	2013年	2014年	2015年
	$\lambda_1(t)$	0.2957	0.3102	0.3109	0.3296	0.3422	0.3397	0.3443	0.3462
	$M_1(t)$	106892	122679	135614	156093	189964	210187	231035	271948
C_1	增长率和容量	2000年	2001年	2002年	2003年	2004年	2005年	2006年	2007年
	$\lambda_1(t)$	0.0834	0.1346	0.3492	0.4348	0.4833	0.5743	0.6278	0.6597
	$M_1(t)$	233.73	420.63	1355.06	2041.84	2627.31	3314.99	3876.38	5227.83
	增长率和容量	2008年	2009年	2010年	2011年	2012年	2013年	2014年	2015年
	$\lambda_1(t)$	0.6791	0.6930	0.7081	0.7261	0.7438	0.8402	0.8706	0.8990
	$M_1(t)$	6762.12	7901.45	8819.00	10656.15	11483.32	15002.98	16594.49	18119.66
C_2	增长率和容量	2000年	2001年	2002年	2003年	2004年	2005年	2006年	2007年
	$\lambda_1(t)$	0.1388	0.1567	0.5409	0.6896	0.8376	1.0149	1.2445	1.6151
	$M_1(t)$	429.91	397.95	2729.52	4824.20	6023.05	8536.60	10188.92	14676.69
	增长率和容量	2008年	2009年	2010年	2011年	2012年	2013年	2014年	2015年
	$\lambda_1(t)$	1.8512	1.7242	1.7110	1.7358	1.7454	1.7410	1.6983	1.9061
	$M_1(t)$	21113.23	23335.68	27538.60	33937.58	44409.17	49409.05	53600.13	74383.65

附表 7　　2000～2015 年制造业与生产性服务业各指标间共生作用系数

行业		2000 年	2001 年	2002 年	2003 年	2004 年	2005 年	2006 年	2007 年
制造业 $\alpha_{12}(t)$	A_1	-0.6023	-0.5369	-0.7374	-0.5331	-0.4668	-0.1868	-0.0306	0.2076
	A_2	-0.8347	-0.7940	-0.5445	-0.3297	-0.3744	-0.1534	-0.2288	0.2481
	B_1	-1.1034	-1.2714	-0.8343	-0.8541	-0.5211	-0.2780	0.1078	0.2989
	B_2	-0.6302	-0.5891	-0.4179	-0.2759	-0.1835	-0.0234	0.1007	0.3747
	C_1	-0.8582	-0.9166	-0.8315	-0.6202	-0.4559	-0.1100	0.0473	0.2442
	C_2	-0.8394	-1.0015	-0.7510	-0.5341	-0.2707	-0.0103	0.2642	0.5644
生产性服务业 $\alpha_{21}(t)$	A_1	0.0851	0.2028	0.3553	0.4741	0.5619	0.5970	0.7201	0.8160
	A_2	0.0728	0.1025	0.2830	0.4762	0.6013	0.7305	0.9541	1.1097
	B_1	0.2893	0.3076	0.4622	0.4966	0.5701	0.8520	0.9288	1.1807
	B_2	0.2482	0.2786	0.3964	0.5293	0.6077	0.7519	0.8964	1.0627
	C_1	0.1823	0.0571	0.3966	0.1195	0.4101	0.5603	0.7255	0.8409
	C_2	0.0017	0.0131	0.1851	0.2727	0.3299	0.4429	0.6291	0.8064

行业		2008 年	2009 年	2010 年	2011 年	2012 年	2013 年	2014 年	2015 年
制造业 $\alpha_{12}(t)$	A_1	0.5271	0.7514	0.8467	1.1032	1.2842	1.4272	1.6325	1.9145
	A_2	0.5741	0.8192	1.1881	1.6128	1.9235	2.3804	2.7857	3.1219
	B_1	0.4825	0.8674	1.1848	1.2760	1.4505	1.8571	2.0520	2.2497
	B_2	0.5064	0.8908	1.1562	1.2361	1.4988	1.7342	2.0744	2.2474
	C_1	0.4827	0.9328	1.1065	1.4309	1.5726	1.6326	1.8283	2.0389
	C_2	0.6029	0.6803	0.7356	0.8591	1.1395	1.4878	1.6847	1.9043
生产性服务业 $\alpha_{21}(t)$	A_1	0.7128	0.8597	0.9444	1.1509	1.0855	1.2466	1.5829	1.7321
	A_2	1.3615	1.1712	1.4932	1.7914	2.1903	2.6661	2.7419	2.8362
	B_1	1.0991	1.2235	1.5852	1.5347	1.6501	1.7258	1.8604	1.6324
	B_2	1.0579	1.1388	1.2364	1.3270	1.5974	1.8434	2.0879	2.1838
	C_1	1.0395	1.0504	1.1751	1.3199	1.2147	1.5284	1.7534	1.8510
	C_2	0.9444	1.0177	1.2337	1.3089	1.4110	1.4796	1.6173	1.7467

附表 8　2000～2015 年劳动密集型制造业与生产性服务业各指标间共生作用系数

行业		2000 年	2001 年	2002 年	2003 年	2004 年	2005 年	2006 年	2007 年
劳动密集型制造业 $\alpha_{12}(t)$	A_1	-1.0376	-0.9369	-1.0374	-0.9331	-0.7668	-0.8868	-0.5306	-0.3076
	A_2	-0.7014	-0.6208	-0.7257	-0.5312	-0.3418	-0.2556	-0.1406	-0.0158
	B_1	-1.0734	-1.0380	-1.1414	-0.8712	-0.9229	-0.7691	-0.6245	-0.3943
	B_2	-1.1429	-1.0586	-0.9246	-0.8086	-0.6902	-0.5347	-0.4138	-0.2732
	C_1	-0.9342	-0.8683	-0.8249	-0.6510	-0.6205	-0.3510	-0.1263	0.0339
	C_2	-0.9372	-0.8563	-1.1133	-0.9107	-0.7190	-0.4319	-0.1990	-0.0049
生产性服务业 $\alpha_{21}(t)$	A_1	0.0833	0.1920	0.2792	0.4519	0.7035	0.4301	0.4618	0.6276
	A_2	0.0840	0.1020	0.2607	0.4472	0.5882	0.5532	0.8857	0.8534
	B_1	0.2695	0.2821	0.4125	0.4033	0.3676	0.5179	0.6006	0.7165
	B_2	0.2271	0.8937	0.8015	0.9145	0.9163	0.9640	1.0118	1.0799
	C_1	0.1557	0.0500	0.2799	0.1261	0.1750	0.3526	0.4723	0.5190
	C_2	0.0013	0.0111	0.1088	0.1837	0.3178	0.5517	0.5338	1.0025

行业		2008 年	2009 年	2010 年	2011 年	2012 年	2013 年	2014 年	2015 年
劳动密集型制造业 $\alpha_{12}(t)$	A_1	-0.1514	0.2271	0.0467	0.1032	0.3842	0.4272	0.6325	0.7145
	A_2	0.1488	0.2861	0.4939	0.8332	1.0911	1.3209	1.6832	1.6963
	B_1	-0.2369	-0.0599	0.2322	0.3861	0.4784	0.5208	0.6946	0.7321
	B_2	-0.0768	0.2603	0.5420	0.7205	0.8129	0.9342	1.0737	1.1147
	C_1	0.2479	0.3668	0.5553	0.6279	0.6903	0.8182	0.9236	0.9860
	C_2	0.3568	0.6977	0.8155	0.9083	1.1798	1.3217	1.4436	1.8125
生产性服务业 $\alpha_{21}(t)$	A_1	0.6006	0.7798	0.7465	0.9643	0.8082	0.9016	1.1424	1.2470
	A_2	1.0022	0.8075	1.0141	1.1797	1.6484	1.9432	2.1029	2.3705
	B_1	0.7702	0.7442	1.1557	1.1379	1.2809	1.1084	1.0804	0.8710
	B_2	1.0417	1.0192	1.0677	0.9558	1.1110	1.1187	1.0962	1.3144
	C_1	0.6326	0.5046	0.5729	0.6032	0.6351	0.8151	0.9412	1.1353
	C_2	0.8749	0.9147	1.0939	1.1167	1.2739	1.3186	1.5998	1.9621

附表9　2000～2015年资本密集型制造业与生产性服务业各指标间共生作用系数

行业		2000年	2001年	2002年	2003年	2004年	2005年	2006年	2007年
资本密集型制造业 $\alpha_{12}(t)$	A_1	-0.9013	-0.9264	-0.8104	-0.5246	-0.3769	-0.1565	0.1982	0.2126
	A_2	-0.8241	-0.7407	-0.5685	-0.4138	-0.1570	0.1731	0.4530	0.8429
	B_1	-0.9361	-0.8314	-0.6511	-0.5410	-0.3027	-0.1311	0.2016	0.4866
	B_2	-1.0242	-0.8747	-0.6203	-0.5837	-0.3166	-0.1991	-0.0054	0.1448
	C_1	-0.7293	-0.6410	-0.2690	-0.1101	-0.0375	-0.0208	0.2830	0.3790
	C_2	-0.9281	-0.8052	-0.6446	-0.5293	-0.3202	-0.1368	-0.0791	0.2267
生产性服务业 $\alpha_{21}(t)$	A_1	0.0965	0.2073	0.3164	0.3596	0.4331	0.3696	0.3687	0.4690
	A_2	0.0797	0.0966	0.2948	0.5994	0.8373	0.8088	1.0625	0.9859
	B_1	0.2437	0.2548	0.5144	0.4860	0.4368	0.4784	0.5393	0.5421
	B_2	0.3853	1.3233	1.0783	0.9984	0.9925	0.7944	0.9596	0.9514
	C_1	0.1544	0.0402	0.2931	0.1084	0.3374	0.5768	0.7559	0.8572
	C_2	0.0012	0.0097	0.1287	0.1501	0.3003	0.3904	0.6280	0.8013

行业		2008年	2009年	2010年	2011年	2012年	2013年	2014年	2015年
资本密集型制造业 $\alpha_{12}(t)$	A_1	0.3773	0.4260	0.3294	0.4590	0.5723	0.7325	0.9104	1.2676
	A_2	0.9620	1.1412	1.1030	1.4953	1.9668	2.3959	2.6342	2.8330
	B_1	0.5925	0.6821	0.8330	0.9697	1.0802	1.1292	1.4669	1.5373
	B_2	0.2691	0.4868	0.6713	0.8862	0.9861	1.1343	1.2837	1.3852
	C_1	0.5021	0.6169	0.7347	0.9223	1.0125	1.1193	1.3192	1.4927
	C_2	0.5468	0.7913	0.9043	1.0973	1.4035	1.6079	1.8500	2.1756
生产性服务业 $\alpha_{21}(t)$	A_1	0.4173	0.5585	0.5406	0.6277	0.5324	0.6699	0.8716	1.0663
	A_2	1.1271	0.9928	1.3536	1.5949	2.0105	2.4941	2.4976	2.7576
	B_1	0.5496	0.6449	0.9183	0.8730	1.0523	0.9786	1.1679	1.0091
	B_2	0.9918	1.0587	1.1149	1.0592	1.2106	1.2279	1.1846	1.2314
	C_1	0.9853	0.8809	0.9502	0.9404	0.8609	1.0765	1.2091	1.3492
	C_2	0.8905	0.9122	1.1237	1.3396	1.4188	1.4715	1.6370	1.9528

附表 10　2000～2015 年技术密集型制造业与生产性服务业各指标间共生作用系数

行业		2000 年	2001 年	2002 年	2003 年	2004 年	2005 年	2006 年	2007 年
技术密集型制造业 $\alpha_{12}(t)$	A_1	-0.7029	-0.6732	-0.5651	-0.2773	0.1159	0.2430	0.4038	0.5985
	A_2	-0.9273	-0.7642	-0.3866	-0.0243	0.2483	0.4829	0.7604	0.9508
	B_1	-0.8203	-0.7030	-0.5794	-0.2405	0.1648	0.3206	0.5314	0.7017
	B_2	-0.9134	-0.7407	-0.5288	-0.3143	-0.1950	0.1457	0.3180	0.5812
	C_1	-0.9012	-0.8369	-0.5353	-0.2104	-0.0901	0.2386	0.4818	0.6525
	C_2	-0.9817	-1.0154	-0.8021	-0.5171	-0.2471	0.0338	0.3685	0.7746
生产性服务业 $\alpha_{21}(t)$	A_1	0.0937	0.1957	0.2624	0.3092	0.3163	0.3140	0.3477	0.4716
	A_2	0.0945	0.1105	0.3139	0.5703	0.6291	0.6677	0.8650	0.9331
	B_1	0.2628	0.2667	0.3623	0.3207	0.3182	0.4202	0.4927	0.6651
	B_2	0.3279	1.0458	1.0375	1.0128	0.9803	0.9959	1.0142	1.1016
	C_1	0.1552	0.0511	0.3406	0.0996	0.2449	0.4564	0.5958	0.7270
	C_2	0.0018	0.0152	0.1566	0.2141	0.3952	0.5870	0.7534	0.9410

行业		2008 年	2009 年	2010 年	2011 年	2012 年	2013 年	2014 年	2015 年
技术密集型制造业 $\alpha_{12}(t)$	A_1	0.7573	0.9302	1.2533	1.6397	1.7686	1.5713	1.2813	1.3733
	A_2	1.2142	1.4176	1.5180	1.8937	2.3223	2.7814	2.8147	3.0795
	B_1	0.9742	1.0719	1.3418	1.7176	2.0558	2.5957	2.4521	2.3554
	B_2	0.7433	0.9324	1.0785	1.2160	1.3591	1.3995	1.4647	1.6254
	C_1	0.7947	0.8636	0.9821	1.1168	1.2123	1.4635	1.6375	1.8544
	C_2	0.9733	1.0350	1.1509	1.3256	1.5328	1.6172	1.8023	2.0154
生产性服务业 $\alpha_{21}(t)$	A_1	0.4590	0.5517	0.8065	1.0757	0.9378	0.8765	1.1793	1.3369
	A_2	1.0668	0.9612	1.0132	1.4542	2.1144	2.5622	2.4994	2.5528
	B_1	0.8015	0.8880	1.5080	1.4353	1.8805	1.6848	1.7769	1.4288
	B_2	1.1172	1.1306	1.1637	1.0366	1.2136	1.1756	1.0895	1.0664
	C_1	0.9432	0.9072	0.9311	1.0138	0.9078	1.3208	1.4460	1.5752
	C_2	0.8550	0.8903	1.0800	1.2387	1.4360	1.3647	1.4563	1.9603

参 考 文 献

[1] 白重恩、张琼：《中国生产率估计及其波动分解》，载《世界经济》2015 年第 12 期。

[2] 曹毅、申玉铭、邱灵：《天津生产性服务业与制造业的产业关联分析》，载《经济地理》2009 年第 5 期。

[3] 陈菲、周钰玲、刘艳敏：《中国生产性服务业对制造业技术效率的溢出效应研究》，载《产经评论》2017 年第 2 期。

[4] 陈伟达、韩勇、达庆利：《苏州地区生产者服务业与制造业互动关系研究》，载《东南大学学报（哲学社会科学版）》2007 年第 6 期。

[5] 陈宪、黄建锋：《分工、互动与融合：服务业与制造业关系演进的实证研究》，载《中国软科学》2004 年第 10 期。

[6] 程大中：《中国服务业增长的特点、原因及影响——鲍莫尔—富克斯假说及其经验研究》，载《中国社会科学》2004 年第 2 期。

[7] 程大中：《中国生产者服务业的增长、结构变化及其影响——基于投入—产出法的分析》，载《财贸经济》2006 年第 10 期。

[8] 楚明钦、刘志彪：《装备制造业规模、交易成本与生产性服务外化》，载《财经研究》2014 年第 7 期。

[9] 戴魁早、刘友金：《要素市场扭曲、区域差异与 R&D 投入——来自中国高技术产业与门槛模型的经验数据》，载《数量经济技术经济研究》2015 年第 9 期。

[10] 戴翔、金碚：《服务贸易进口技术含量与中国工业经济发展方式转变》，载《管理世界》2013 年第 9 期。

[11] 戴翔：《中国制造业出口内涵服务价值演进及因素决定》，载

《经济研究》2016 年第 9 期。

[12] 杜传忠、王鑫、刘忠京:《制造业与生产性服务业耦合协同能提高经济圈竞争力吗?——基于京津冀与长三角两大经济圈的比较》,载《产业经济研究》2013 年第 6 期。

[13] 杜宇玮、刘东皇:《中国生产性服务业发展对制造业升级的促进:基于 DEA 方法的效率评价》,载《科技管理研究》2016 年第 14 期。

[14] 方悦:《基于 DEA 模型的新疆流通业与第二产业协调发展分析》,载《对外经贸》2011 年第 11 期。

[15] 高觉民、李晓慧:《生产性服务业与制造业的互动机理:理论与实证》,载《中国工业经济》2011 年第 6 期。

[16] 宫俊涛、孙林岩、李刚:《中国制造业省际全要素生产率变动分析——基于非参数 Malmquist 指数方法》,载《数量经济技术经济研究》2008 年第 4 期。

[17] 顾乃华、毕斗斗、任旺兵:《生产性服务业与制造业互动发展:文献综述》,载《经济学家》2006 年第 6 期。

[18] 顾乃华、毕斗斗、任旺兵:《中国转型期生产性服务业发展与制造业竞争力关系研究》,载《中国工业经济》2006 年第 9 期。

[19] 关爱萍:《产业同构测度的方法》,载《统计与决策》2007 年第 19 期。

[20] 关爱萍、张宇:《中国制造业产业集聚度的演进态势:1993~2012——基于修正的 E-G 指数》,载《产经评论》2015 年第 4 期。

[21] 桂黄宝、刘奇祥、郝铖文:《河南省生产性服务业与装备制造业融合发展影响因素》,载《科技管理研究》2017 年第 11 期。

[22] 韩德超、张建华:《中国生产性服务业发展的影响因素研究》,载《管理科学》2008 年第 21 期。

[23] 何江、张馨之:《中国省区收入分布演进的空间——时间分析》,载《南方经济》2006 年第 12 期。

[24] 胡伟:《企业协同进化理论探析》,载《广西社会科学》2007 年第 11 期。

[25] 黄凯南：《共同演化理论研究评述》，载《中国地质大学学报(社会科学版)》2008 年第 4 期。

[26] 黄永春、郑江淮、任志成、余海峰：《企业自主知识产权名牌的生成机制研究——基于 PLS—SEM 模型的实证分析》，载《科学学与科学技术管理》2012 年第 4 期。

[27] 吉亚辉、甘丽娟：《中国城市生产性服务业与制造业协同集聚的测度及影响因素》，载《中国科技论坛》2015 年第 12 期。

[28] 江静、刘志彪、于明超：《生产性服务业发展与制造业效率提升：基于地区和行业面板数据的经验分析》，载《世界经济》2007 年第 8 期。

[29] 江小涓、李辉：《服务业与中国经济：相关性和加快增长的潜力》，载《经济研究》2004 年第 1 期。

[30] 蒋伏心、王竹君、白俊红：《环境规制对技术创新影响的双重效应——基于江苏制造业动态面板数据的实证研究》，载《中国工业经济》2013 年第 7 期。

[31] 解学芳、臧志彭：《制度、技术创新协同与网络文化产业治理——基于 2000 ~ 2011 年的实证研究》，载《科学学与科学技术管理》2014 年第 3 期。

[32] 李秉强：《中国制造业与生产性服务业的耦合性判断》，载《统计与信息论坛》2014 年第 4 期。

[33] 李秉强：《中国制造业与生产性服务业耦合影响因素分析》，载《统计与信息论坛》2015 年第 3 期。

[34] 李大元、项保华：《组织与环境共同演化理论研究述评》，载《外国经济与管理》2007 年第 11 期。

[35] 李江帆、毕斗斗：《国外生产服务业研究述评》，载《外国经济与管理》2004 年第 11 期。

[36] 李廉水、程中华、刘军：《中国制造业“新型化”及其评价研究》，载《中国工业经济》2015 年第 2 期。

[37] 李廉水、杨浩昌、刘军：《中国区域制造业综合发展能力评

价研究——基于东、中、西部制造业的实证分析》，载《中国软科学》2014 年第 2 期。

[38] 李宁、韦颜秋：《天津市生产性服务业与制造业协同发展研究》，载《地域研究与开发》2016 年第 6 期。

[39] 李停：《安徽省制造业与生产性服务业共生模式判定：理论与经验研究》，载《中国科技论坛》2014 年第 9 期。

[40] 李晓亮：《制造业服务化的演化机理及其实现路径——基于投入与产出双重维度的扩展分析》，载《内蒙古社会科学（汉文版）》2014 年第 5 期。

[41] 李英、赵越、潘鹤思：《技术创新、制度创新与产业演化关系研究综述》，载《科技进步与对策》2016 年第 24 期。

[42] 刘纯彬、杨仁发：《中国生产性服务业发展对制造业效率影响实证分析》，载《中央财经大学学报》2013 年第 8 期。

[43] 刘书瀚、张瑞、刘立霞：《中国生产性服务业和制造业的产业关联分析》，载《南开经济研究》2010 年第 6 期。

[44] 刘叶、刘伯凡：《生产性服务业与制造业协同集聚对制造业效率的影响——基于中国城市群面板数据的实证研究》，载《经济管理》2016 年第 6 期。

[45] 刘志高、王缉慈：《共同演化及其空间隐喻》，载《中国地质大学学报（社会科学版）》2008 年第 4 期。

[46] 刘志高、尹贻梅：《演化经济学的理论知识体系分析》，载《外国经济与管理》2007 年第 6 期。

[47] 刘志高、张薇：《演化经济地理学视角下的产业结构演替与分叉研究评述》，载《经济地理》2016 年第 12 期。

[48] 陆剑宝：《基于制造业集聚的生产性服务业协同效应研究》，载《管理学报》2014 年第 3 期。

[49] 吕政、刘勇、王钦：《中国生产性服务业发展的战略选择——基于产业互动的研究视角》，载《中国工业经济》2006 年第 8 期。

[50] 罗胤晨、谷人旭：《1980～2011 年中国制造业空间集聚格局

及其演变趋势》，载《经济地理》2014 年第 7 期。

[51] 蒙英华、尹翔硕：《生产者服务贸易与中国制造业效率提升——基于行业面板数据的考察》，载《世界经济研究》2010 年第 7 期。

[52] 庞博慧、郭振：《生产性服务业和制造业共生演化模型研究》，载《经济管理》2010 年第 9 期。

[53] 庞博慧：《中国生产服务业与制造业共生演化模型实证研究》，载《中国管理科学》2012 年第 2 期。

[54] 彭本红、古晓芬、周倩倩：《江苏省制造业与生产性服务业关联分析——基于投入产出与社会网络分析相结合的视角》，载《科技进步与对策》2014 年第 4 期。

[55] 綦良群、蔡渊渊、王成东：《GVC 下中国装备制造业与生产性服务业融合影响因素研究》，载《科技进步与对策》2017 年第 14 期。

[56] 綦良群、蔡渊渊、王成东：《中国装备制造业与生产性服务业互动作用及效率评价研究》，载《中国科技论坛》2015 年第 1 期。

[57] 钱学锋、王胜、黄云湖、王菊蓉：《进口种类与中国制造业全要素生产率》，载《世界经济》2011 年第 5 期。

[58] 申玉铭、邱灵、王茂军：《中国生产性服务业产业关联效应分析》，载《地理学报》2007 年第 8 期。

[59] 盛丰：《生产性服务业集聚与制造业升级：机制与经验——来自 230 个城市数据的空间计量分析》，载《产业经济研究》2014 年第 2 期。

[60] 施国洪、赵曼：《基于 DEA 的江苏省物流业与制造业协调发展评价》，载《科技管理研究》2010 年第 9 期。

[61] 史一鸣、包先建：《高技术服务业与装备制造业的耦合熵模型及运行机制》，载《长春工业大学学报》2013 年第 1 期。

[62] 孙鹏、罗新星：《现代物流服务业与制造业发展的协同关系研究》，载《财经论丛（浙江财经大学学报）》2012 年第 5 期。

[63] 孙素侠：《生产性服务业与制造业协同发展实证研究》，载《求索》2012 年第 10 期。

[64] 孙晓华、秦川：《产业演进中技术与制度的协同演化——以中国水电行业为例》，载《中国地质大学学报（社会科学版）》2011 年第 5 期。

[65] 唐强荣、徐学军、何自力：《生产性服务业与制造业共生发展模型及实证研究》，载《南开管理评论》2009 年第 3 期。

[66] 唐强荣、徐学军：《基于组织生态学的生产性服务业与制造业的关联关系》，载《软科学》2009 年第 8 期。

[67] 唐晓华、张欣钰、李阳：《中国制造业产业结构优化调整研究——基于低碳、就业、经济增长多重约束视角》，载《经济问题探索》2018 年第 1 期。

[68] 唐晓华、张欣钰：《制造业与生产性服务业联动发展行业差异性分析》，载《经济与管理研究》2016 年第 7 期。

[69] 汪本强、杨学春：《区域性制造业与生产性服务业互动发展问题的研究述评及借鉴》，载《经济问题探索》2015 年第 4 期。

[70] 汪德华、张再金、白重恩：《政府规模、法治水平与服务业发展》，载《经济研究》2007 年第 6 期。

[71] 汪晓文、杜欣：《基于模糊评价的中国工业化与信息化融合发展测度研究》，载《兰州大学学报（社会科学版）》2014 年第 5 期。

[72] 王春豪：《新疆物流业与制造业协同发展实证研究——基于灰色关联分析》，载《科技管理研究》2013 年第 6 期。

[73] 王辉：《生产性服务业对制造业效率的影响研究——基于产业创新视角的实证分析》，载《现代经济管理》2015 年第 8 期。

[74] 王军、曹丽新：《基于 DEA 分析的制造业与物流业联动发展协调度提升研究——以青岛市为例》，载《前沿》2012 年第 22 期。

[75] 王喜刚：《组织创新、技术创新能力对企业绩效的影响研究》，载《科研管理》2016 年第 2 期。

[76] 王晓红、王传荣：《产业转型条件的制造业与服务业融合》，载《改革》2013 年第 9 期。

[77] 王子龙、谭清美、许箫迪：《企业集群共生深化模型及实证

研究》，载《中国管理科学》2006 年第 2 期。

［78］魏建、张旭、姚红光：《生产性服务业综合评价指标体系的研究》，载《理论探讨》2010 年第 1 期。

［79］魏江、周丹：《我国生产性服务业与制造业互动需求结构及发展态势》，载《经济管理》2010 年第 8 期。

［80］吴洪、赵桂芹：《保险发展、金融协同和经济增长——基于省级面板数据的研究》，载《经济科学》2010 年第 3 期。

［81］吴际、石春生、刘明霞：《基于企业生命周期的组织创新要素与技术创新要素协同模式研究》，载《管理工程学报》2011 年第 4 期。

［82］吴勇民、纪玉山、吕永刚：《金融产业与高新技术产业的共生演化研究——来自中国的经验证据》，载《经济学家》2014 年第 7 期。

［83］肖挺、聂群华、刘华：《制造业服务化对企业绩效的影响研究：基于中国制造企业的经验证据》，载《科学学与科学技术管理》2014 年第 4 期。

［84］肖文、樊文静：《产业关联下的生产性服务业发展——基于需求规模和需求结构的研究》，载《经济学家》2011 年第 6 期。

［85］徐宏毅、黄岷江、李程：《生产性服务业 FDI 生产率溢出效应的实证研究》，载《管理评论》2016 年第 1 期。

［86］徐娜、刘红菊：《天津市生产性服务业与制造业的关系研究》，载《经营与管理》2017 年第 10 期。

［87］徐学军、唐强荣、樊奇：《中国生产性服务业与制造业种群的共生——基于 Logistic 生长方程的实证研究》，载《管理评论》2011 年第 9 期。

［88］徐玉莲、王玉冬、林艳：《区域科技创新与科技金融耦合协调度评价研究》，载《科学学与科学技术管理》2011 年第 12 期。

［89］许庆瑞、谢章澍、杨志蓉：《企业技术与制度创新协同的动态分析》，载《科研管理》2006 年第 4 期。

［90］杨珂玲、蒋杭、张志刚：《基于 TOPSIS 法的中国现代服务业发展潜力评价研究》，载《软科学》2016 年第 3 期。

[91] 杨玲：《破解困扰“中国制造”升级的“生产性服务业发展悖论”的经验研究》，载《数量经济技术经济研究》2017 年第 7 期。

[92] 姚星、杨锦地、袁东：《对外开放门槛、生产性服务业与制造业生产效率——基于省际面板数据的实证分析》，载《经济学动态》2012 年第 5 期。

[93] 于斌斌、胡汉辉：《产业集群与城市化共生演化的机制与路径——基于制造业与服务业互动关系的视角》，载《科学学与科学技术管理》2014 年第 3 期。

[94] 曾珍香、顾培亮：《可持续发展的系统分析与评价》，科学出版社 2000 年版。

[95] 曾珍香：《基于复杂系统的区域协调发展：以京津冀为例》，科学出版社 2010 年版。

[96] 张沛东：《区域制造业与生产性服务业耦合协调度分析——基于中国 29 个省级区域的实证研究》，载《开发研究》2010 年第 2 期。

[97] 张倩男：《战略性新兴产业与传统产业耦合发展研究——基于广东省电子信息产业与纺织业的实证分析》，载《科技进步与对策》2013 年第 12 期。

[98] 张樨樨、张鹏飞、徐子轶：《海洋产业集聚与海洋科技人才集聚协同发展研究——基于耦合模型构建》，载《山东大学学报（哲学社会科学版）》2014 年第 6 期。

[99] 张晓涛、李芳芳：《论生产性服务业与制造业的融合互动发展》，载《广东社会科学》2013 年第 5 期。

[100] 张琰飞、朱海英：《西南地区文化产业与旅游产业耦合协调度实证研究》，载《地域研究与开发》2013 年第 2 期。

[101] 张勇、蒲勇健、陈立泰：《城镇化与服务业集聚——基于系统耦合互动的观点》，载《中国工业经济》2013 年第 6 期。

[102] 张振刚、陈志明、胡琪玲：《生产性服务业对制造业效率提升的影响研究》，载《科研管理》2014 年第 1 期。

[103] 赵红、陈绍愿、陈秋蓉：《生态智慧型企业共生行为方式及

其共生经济效益》，载《中国管理科学》2004 年第 6 期。

[104] 赵渺希、刘铮：《基于生产性服务业的中国城市网络研究》，载《城市规划》2012 年第 9 期。

[105] 郑吉昌、夏晴：《论生产性服务业的发展与分工的深化》，载《科技进步与对策》2005 年第 2 期。

[106] 钟韵、闫小培：《西方地理学界关于生产性服务业作用研究述评》，载《人文地理》2005 年第 3 期。

[107] 周晓艳、韩朝华：《中国各地区生产效率与全要素生产率增长率分解（1990～2006）》，载《南开经济研究》2009 年第 5 期。

[108] 朱宝璋：《关于灰色系统基本方法的研究和评论》，载《系统工程理论与实践》1994 年第 4 期。

[109] 祝爱民、夏冬、于丽娟：《基于模糊综合评判的县域科技进步与经济发展的协调性分析》，载《科技进步与对策》2007 年第 11 期。

[110] Alan MacPherson, The Role of Producer Service Outsourcing in the Innovation Performance of New York State Manufacturing Firms. *Annals of the Association of American Geographers*, Vol. 87, No. 1, January 1997, pp. 52 – 71.

[111] Armold J, Javorcik B, Mattoo A, Does Services Liberalization Benefit Manufacturing firms? Evidence from The Czech Republic. *Journal of International Economics*, Vol. 85, No. 1, January 2006, pp. 136 – 146.

[112] Bailly A S, Producer Services Research in Europe. *Professional Geographer*, Vol. 47, No. 1, January 1995, pp. 70 – 74.

[113] Baum J, Singh J, *Evolutionary Dynamics of Organizations*. Oxford: Oxford University Press, 1994.

[114] Beyers W B, Lindahl D P, Explaining The Demand for Producer Service: is Cost-driven Externalization The Major Factor? *Papers in Regional Science*, Vol. 75, No. 3, March 1996, pp. 351 – 374.

[115] Blume L, Easley D, Evolution and Market Behavior. *Journal of Economic Theory*, Vol. 58, No. 1, January 1992, pp. 9 – 40.

[116] Brannlund R, Chung Y, Fare R, Grosskopf S, Emissions Trading and Profitability: The Swedish Pulp and Paper Industry. *Environmental & Resource Economics*, Vol. 12, No. 3, March 1998, pp. 348 –356.

[117] Bruce H, Sample Splitting and Threshold Estimation. *Econometrica*, Vol. 68, No. 3, March 2000, pp. 76 –84.

[118] Carlsson D, Manufacturing in Decline? A Matter of Definition. *Economics of Innovation & New Technology*, Vol. 8, No. 3, January 1998, pp. 178 –196.

[119] Charnes A, W W Cooper, E Rhode, Measuring The Efficiency of Decision Making Units. *European Journal of Operational Research*, Vol. 1, No. 1, January 1978, pp. 429 –444.

[120] Chen S, Jie L I, Jia M, The Relationship Between Producer Service and Local Manufacturing Industry: Empirical Evidence from Shanghai. *Journal of Service Science & Management*, Vol. 2, No. 3, March 2009, pp. 209 –214.

[121] Cui A, Yangtze River Delta Economic Integration Strategies Analysis from Producer Services and Manufacture Clusters. *Advances in Information Sciences & Service Sciences*, Vol. 4, No. 22, November 2012, pp. 78 –84.

[122] Deng J, Chen X, Li C, Efficiency evaluation of China's producer service industry and its impact on manufacturing industry's output based on DEA Model. *International Conference on Management Innovation Technology*, Vol. 4, No. 11, November 2014, pp. 965 –974.

[123] Eberts D, Randall J E, Producer Services, Labor Market Segmentation and Peripheral Regions: The Case of Saskatchewan. *Growth & Change*, Vol. 29, No. 4, April 2010, pp. 401 –422.

[124] Ehrlich P R, Raven P H, Butterflies and Plants: A Study in Coevolution. Evolution, Vol. 18, No. 4, April 1964, pp. 586 –608.

[125] Ehrlich P R, Raven P H, Butterflies and Plants. *Scientific*

American, Vol. 216, No. 6, June 1967, pp. 104 – 113.

[126] Eswaran M, Kotwal A, The Role of The Service Sector in The Process of Industrialization. *Journal of Development Economics*, Vol. 68, No. 2, February 2002, pp. 401 – 420.

[127] Faber A, Frenken K, Models in Evolutionary Economics and Environmental Policy: Towards an Evolutionary Environmental Economics. *Innovation Studies Utrecht Working Paper*, Vol. 76, No. 4, April 2009, pp. 462 – 470.

[128] Fang E, Palmatier R, Steenkamp J, Effect of Service Transition Strategies on Firm Value. *Journal of Market-Ing*, Vol. 72, No. 1, January 2008, pp. 1 – 14.

[129] Fare R, Norris M, Productivity Growth, Technical Progress, and Efficiency Change in Industrialized Countries: Comment. *American Economic Review*, Vol. 87, No. 6, June 1997, pp. 1033 – 1039.

[130] Foster J, Wild P, Economic Evolution and The Science of Synergetics. *Journal of Evolutionary Economics*, Vol. 6, No. 3, March 1996, pp. 239 – 260.

[131] Fox R F, Review of Stuart Kauffman, The Origins of Order: Self – Organization and Selection in Evolution. *Biophysical Journal*, Vol. 65, No. 6, June 1993, pp. 2698 – 2699.

[132] Francois J F, Producer Service, Scale and The Division of Labor. *Oxford Economic Papers*, Vol. 42, No. 4, April 1990, pp. 715 – 729.

[133] Francois J, Hoekman B, Services Trade and Policy. *Journal of Economic Literature*, Vol. 48, No. 3, March 2010, pp. 642 – 692.

[134] Francois J, Woerz J, Producer Services, Manufacturing Linkages and Trade. *Social Science Electronic Publishing*, Vol. 8, No. 3, March 2008, pp. 199 – 229.

[135] Frank S A, Universal Expressions of Population Change by The Price Equation: Natural Selection, Information, and Maximum Entropy

Production. *Ecology & Evolution*, Vol. 7, No. 10, Octomber 2015, pp. 3381 – 3396.

[136] Futuyma D J, *Coevolution.* Sunderland: Sinauer Associates Press, 1983.

[137] Futuyma DJ, Slatkin M, *Epilogue: The Study of Coevolution.* Sunderland: Sinauer Associates Press, 1983, pp. 459 – 464.

[138] Gebauer H, Ren G, Valtakoski A, Reynoso J, Service-driven, Manufacturing: Provision Evolution and Financial Impact of Services in Industrial Firms. *Journal of Service Managemen*, Vol. 23, No. 1, January 2012, pp. 12 – 26.

[139] Gilmer R W, Identifying Service-sector Exports from Major Texas Cities. *Economic & Financial Policy Review*, Vol. 18, No. 6, June 1990, pp. 1 – 16.

[140] Goe W R, Factors Associated with The Development of Nonmetropolitan Growth Nodes in Producer Services Industries, 1980 – 1990. *Rural Sociology*, Vol. 67, No. 3, March 2002, pp. 416 – 441.

[141] Goldhar J, Berg D, Blurring the Boundary: Convergence of Factory and Service Processes. *Journal of Manufacturing Technology Management*, Vol. 21, No. 3, June 2015, pp. 341 – 354.

[142] Guerrieri P, Meliciani V, Technology and International Competitiveness: The Interdependence between Manufacturing and Producer Services. *Structural Change & Economic Dynamics*, Vol. 16, No. 4, April 2005, pp. 489 – 502.

[143] Hameri A P, Production Flow Analysis – Cases from Manufacturing and Service Industry. *International Journal of Production Economics*, Vol. 129, No. 2, February 2011, pp. 233 – 241.

[144] Hansen N, Do Producer Services Induce Regional Teonomic Development? *Journal of Regional Science*, Vol. 30, No. 4, April 1990, pp. 465 – 476.

[145] Harrington J W, Lombard J R, Producer-service Firms in A Declining Manufacturing Region. *Environment & Planning A*, Vol. 21, No. 1, January 1989, pp. 65 – 79.

[146] Hashimoto A, Haneda S, Measuring The Change in R&D Efficiency of Rhe Japanese Pharmaceutical Industry. *Research Policy*, Vol. 37, No. 10, Octomber 2008, pp. 1829 – 1836.

[147] Hayakawa K, Matsuura T, Trade Liberalization, Market Share Reallocation, and Aggregate Productivity: The Case of the Indonesian Manufacturing Industry. *Developing Economies*, Vol. 55, No. 3, March 2017, pp. 230 – 249.

[148] Hodgson G M, Innovation, Economics and Evolution: Theoretical Perspectives on Changing Technology in Economic Systems. *Journal of Economic Issues*, Vol. 30, No. 4, April 1994, pp. 1198 – 1199.

[149] James J R, Harrison J R, The Suburbanization of Producer Service Employment. *Growth & Change*, Vol. 28, No. 3, March 1997, pp. 335 – 359.

[150] Jefferson G H, Rawski T G, Li W, Ownership, Productivity Change, and Financial Performance in Chinese Industry. *Journal of Comparative Economics*, Vol. 28, No. 4, April 2000, pp. 786 – 813.

[151] Jefferson G, Hu A G Z, Guan X, Ownership, Performance, and Innovation in China's Large and Medium-size Industrial Enterprise Sector. *China Economic Review*, Vol. 14, No. 1, January 2003, pp. 89 – 113.

[152] Jiang P, Hu YC, Yen G F, Applying Grey Relational Analysis to Find Interactions between Manufacturing and Logistics Industries in Taiwan. *Advances in Management & Applied Economics*, Vol. 7, No. 3, March 2017, pp. 21 – 40.

[153] Johann Peter Murmann, *Knowledge and Competitive Advantage: The Coevolution of Firms, Technology, and National Institution* [M]. Cambridge: Cambridge University Press, 2003.

[154] Jorgenson D W, Wilcoxen P J, Environmental Regulation and U. S. Economic Growth. *Rand Journal of Economics*, Vol. 21, No. 2, February 1990, pp. 314 –340.

[155] Juleff – Tranter L E, Advanced Producer Services: Just a Service to Manufacturing? *Service Industries Journal*, Vol. 16, No. 3, March 1996, pp. 389 –400.

[156] Kastalli I V, Looy B V, Servitization: Disentangling The Impact of Service Business Model Innovation On Manufacturing Firm Performance. *Social Science Electronic Publishing*, Vol. 31, No. 4, April 2013, pp. 169 –180.

[157] Kelle M, Crossing Industry Borders: German Manufacturers as Services Exporters. *World Economy*, Vol. 26, No. 12, December 2012, pp. 1494 –1515.

[158] Kose E, Burmaoglu S, Kabak M, Grey relational analysis between energy consum-ption and economic growth. *Grey Systems*, Vol. 70, No. 3, March 2013, pp. 443 –452.

[159] Levins R, *Evolution in Changing Environments*. Princeton: Princeton University Press, 1986.

[160] Levinthal D A, Adaptation on Rugged Landscapes. *Management Science*, Vol. 43, No. 7, July 1997, pp. 934 –950.

[161] Lewin A Y, Volberda H W, Prolegomena on Coevolution: A Framework for Research on Strategy and New Organizational Forms. *Organization Science*, Vol. 10, No. 5, May 1999, pp. 519 –534.

[162] Lodefalk M, The Role of Services for Manufacturing Firm Exports. *Review of World Economics*, Vol. 150, No. 1, January 2014, pp. 59 –82.

[163] Mabry F, James J, *The production and distribution of knowledge in the United States*. Princeton: Princeton University Press, 1962.

[164] Macpherson A, Producer Service Linkages and Industrial Innovation: Results of a Twelve – Year Tracking Study of New York State Manu-

facturers. *Growth & Change*, Vol. 39, No. 1, January 2008, pp. 1 -23.

[165] Madhok A, Liu C, A Coevolutionary Theory of The Multinational Firm. *Journal of International Management*, Vol. 12, No. 1, January 2006, pp. 1 -21.

[166] Malerba F, Innovation and The Evolution of Industries. *Kites Working Papers*, Vol. 16, No. 1, January 2006, pp. 3 -23.

[167] Markusen J, Trade in Producer Services and in Other Specialized Intermediate Inputs. *American Economic Review*, Vol. 79, No. 3, March 1989, pp. 85 -95.

[168] Mckelvey B, Quasi-natural Organization Science. *Organization Science*, Vol. 8, No. 4, April 1997, pp. 352 -380.

[169] Mckelvey M, Evolutionary Innovations: Learning, Entrepreneurship and The Dynamics of The Firm. *Journal of Evolutionary Economics*, Vol. 8, No. 2, February 1998, pp. 157 -175.

[170] Mennis E A, Stock Markets, Speculative Bubbles and Economic Growth: New Dimensions in the Co-evolution of Real and Financial Markets. *Business Economics*, Vol. 74, No. 2, February 2000, pp. 220 -223.

[171] Meyer K E, Peng M W, Theoretical Foundations of Emerging Economy Business Research. *Journal of International Business Studies*, Vol. 47, No. 1, January 2016, pp. 3 -22.

[172] Murmann, Johann Peter, *Knowledge and Competitive Advantage: The Coevolution of Firms, Technology, and National Institution.* Cambridge: Cambridge University Press, 2003.

[173] Murmann J P, Homburg E, Comparing Evolutionary Dynamics Across Different National Settings: The Case of The Synthetic De Industry. *Journal of Evolutionary Economics*, Vol. 11, No. 2, January 2001, pp. 177 -205.

[174] Nelson R R, On The Uneven Evolution of Human Know-how. *Lem Papers*, Vol. 32, No. 6, June 2003, pp. 909 -922.

[175] Nelson R R, Sampat B N, Making Sense of Institutions as A Factor Shaping Economic Performance. *Journal of Economic Behavior & Organization*, Vol. 44, No. 1, February 2001, pp. 31 – 54.

[176] Nelson R R, The Co-evolution of Technology, Industrial Structure, and Supporting Institutions. *Industrial & Corporate Change*, Vol. 3, No. 1, January 1994, pp. 47 – 63.

[177] Nelson R R, Winter S G, Evolutionary Theorizing in Economics. *Journal of Economic Perspectives*, Vol. 16, No. 2, January 2002, pp. 23 – 46.

[178] Norgaard, Environmental Economies: An Evolutionary Critique and Plea for Pluralis. *Journal of Environmental Economics and Management*, Vol. 12, No. 4, April 1985, pp. 382 – 394.

[179] Noyelle T J, Stanback T M, The Economic Transformation of American Cities. *Rowman & Allanheld*, Vol. 4, No. 2, February 1984, pp. 304 – 321.

[180] Okhmatovskiy I, Performance Implications of Ties to the Government and SOEs: A Political Embeddedness Perspective. *Journal of Management Studies*, Vol. 47, No. 6, June 2010, pp. 1020 – 1047.

[181] Owen G, *Knowledge and Competitive Advantage: The Co-evolution of Firms, Technology and National Institutions*. Cambridge: Cambridge University Press, 2005.

[182] Park S H, Chan K S, A Cross-country Input-output Analysis of Intersectoral Relationships between Manufacturing and Services and Their Employment Implications. *World Development*, Vol. 17, No. 2, February 1989, pp. 199 – 212.

[183] Porter T B, Coevolution as a Research Framework for Organizations and The Natural Environment. *Organization & Environment*, Vol. 19, No. 4, April 2006, pp. 479 – 504.

[184] Preissl B, The German Service Gap or Reorganizing the Manu-

facturing services Puzzle. *Metroeconomica*, Vol. 58, No. 3, March 2007, pp. 457 – 478.

[185] Pyka A, Andersen E S, Introduction: Long Term Economic Development – Demand, Finance, Organization, Policy and Innovation in A Schumpeterian Perspective. *Journal of Evolutionary Economics*, Vol. 22, No. 4, April 2012, pp. 621 – 625.

[186] Rajesh R, Ravi V, Supplier Selection in Resilient Supply Chains: A Grey Relational Analysis Approach. *Journal of Cleaner Production*, Vol. 86, No. 6, June 2015, pp. 343 – 359.

[187] Restuccia D, Yang D T, Zhu X, Agriculture and Aggregate Productivity: A Quantitative Cross-country Analysis. *Journal of Monetary Economics*, Vol. 55, No. 2, February 2008, pp. 234 – 250.

[188] Rogge N, Jaeger S D, Measuring and Explaining The Cost Efficiency of Municipal Solid Waste Collection and Processing Services. *General Information*, Vol. 41, No. 4, April 2013, pp. 653 – 664.

[189] Romanelli E, The Evolution of New Organizational Forms. *Annual Review of Sociology*, Vol. 17, No. 1, January 1991, pp. 79 – 103.

[190] Rubera G, Chandrasekaran D, Ordanini A, Open Innovation, Product Portfolio Innovativeness and Firm Performance: The Dual Role of New Product Development Capabilities. *Journal of the Academy of Marketing Science*, Vol. 44, No. 2, February 2016, pp. 166 – 184.

[191] Sala – Garrido R, Hernández – Sancho F, Molinos – Senante M, Assessing The Efficiency of Wastewater Treatment Plants in An Uncertain Context: a DEA with Tolerances Approach. *Environmental Science & Policy*, Vol. 18, No. 18, September 2012, pp. 34 – 44.

[192] Saviotti P P, Pyka A, The Co-evolution of Technologies and Financial Institutions. *Chapters*, Vol. 35, No. 6, June 2015, pp. 81 – 100.

[193] Solo R A, Manufacturing Matters: The Myth of the Postindustrial Economy. *California Management Review*, Vol. 29, No. 3, March 1989,

pp. 9 – 26.

[194] Suhomlinova O, Toward a Model of Organizational Co – Evolution in Transition Economies. *Journal of Management Studies*, Vol. 43, No. 7, July 2006, pp. 1537 – 1558.

[195] Taki E, Mirghafoori H A, Sharifabadi A M, Analysis of the Factors Affecting Customer Satisfaction in Steel Industry by Integrated Approach of Gray Relation Analysis and Fuzzy Vikor. *Asian Journal of Research in Banking & Finance*, Vol. 5, No. 5, May 2015, pp. 67 – 84.

[196] Tien J M, Manufacturing and Services: From Mass Production to Mass Customization. *Journal of Systerms Science and Systems Engineering*, Vol. 20, No. 2, February 2011, pp. 129 – 154.

[197] Valerie I, *The Penguin Dictionary of Physics*. Beijing: Beijing Foreign Language Press, 1996, 92 – 93.

[198] Volberda H W, Lewin A Y, Co – Evolutionary Dynamics within and between Firms: From Evolution to Co – Evolution. *Journal of Management Studies*, Vol. 40, No. 8, August 2003, pp. 2111 – 2136.

[199] William J Coffey, The Geographies of Producer Services. *Urban Geography*, Vol. 21, No. 2, February 2000, pp. 170 – 183.